Heiner Seidlitz / Dietmar Theiss

Ressourcenorientierte Telefonberatung

Heiner Seidlitz / Dietmar Theiss

Ressourcenorientierte Telefonberatung

Ein Lehr- und Lernbuch

BORGMANN
MEDIA

2., durchgesehene Aufl. 2008

Veröffentlicht in der Edition:
BORGMANN MEDIA **· Schleefstr. 14 · D-44287 Dortmund**

Gesamtherstellung: Löer Druck GmbH, Dortmund

Bestell-Nr. 9388 ISBN 978-3-938187-43-2

Inhalt

Vorwort

Dieses Buch handelt zwar von dem komplexen und herausfordernden Bereich der Telefonberatung, aus meiner Sicht ist es aber ein Buch, das weit darüber hinaus ideal geeignet ist als ausgezeichnete systematische Arbeit für alle Bereiche von Beratung und Psychotherapie und darüber hinaus für alle Bereiche achtungsvoller, kompetenz-orientierter Gesprächsführung in jedweder Art von Interaktion.

Die differenzierte Systematik, mit der die Autoren verschiedene mögliche Formen von Auftragswünschen ihrer „KundInnen" (also die Anrufenden) unterscheiden, kann nicht nur als sehr gute Orientierungs- und Interventionshilfe für TelefonberaterInnen genutzt werden, sondern würde, wenn man sie nutzt, auch in jedem anderen Beratungs- oder Therapiekontakt sehr schnell zu sehr viel klarerer und dabei auch die Autonomie der KlientInnen achtender Kontaktgestaltung beitragen.

Ich halte den Kontext einer Telefonberatung im Vergleich zu üblichen Beratungs- und Psychotherapiesituationen für weitaus herausfordernder. Auch für die eigenen Erlebnis- und Verarbeitungsprozesse der TelefonberaterInnen birgt er viel mehr Möglichkeiten für intensiven Stress als andere Formen helfender Tätigkeiten.

In üblicheren Gesprächssituationen haben die jeweiligen HelferInnen weitaus mehr Chancen, alle Wahrnehmungskanäle einsetzen zu können, um den KlientInnen zu begegnen, um einzuschätzen, was gerade beim Gesprächspartner ablaufen könnte, welche möglichen Entwicklungen zu erwarten sein könnten, und ebenso, um Kontakt, Bindung und Rapport und ein Bündnis für angestrebte Entwicklungen aufbauen zu können. Und wenn einmal ein Beitrag der BeraterInnen / PsychotherapeutInnen Irritation, Abwehr oder Frustration bei ihren GesprächspartnerInnen auslösen sollte (davor ist kein Professioneller gefeit, auch nicht nach vielen Jahren hervorragend professioneller Erfahrung), so hilft allein schon die körperliche Anwesenheit des Gegenüber sehr dazu, dass man dies wieder miteinander konstruktiv regeln kann. Denn so schnell läuft dann auch ein eventuell noch so frustrierter Klient nicht davon, das Setting (und möglicherweise auch der praktische Aufwand sowohl für das Kommen als auch für das abrupte Gehen) helfen da schon ziemlich gut beim Aufrechterhalten der Begegnung. Und auch die Tatsache, dass die KlientInnen ihre GesprächspartnerInnen von Angesicht zu Angesicht erleben, hilft enorm, um Bindung für ein tragfähiges Gespräch aufzubauen und aufrecht zu erhalten.

Im Prozess einer Telefonberatung stellt sich das ganz anders dar. Die Anrufenden können völlig anonym bleiben, die BeraterInnen haben nur den auditiven Wahrnehmungskanal verfügbar, um die teilweise hochkomplexe und dabei chaotische Flut von Informationen zu ordnen, die auf sie wie quasi eine Tsunami von Botschaften, Appellen und oft auch Androhungen einschwappt. Es gibt dabei keineswegs einen klaren Auftrag, schon gar nicht etwa einen direkten therapeutischen Auftrag, den man in Ruhe aufbauen und entfalten könnte. Auch die eventuellen Ziele für das jeweilige Gespräch können mit erheblicher Wahrscheinlichkeit zunächst sehr im Dunkeln bleiben. Da praktisch bei jedem Satz die Anrufenden sofort blitzschnell den Kontakt beenden können, wenn gerade irgendein dahin gehender Impuls in ihnen aufsteigt, sind die Chancen für korrigierende konstruktive Feedbackschleifen (falls einmal eine von KlientInnen als nicht passend erlebte Kommunikation gelaufen sein könnte) viel geringer als in üblichen Gesprächen. Es kommt praktisch viel mehr auf jeden einzelnen Satz an, den die BeraterInnen sagen. Das wäre schon unangenehm genug in Gesprächen mit harmlosen Themen. Bei Telefonberatungen werden ja aber sehr oft äußerst brisante existenzielle Grenzsituationen angeboten wie z. B. „Ich will mich jetzt umbringen…“ etc. Sofort springt da bei den Helfenden der Anspruch an, nicht nur einen guten Rapport aufzubauen, sondern auch schnell wirksame hilfreiche Interventionen gestalten zu müssen.

Die Gefahr, dass die BeraterInnen sich dabei unter starken perfektionistischen Stress setzen und sich überfordern, sich dabei aber gleichzeitig völlig den Impulsen der GesprächspartnerInnen ausgeliefert fühlen, halte ich grundsätzlich für wesentlich höher als in allen anderen Gesprächssituationen, die mir bekannt sind in den helfenden Berufen. Auch die Gefahr, dass man als BeraterIn dabei schnell konfus in der eigenen Arbeit werden kann, ist viel größer, denn unter permanentem Zeit- und Ergebnisdruck muss man einen Kontext bewältigen, in dem die Erwartungen an die eigene Rolle ebenso zunächst ganz unklar sind wie auch an die Rolle und die Beiträge der Anrufenden zu einem konstruktiv wirkenden Miteinander im Gespräch.

Gerade für diese Kontexte ist eine methodisch stringente Struktur und Orientierung gebende Arbeitshilfe in Buchform aus meiner Sicht schon lange überfällig. Das hier vorliegende Buch bietet dies in beeindruckend fundierter und systematischer Weise.

In beispielhaft gelungener Form gibt es den LeserInnen eine sehr differenzierte Systematik an die Hand, um schnell die angebotenen Botschaften der Anrufenden ordnen zu können und so sowohl

- die jeweiligen Inhalte der Anrufe, aber auch
- die oft komplexen Aspekte der angebotenen Beziehungsebene,
- der impliziten und expliziten Wert- und Glaubenshaltungen der AnruferInnen

- und die Chancen für deren Ansprechbereitschaft generell und auch für welche Themen und Perspektiven

strukturiert ordnen und daraus zielgerichtete Interventionen im Gespräch ableiten zu können.

Beratungs- und Psychotherapiearbeit erscheint mir auch heute noch vielfach sehr unkritisch vielfältig überfrachtet mit Mythen von Psychotherapietraditionen (wie z. B., dass man die Dynamik im Gespräch sich einfach langsam entwickeln lassen müsse, nur empathisch widerspiegeln brauche, die Übertragung sich entfalten lassen solle etc.). Aber auch wenn dies oft vergessen wird, jedes Gespräch, jede Begegnung in solchen Kontexten stellt schlicht und einfach eine professionelle Dienstleistung dar, die sich gefälligst stringent an Ziel- und Effektivitätskriterien zu orientieren hat, die jeweils ausgewählten Vorgehensweisen sind immer nur Mittel zum professionellen Zweck, und dieser ist stringent an den definierten Zielen und deren Erreichung zu prüfen. Im Kontext einer Telefonberatung erweist sich dann klar, dass viele wie Wahrheiten gehandelte Vorstellungen darüber, wie man vorgehen sollte als Berater, in diesem Kontext nicht nur fragwürdig, sondern sogar destruktiv wirken würden. Sich z. B. auf die Entwicklung einer Übertragungsbeziehung zu verlassen, würde hier schlicht verheerend wirken können, mit hoher Wahrscheinlichkeit würden sich, wenn überhaupt, maligne regressive Übertragungsprozesse abspielen.

Überhaupt gewinnt oder verliert jedes Beratungsgespräch seine Kraft und seinen Sinn ganz in Abhängigkeit davon, wie klar ein Zielentwurf gestaltet werden kann für jeweils gewünschte Ergebnisse dieser Gespräche. Im Kontext einer Telefonberatung erweist sich das als besonders schwierige Herausforderung, denn oft werden hier gar keine klaren Ziele von den Anrufenden genannt, oft dürften diesen solche Ziele noch nicht einmal explizit klar und bewusst sein, und würde man direkt immer wieder danach fragen, könnte dies schnell die Anrufenden erschrecken, kränken und verprellen. Gleichzeitig könnte ein Gespräch ohne solchen Zielfokus eher kraftlos und sinnlos verpuffen. Für die BeraterInnen ergeben sich also in ihrer Tätigkeit kontinuierlich Zwickmühlen (double binds). Für die hilfreiche Wirkung eines Gesprächs (natürlich nicht nur in der Telefonberatung) kann es entscheidend sein, dass in jedem Gespräch ein Zielfokus für genau dieses Gespräch (also auch für die kurzfristige Perspektive) aufgebaut wird. Geschieht dies nicht, verpufft oft die Wirkung von noch so empathischen Interventionen und die Anrufenden gewinnen zum Schluss den Eindruck, dass ohnehin nichts helfen kann, was wieder die alten, problemstabilisierenden Glaubenssysteme verstärken kann.

Das hier vorliegende Buch bietet hervorragende Strukturierungshilfen, um solche double binds konstruktiv aufzulösen und sogar für effektive Beratungsarbeit zu nutzen. Es zeigt klar und mit einer sehr wohltuenden Art, dabei Komplexität zu reduzieren, wie man schnell und effektiv die unterschiedlichsten Arten von Kontaktangeboten unterscheiden und mit empathischen Antworten verknüpfen kann.

Besonders gut gefällt mir dabei, wie die Autoren überzeugend zeigen können, wie man wertschätzend und dabei sehr konsequent eine ganz besonders schwierige Aufgabe einer Telefonberatung erfüllen kann: Viele der Anrufenden melden sich in Situationen, in denen sie sich selbst als ganz ausgelieferte, hilflose Opfer schwieriger Ereignisse, Beziehungen etc. erleben und diese Perspektive für sie die einzig gültige Wahrheit ist. Bleibt es dabei, kann dies schlimme Folgen im Sinne von Selbst- oder Fremdgefährdung haben. Für den Aufbau von Rapport ist es entscheidend, dass die BeraterInnen diese Realitätskonstruktionen der Anrufenden wertschätzend und akzeptierend annehmen und ein Stück weit mit ihnen mitgehen. In der Erickson'schen, kompetenz- und lösungsorientierten Hypnotherapie wird dies als Pacing bezeichnet.

Gleichzeitig kann ein Gespräch nur nützlich wirken, wenn es bei dieser Sicht nicht bleibt, sondern die Anrufenden Erfahrungen machen können, die ihnen durch eigenes Erleben überzeugend zeigen, dass sie selbst durchaus Kompetenzen in sich tragen, die sie für konstruktive Lösungen in ihrem Interesse aktivieren und nutzen können (unter Berücksichtigung ihrer Kontextbedingungen und damit auch unter Berücksichtigung mancher einschränkender Restriktionen).

Die Autoren zeigen in sehr praktischer und damit besonders hilfreicher Art auf, wie auch schwierigste Gesprächsangebote durch Anrufende in sehr sanfter, behutsamer und achtungsvoller Art so aufgegriffen werden können, dass die leidvollen und einschränkenden Realitätskonstruktionen allmählich wirksam und sehr stringent verbunden werden können mit einem Zielfokus und einem Erfahrungsfokus von Eigenkompetenz der Anrufenden, der diesen wieder zeigt, dass sie selbst kompetente ExpertInnen für ihre einzigartigen eigenen Lösungen werden können. Dafür müssen ja jeweils viele Neuinformationen und alternative Perspektiven angeboten werden. Mit wunderbarer Stringenz wird hier vermittelt, wie dies so gestaltet werden kann, dass die Autonomie der Anrufenden nicht nur respektiert, sondern ihre bisherigen Sichtweisen sogar für hilfreiches Neues genutzt (im Erickson'schen Sinne utilisiert) werden kann. In vielen Beispielen wird hervorragend gezeigt, wie die sehr schwierige Gratwanderung zwischen Mitgehen und Neues anbieten gelöst werden kann, wie z. B. Fragen (besonders auch hypothetische Fragen) als sehr wirksame Interventionsmittel eingesetzt werden können, um wieder Selbstwirksamkeit bei den Anrufenden erlebbar zu machen. Sehr gut gefällt mir auch, wie die Autoren demonstrieren, wie eine optimale Balance zwischen Pacing (Mitgehen) einerseits, aber auch Abgrenzung, Aufbau eigener Positionen und Belastungsgrenzen andererseits verbunden werden können und dabei auch die Grenzen der Anrufenden empathisch und wertschätzend respektiert werden können.

Sehr gekonnt erlebe ich auch, wie die Autoren vermitteln, wie man unter diesen schwierigen Kontaktbedingungen, in denen es ja meist keine klaren Auftragsangebote gibt, eine effektive Auftrags-Akquisition machen kann, die jedem Gespräch erst die nötige Wirkkraft gibt, und dies sehr gut verbinden kann auch mit der Berücksichtigung eigener Werthaltungen und quasi inneren Aufträgen der BeraterInnen, denn diese versuchen zwar, so neutral zu bleiben, als irgend möglich, aber selbstverständlich sind auch sie Menschen mit eigenen Werten und eigenen Vorstellungen darüber, wann und für welche Entwicklungen ihre Arbeit sinnvoll und vertretbar ist. Wie hier gezeigt wird, wie man sogar selbst klar für alternative eigene Positionen Stellung beziehen, dabei Respekt für die andere Sicht leben und gleichzeitig hilfreiche Fokussierungen auf zieldienliche Erfahrungen bei den Anrufenden angeregt werden können, halte ich für geradezu meisterlich. Nicht nur für TelefonberaterInnen, sondern für alle Professionellen im Bereich von Beratung und Therapie lassen sich gerade hierfür manche hervorragenden Lehrbeispiele finden.

Sehr froh hat mich bei der Lektüre des Buches darüber hinaus gemacht, wie sorgfältig und mit welch hilfreichen Strategien die Autoren sich auch der eigenen Psychohygiene und dem Selbstmanagement der BeraterInnen widmen. Aus meiner Sicht könnte gerade die Arbeit in der Telefonberatung, die sehr oft anmuten könnte quasi als „mission impossible“, noch mehr und schneller als jede andere Beratungsarbeit zu Erschöpfung, Burn-out, Erleben von Sinnlosigkeit der eigenen Arbeit und zu intensivem Insuffizienzerleben führen. Deshalb ist es gerade hier besonders wichtig, die eigenen Hilfsbereitschaft und das Engagement für die KlientInnen zu verbinden mit wertschätzender Achtung der eigenen Endlichkeit und der mit Selbstachtung verbundenen demütigen Anerkennung der eigenen Begrenztheit seiner Wirkung. Wie dies systematisch, wertschätzend und dabei sehr effektiv gelingen kann, zeigen die Autoren gut nachvollziehbar auf.

Ich hatte die Ehre und die Freude, in meinen Weiterbildungen den Autoren viele Konzepte aus der hypnosystemischen Konzeption, für die ich mich engagiere, vermitteln zu dürfen. Es freut mich natürlich deshalb besonders, viele der dort enthaltenen Ideen in diesem Buch wieder zu entdecken. Wie die Autoren dabei aber die systemische Grundidee, dass jedes Phänomen und natürlich auch jedes Konzept immer systematisch auf seinen Kontext abgestimmt sein muss, um konstruktiv wirken zu können, in dieser Arbeit hier umgesetzt haben, halte ich für bewundernswert und vorbildlich. Denn sie haben diese Konzepte (und natürlich auch viele andere, sehr nützliche

Ansätze) in ganz eigenständiger und höchst kreativer Weise für den Kontext der Telefonberatung geradezu „maßgeschneidert“.

Und darüber hinaus haben sie damit für alle Bereiche von Psychotherapie und Beratung ein äußerst nützliches Buch geschrieben, was, da bin ich sicher, vielen KollegInnen noch oft in ihrer herausfordernden praktischen Arbeit sehr nutzen kann.

Ich wurde schon oft angefragt, für ein Buch ein Vorwort zu schreiben. Bei diesem hier hätte ich es mir sogar gewünscht (wenn ich vorher schon den Inhalt gekannt hätte) und ich bin sehr froh, es jetzt schreiben zu dürfen. Ich wünsche diesem Buch eine sehr weite Verbreitung und den großen Erfolg, den es verdient hat.

Dr. med., Dipl. rer. pol. Gunther Schmidt
Milton-Erickson-Institut Heidelberg

Wir haben da ein Problem

– Vorbemerkung

Liebe Leserin, lieber Leser,

in unserer deutschen Sprache werden traditionellerweise Rollenbezeichnungen mit einem Begriff männlichen Geschlechts ausgedrückt, auch wenn Personen beiderlei Geschlechts gemeint sind.
Das würde dann beispielsweise so aussehen:
„Der Anrufer macht sich ein Bild von seinem Berater."

Die weitaus meisten Anrufenden bei Telefonberatungsstellen sind weiblich. Die Helfenden sind überwiegend weiblich. Es gäbe also gute Gründe, die moderne geschlechtsneutrale bzw. geschlechtsoffene Schreibweise zu benutzen oder nur die weibliche Schreibweise.
Das würde dann so aussehen:
„Der/die Anrufer/in macht sich ein Bild von seinem/ihrer Berater/in."
oder
„Der/die AnruferIn macht sich ein Bild von seinem/ihrer BeraterIn."
oder
„Die Anruferin macht sich ein Bild von ihrer Beraterin."

Testen Sie selbst, wie die einzelnen Schreibweisen auf Sie wirken, und stellen Sie sich vor, das komplette Buch wäre nach einer dieser Schreibweisen verfasst.

Man könnte natürlich auch kapitelweise zwischen einer„männlichen" und „weiblichen" Schreibweise wechseln.

Wir mussten uns für eine dieser Alternativen entscheiden. Wir haben das Problem so gelöst, dass wir in der Regel die traditionelle „männliche" Schreibweise benutzen und davon abweichen, wenn die Beispiele es erfordern. Dabei sind wir uns bewusst, dass diese Lösung nicht allen gefallen wird. Bei jeder anderen Lösung würde das auch der Fall sein. Jede Problemlösung hat eben ihren Preis.

Einleitung

– Machen Sie sich ein Bild!

In jeder Kommunikation reagieren wir aufeinander mit „inneren Bildern“ (Hüther 2005). Im Laufe des Lebens erworbene, im Gehirn abgespeicherte Vorstellungsmuster beeinflussen unser Wahrnehmen, Denken, Fühlen und Verhalten. Wir reagieren nicht auf die Person oder Situation selbst, sondern auf die jeweilige Vorstellung, welche wir uns über eine andere Person und die Situation machen. Die Kommunikation mittels Telefon ist, insofern keine Bildübertragung stattfindet, gänzlich auf den akustischen Wahrnehmungskanal reduziert. Die Gesprächspartner sehen einander nicht. Sie sehen auch nichts von der Umgebung des andern. Allein die Schallwellen eines Lautsprechers beeinflussen die inneren Bilder der Kommunikationspartner. Jedes Telefongespräch ist Kommunikation, die der Vorstellungswelt der Phantasie weiten Spielraum lässt.

Das gilt auch für die Beratung am Telefon. Anrufer schätzen ihre Berater zuweilen viel älter oder jünger ein, als diese tatsächlich sind. Sie haben Vorstellungen über deren Aufenthaltsort, Person oder Möglichkeiten, die den Realitäten oft wenig entsprechen. Berater stellen sich die Situation der Hilfesuchenden vom Hören allein manchmal viel dramatischer oder harmloser vor, als sie diese vor Ort einschätzen würden. Eine schleppend wirkende Stimme suggeriert vielleicht das Bild akuter Suizidgefährdung, ein Plauderton lässt nicht ahnen, dass die Gesprächspartnerin sich gerade mit einer Rasierklinge den Arm zerschnitten hat oder im Auto sitzt, um sich mit Abgasen zu vergiften.

Stellen Sie sich vor, Sie erhalten am Telefon nachmittags einen Anruf und hören eine Stimme, die Sie als Kinderstimme deuten. Ihre Gesprächspartnerin gibt sich als junges Mädchen aus. Sie erzählt im Plauderton von ihren Tieren, scheint sich Geschichten auszudenken, klagt über Bauchweh. Die Eltern seien nicht da. Sie könnten sich z. B. vorstellen, das Kind plaudere mit Ihnen, weil es allein ist. Oder Sie denken, das Kind sei sich nicht sicher genug und werde noch ernsthaftere Probleme ansprechen, wenn es mehr Vertrauen habe. Sie könnten sogar mutmaßen, es handele sich um einen Erwachsenen mit verstellter Stimme. Je nach Ihrem inneren Bild werden Sie jeweils anders mit dem vermeintlichen Kind umgehen. Eine jeweils andere Gesprächsbeziehung, eine andere Wirklichkeit des Gesprächs würde dadurch entstehen.

Man kann sein Gegenüber mit seinen inneren Bildern auch festlegen, in Schablonen zwängen. Das engt für die Gesprächspartner das „Sichtfeld“

und die Handlungsoptionen ein. Als Telefonberater könnten Sie sich z. B. vorstellen, dass eine Frau, die zum wiederholten Mal anruft und über die Schwierigkeit klagt, sich von ihrem gewalttätigen Partner zu trennen, schwach und anlehnungsbedürftig sei. Wenn Sie sich auf dieses Bild fixierten, könnten Sie nicht sehen, dass die Frau sich womöglich bisher aus guten Gründen nicht getrennt hat. Sie könnte ahnen, dass ihr eine Trennung derzeit in ihrem Fall mehr schadet als nützt. Vielleicht hat sie bereits einige Möglichkeiten gefunden haben, sich auf andere Weise zu schützen. Natürlich können wir nicht sagen, welche Vorstellung stimmt. Wenn wir aber wissen, dass unsere Vorstellungen eben nur Bilder und keine Realitätsaussagen sind, dann können wir mit unseren Vorstellungen experimentieren. Wir könnten prüfen, wie sich unsere Bilder, mit denen wir auf Hilfesuchende reagieren, auswirken. Ein kompetenzorientiertes Bild über diese Anruferin würde die Aufmerksamkeit in der Beratung mehr auf deren Potentiale und Ressourcen lenken. Das hätte Folgen für den Gesprächsprozess und könnte darüber hinaus das Selbstbild der Frau beeinflussen und sie zu selbstbewussterem Verhalten veranlassen. Durch kompetenz- bzw. ressourcenbezogenes Erweitern der inneren Bilder schaffen Berater und Anrufer gemeinsam neue Wirklichkeiten, die keine Fiktion bleiben.

Testen Sie einmal, welche inneren Bilder sich bei Ihnen einstellen:

Etwa 55-jähriger Mann, Anruf nachmittags (Stimme leicht verwaschen): *„Guten Tag. Ich hab' schon öfter bei Ihnen angerufen. Ich muss mal meinen Mist loswerden. Die meisten von Ihnen können's schon nicht mehr hören."* – (kurze Pause) – (dann mit forsch klingender Stimme) *„Wie alt sind Sie eigentlich?"*
(Wenig später): *„Aber ich glaube nicht, dass Sie mir helfen können."*

Auf 13 Jahre geschätztes Mädchen, Anruf nachmittags (spricht schnell mit fester Stimme, Gekicher im Hintergrund leise hörbar):
„Ich bin schwanger, was soll ich machen?"

Weinerlich wirkende Frauenstimme, Anruf vormittags:
„Ich hab so Sehnsucht nach meinem Therapeuten....." (anschließend Schweigen)

Frau, ca. 40, mit bestimmendem Befehlston (Anruf gegen 4 Uhr früh):
„Sie müssen mir jetzt unbedingt zuhören, hören Sie, dafür sind Sie doch da."

Ängstlich wirkende Frauenstimme (Anruf gegen 23 Uhr):
„Ich möchte meinen Namen nicht nennen. Kann man da abgehört werden?"

Junge männliche monoton wirkende Stimme, Fahrgeräusche sind hörbar (Anruf gegen 2 Uhr nachts):
„Ich habe angerufen, weil ich mich jetzt umbringe."

Dies sind sicher keine Äußerungen typischer Alltagskommunikation. Auch im therapeutischen oder beraterischen Setting wird kaum jemand so das Gespräch beginnen. Es sind typische Beispiele von Gesprächsanfängen bei niedrigschwelligen Telefonberatungsdiensten. Wenn Sie sich in Bezug auf diese Gesprächsbeispiele Ihr jeweiliges inneres Bild vom Anrufer und seiner Situation gemacht haben, können Sie nun weiter phantasieren, welche Auswirkungen es hätte, wenn Sie mit dieser „Brille" auf die jeweilige Person reagieren, wie diese darauf reagieren würde, welche Kommunikation entstehen würde, was das vermutlich bewirken würde, etc.

In der realen Beratungssituation am Telefon sollte Ihr Bild einerseits möglichst zur Situation des Anrufenden passen. Andererseits sollte Ihr Bild über den Anrufenden, sein Problem und seine Kompetenzen zugleich einen Unterschied machen zu dessen Sichtweise über sich und das Problem. Denn in der Beratung geht es darum, jemandem dabei zu helfen, Sichtweisen über sich selbst und die Problemsituation zu entwickeln, die es ihm ermöglichen, besser damit zurecht zu kommen als mit seiner bisherigen eigenen Sicht. Beim ressourcenorientierten Arbeiten versuchen wir das, indem wir den Blick auf die Kompetenzen der Hilfesuchenden richten und ihn stetig als kompetent behandeln. Wenn es gut läuft – in einer Atmosphäre vertrauensvoller und schöpferischer Zusammenarbeit – kreieren Anrufer und Berater dabei gemeinsam Sichtweisen, die es den Hilfesuchenden ermöglichen, ihre Probleme zu lösen oder unveränderbare Lebenseinschränkungen besser zu ertragen.

Dieses Buch will Ihnen beim „Bildermachen" in der Telefonberatung behilflich sein. Es möchte Sie dazu einladen, sich als Beraterin oder Berater zu trainieren, bewusst neue Sichtweisen über die Hilfesuchenden zuzulassen, auszuprobieren und die Auswirkungen davon im Beratungsgespräch zu prüfen. In diesem Sinn ist es als Orientierung und Anleitung für die ressourcenorientierte Beratungsarbeit am Telefon gedacht. Die Beiträge des Buches sind dem Denkansatz der konstruktivistischen systemischen Beratung und den von der Erickson'schen Hypnotherapie inspirierten lösungs- oder kompetenzorientierten Beratungsansätzen (de Shazer 1989, 1990, 1994; de Jong u. Kim Berg 1998; Bamberger 2001; Schmidt 2005) verbunden. Darüber hinaus greifen wir auf Konzepte der klientenzentrierten Beratung nach C. Rogers, der Krisenintervention und auf Forschungsergebnisse zur telefonischen Kommunikation zurück.

Das Buch versteht sich als Lehr- und Lernbuch. Es richtet sich an alle, die in Telefonberatungseinrichtungen wie Telefonseelsorgen, Sorgentelefonen, Krisentelefonen, Hotlines oder Kummernummern bereits mitarbeiten, dort mitarbeiten möchten oder einfach Interesse an dieser spezifischen Form der Beratungstätigkeit haben. Da diese Tätigkeit vielfach ehrenamtlich ausgeübt wird, findet die Ehrenamtlichkeit in unserem Buch eine besondere

Berücksichtigung. Das Buch kann auch für die Aus- und Fortbildung zur Telefonberatung genutzt werden. Dazu enthält es eine Fülle an Übungen und Anregungen sowie zahlreiche Fall- und Gesprächsbeispiele. Wegen der Schweigepflicht und zum Schutz der betreffenden Personen sind alle Beispiele anonymisiert und die persönlichen Daten verändert worden. Die wörtlichen Gesprächsauszüge sind im Nachhinein protokolliert (sog. Verbatims), da das deutsche Telekommunikationsgesetz Bandaufnahmen ohne ausdrückliche Zustimmung der Anrufenden nicht zulässt. Sie geben daher auch nur die wichtigsten Auszüge des Gesprächs wieder und sind auf diese begrenzt. Die Gesprächsbeispiele erheben nicht unbedingt den Anspruch von Idealbeispielen. Sie sollen vielmehr auch anregen, eigene Alternativen zu einzelnen Äußerungen zu finden. Ihre kritische Auseinandersetzung mit ihnen ist erwünscht. Im Einzelfall sind die Äußerungen der Berater mit Erläuterungen versehen und in ein anderes Schriftbild gesetzt. A steht in den Beispielen für Anruferin oder Anrufer, B für Beraterin oder Berater.

Danken möchten wir für die zahlreichen Anregungen von Kolleginnen und Kollegen, die wesentlich zur Klärung und Präzisierung einzelner Beiträge geholfen haben. Wir danken Jochen Schweitzer und Andrea Ebbecke-Nohlen, die Mut gemacht haben, dieses Buch zu schreiben, und Gunther Schmidt für seine vielen grundlegenden Anregungen. Wir danken den Kollegen und Kolleginnen aus der Beratungsarbeit und den Telefondiensten, insbesondere den Mitarbeiterinnen und Mitarbeitern der Telefonseelsorge Pfalz, für ihre wertvollen Rückmeldungen. Danken möchten wir nicht zuletzt den Anruferinnen und Anrufern, von denen wir viel gelernt haben darüber, was sie brauchen, um ihre Probleme zu lösen und ihre oft äußerst schwierigen Lebenssituationen zu bewältigen. Mit manchen ihrer Lösungen haben sie uns verblüfft.

1. Kapitel

Willkommen an Bord

– Selbstverständnis und Kontext von Telefonberatungseinrichtungen

Stellen Sie sich vor, Sie seien Funker eines Rettungsschiffes. Das Funkabteil ist rund um die Uhr besetzt. Sie versehen Ihren Dienst in der Regel alleine. Sie wissen nicht, woher die Meldungen kommen. Meist kennen Sie die Absender nicht, weder Alter, Geschlecht noch Name. Sie wissen nicht, in welcher Situation diese sich gerade befinden. Zu Beginn der Funkbotschaft ist für Sie oft schwer zu erkennen, mit welchem Anliegen und in welcher Funktion Sie jeweils in Anspruch genommen werden, ob als Seenotretter, Lotse, Zeitvertreiber, Auskunft, Freundersatz oder Beschwerdestelle. Sie wissen nicht, wie lange die Verbindung anhält. Die Kommunikation ist manchmal verschlüsselt oder gestört. Nach geleisteter Hilfe bekommen Sie in der Regel keine Rückmeldung. Immerhin wissen Sie, auf welchem Schiff und wo Sie sich selbst befinden. In der Regel befinden Sie sich in einem sicheren Hafen. Sie wissen um Ihre Funktion: Sie sollen helfen. Aber diese Beschreibung lässt Ihnen einen weiten Spielraum. Sie müssen jeweils definieren, in welcher Rolle Sie sich ihrem Funkpartner anbieten und wie das mit der Aufgabe Ihres Rettungsschiffes, Ihren Kompetenzen, Möglichkeiten und Werten vereinbar ist. Sie selbst oder die meisten Ihrer Kolleginnen und Kollegen üben diese Tätigkeit ehrenamtlich aus und bekommen dafür lediglich eine geringe Aufwandsentschädigung oder gar kein Geld.

So etwa können Sie sich die Situation an einem niedrigschwelligen Beratungstelefon vorstellen. Wenn Sie als Mitarbeiter an Bord eines solchen „Rettungsschiffes" gehen oder sich als Anrufer mit dessen „Funkzentrale" verbinden, betreten Sie einen sehr komplexen Kontext, der sich erheblich auf die Gespräche am Telefon auswirkt.

Zum diesem Kontext gehören:

1. Der Name und das Selbstverständnis der angerufenen Einrichtung
2. Die Zugangsregelungen für das Klientel
3. Die Bedeutung der Kommunikation mittels Telefon
4. Die Rollen und Rollenerwartungen der Beteiligten im Hilfesystem
5. Qualifikation, Motive und Erwartungen der Helfer

1. Name und Selbstverständnis

Übung:

Was verstehen Sie unter „Beratung“? Welches Bild stellt sich bei Ihnen dazu spontan ein? Was assoziieren Sie damit?

Wir haben bisher allgemein von „Telefonberatung“ gesprochen. Telefonberatung wird in diesem Buch verstanden als psychologisches bzw. psychosoziales telefonisches Gesprächsangebot für Menschen mit vorwiegend psychischen bzw. psychosozialen Sorgen und Problemen. Einige solcher Telefonberatungsdienste sind auf bestimmte Personengruppen, Situationen oder Themen begrenzte Angebote wie z. B. Kinder- und Jugendtelefone, Seniorentelefone (altersbezogen), Notrufe für Frauen bei häuslicher oder sexueller Gewalt (geschlechts- und situationsbezogen) oder AIDS-Telefone, Arbeitslosen-Telefon-Hilfe, Krisentelefone, Elterntelefone, Opfer-Notrufe, Trauertelefone (themen- und situationsbezogen). Ohne derartige Schwerpunktsetzungen und praktisch offen für alle psychischen bzw. psychosozialen Probleme und Personen jeden Alters arbeiten im deutschsprachigen Raum nur die Telefonseelsorgen, kommerzielle Telefonberatungsangebote und die Ö3-Kummernummer in Österreich. Beratung wird in diesem Hilfe-Kontext nicht als Ratgeben im Sinne einer Weitergabe von Fachwissen (Fachberatung) verstanden. Im Gegensatz zu den eben aufgeführten Telefonberatungsdiensten dienen Informationstelefone und Hotlines vorrangig der Fachberatung und Informationsvermittlung bei gesundheitlichen, finanziellen, rechtlichen Fragen (z. B. Krebstelefone, Anwaltstelefone, Verbraucherberatung) oder der Suche nach bestimmten Informationen oder Anbietern (z. B. Psychotherapie-Informations-Dienst). Auch wenn ihre Zielsetzung Informationsvermittlung ist, thematisieren Anrufende bei solchen Anbietern in vielen Fällen auch ihre psychischen oder psychosozialen Sorgen, mit denen deren Mitarbeiter über das Informationsangebot hinaus einfühlend, klärend und unterstützend umgehen sollten.

Psychologische bzw. psychosoziale Beratung am Telefon umfasst ein ganzes Bündel verschiedener helfender Interventionen. Dazu gehören Hilfen zur seelischen Entlastung, stützende Begleitung, Anleitung und Information, Orientierungs- und Verständigungshilfen sowie Beratungsangebote im engeren Sinn zur Konflikt- und Problembewältigung (s. Kap. 3 und 7). Um dieser Breite an Hilfsmöglichkeiten Rechnung zu tragen und in Abgrenzung zu Fachberatung finden Sie auf dem „Türschild“ der Telefonberatungseinrichtungen kaum das Wort „Beratung“, sondern Namen wie „TelefonSeelsorge“, „Sorgentelefon“, „Kummernummer“, „Telefon 143 – Die dargebotene Hand“ oder spezielle Bezeichnungen wie „Elterntelefon“, „Jugendtelefon“, „Krisentelefon“ etc. In Abgrenzung zu Talklines oder Unterhaltungstelefonen von Rundfunk- und Fernsehsendern verstehen alle Telefonberatungsdienste die Gespräche immer als Mittel zum Zweck persönlicher Lebensbewältigung und nie als Mittel zur Unterhaltung oder Erhöhung der Einschaltquoten wie bei bestimmten Rundfunkhotlines. Das Ziel ist stets, dass Anrufer hinterher besser als vorher mit ihren Sorgen und Problemen zurechtkommen. Dabei kann auch Unterhaltung eine Rolle spielen, wenn sie zur Bewältigung persönlicher Problemsituationen dient. Beratung im psychologischen Verständnis zielt immer auf „die Verbesserung der psychischen Handlungskompetenz" sowie „die Aktivierung vorhandener und die Erschließung neuer Ressourcen …" (Leitsätze des „Bundes Deutscher Psychologinnen und Psychologen" zu psychologischer Beratung, Report Psychologie 21, 8,1996, 592f).

Übung:

Was würden Sie als potentieller Nutzer mit den Namen einzelner Telefonberatungsdienste verbinden?
Machen Sie eine Befragung unter Kollegen, Freunden usw., was diese mit den jeweiligen Namen verbinden.

2. Die Zugangsregelungen für das Klientel

Alle Telefonberatungsdienste haben zum Ziel, möglichst schnell und unkompliziert in der belastenden Situation erreichbar zu sein und dabei ihre Zielgruppe möglichst breit anzusprechen. Diese Niedrigschwelligkeit wird durch das Medium Telefon und die Sprechzeiten realisiert. Telefonseelsorgestellen sind z. B. täglich rund um die Uhr erreichbar, Sorgen- und Krisentelefone meist nur zu bestimmten Uhrzeiten und an bestimmten Tagen. Das heißt aber nicht, dass Anrufer tatsächlich zu den angegebenen Zeiten einen Gesprächspartner finden und ein Gespräch führen können. Unter Umständen muss man für unbestimmte Zeit warten. Und dafür, wann man drankommt, gibt es keine Reihenfolge. Es gibt keine Voranmeldung und keine Warteliste. Zufall und Ausdauer beim Anwählen steuern den Zugang. Die Erreichbarkeit ist durch die personellen und finanziellen Kapazitäten der Einrichtung begrenzt. Meist ist an einer Stelle nur *ein* Beratungstelefon besetzt. Bei hohem Zulauf stoßen Anrufende daher oft auf ein Besetztzeichen bzw. ein Ansageband oder ihr Anruf wird an eine andere Stelle weitergeleitet. Man kommt also nicht unbedingt dran, wenn man will oder wenn man es nötig hat. Das mag Vielanrufern wenig ausmachen, für Erstanrufer in Krisensituationen oder für psychisch Labile kann das leicht entmutigende Auswirkungen haben. Das Medium Telefon erleichtert also einerseits den Zugang, garantiert andererseits jedoch nicht unbedingt eine Gesprächsmöglichkeit.

Die Länge der Telefonate ist nicht festgelegt. Die Gespräche dauern wenige Minuten (bei Scherzen und Auskünften) bis zu mehreren Stunden (bei suizidalen Krisen). Auch die Häufigkeit der Kontakte unterliegt in der Regel keiner Begrenzung. Es gibt Hilfesuchende, die einmalig anrufen, und andere, die mehrmals bis regelmäßig anrufen und es dabei teilweise mehrmals täglich versuchen. Da es am Beratungstelefon keine vorgegebene Struktur des Zugangs und des Zeitrahmens für die Anrufe gibt, müssen Berater u. U. die Anrufzeit, -häufigkeit und -dauer mit den Anrufern aushandeln, regeln und für deren Einhaltung sorgen. Sie sind dabei gegenüber den Anrufern zugleich in einer helfenden und einer kontrollierenden Rolle, was zu Rollenkonflikten führen kann (s. Kap. 3).

Übung:

Stellen Sie sich folgende Situation vor: Ein Anrufer ruft wegen Einsamkeit an. Der Berater stellt im Laufe des Gesprächs fest, dass es der dritte Anruf des Anrufers an diesem Tag ist. Der Anrufer äußert, dass er die Einsamkeit kaum aushält. Er möchte mit dem Berater plaudern. Solange der Berater mit diesem Anrufer spricht, kommt niemand anders durch. Beide wissen nicht, ob und wie oft jemand zwischendurch das Beratungstelefon vergeblich anwählt.

Auswertung:

Welche Konflikte können sich für wen aus dieser Situation ergeben? Wie würden Sie als Berater die Konflikte lösen? Wie würden Sie mit dem Anliegen des Anrufers umgehen? Welche Folgen würden sich je nach Lösung daraus ergeben?
Wie würden Sie als Anrufer reagieren, wenn der Berater Ihnen die Zeit begrenzen möchte? Wie erleben Sie es, wenn der Berater Ihnen die gewünschte Zeit gewährt im Wissen, dass dadurch andere begrenzt werden? Welche Lösung würden Sie sich als Anrufer wünschen?
Wie würden Sie reagieren, wenn Sie als Hilfesuchender in Not mehrmals hintereinander auf ein Besetzzeichen oder einen Ansagetext der Telefonberatungsstelle stoßen und nicht durchkommen?

Bei verschiedenen Telefonberatungsstellen sind die Prinzipien der Niedrigschwelligkeit durch weitere sog. Essentials flankiert. Telefonseelsorgen, Krisen- und Sorgentelefone z. B. garantieren ihren Anrufern absolute Anonymität. Persönliche Daten werden nicht erfasst. Vorinformationen liegen meist nicht vor. Die Helfer unterliegen der Schweigepflicht. Oft ist die Telefonnummer des Anrufenden nicht erkennbar, weder auf dem Display der Dienststelle noch auf einem Einzelgebührennachweis. Das Telefonat mit diesen Einrichtungen verursacht keine Telefongebühren. Das steuert deren Nutzung. Was nichts kostet und was keine Spur hinterlässt, kann problemlos genutzt werden. So rufen viele an, die davor zurückschrecken würden, wegen ihres Problems eine Beratungsstelle, einen Arzt oder einen Therapeuten aufzusuchen, entweder weil sie die Kosten scheuen oder weil sie fürchten, identifiziert werden zu können. Die Hürde anzurufen ist extrem niedrig.

Aufgrund dessen kann der Anruf aber auch leicht zum Scherz, Zeitvertreib oder für die Veranlassung fiktiver Rettungsszenarien benutzt werden.

Die für diese niedrigschwelligen Dienste spezifische Unspezifität der Zielgruppe lässt ein breites Spektrum zu. Das Klientel ist viel breiter als bei Beratern und Therapeuten in ihren Praxen und Einrichtungen. Das betrifft schon die Altersgruppen. Der jüngste Anrufer (bei der Telefonseelsorge) war drei Jahre alt, der älteste über 90. Mädchen (bei Kinder- und Jugendtelefonen) und Frauen überwiegen bei weitem. Anrufer können sich prinzipiell mit jedem Problem und jedem Anliegen an die Telefonberatung wenden. Telefonberater sind oft mit unklaren und komplexen Problempaketen und vielfältigen diffusen Erwartungen konfrontiert. Manchen Anrufern geht es gar nicht darum, Probleme zu besprechen oder Lösungen zu finden. Es gibt Anrufer, die nur die Stimme des Gegenübers hören wollen. Verbalerotiker etwa nutzen den Anruf zur Stimulierung ihrer sexuellen Befriedigung. Telefonberater können das oft nur aus Nebengeräuschen oder dem Wunsch nach detaillierten einschlägigen Beschreibungen erschließen. Andere reden wie ein Wasserfall und lassen die Berater kaum zu Wort kommen, äußern manchmal gar Furcht, dass der Berater etwas sagen könnte. Sie scheinen nur das Gefühl zu brauchen, dass jemand da ist und zuhört. Zudem kann jeder unmittelbar in welchem Zustand auch immer in das Gespräch eintreten, egal ob nüchtern oder unter Alkohol, ob schläfrig oder wach, ob reflexionsfähig oder kaum ansprechbar agitierend. So bleibt es oft den Mutmaßungen der Helfer überlassen, inwiefern das „Gespräch" nützlich ist oder war.

Übung zur Reflexion:

Wie klar definieren Telefonberatungsstellen, die Sie kennen, Kriterien dafür, mit wem Berater unter welchen Umständen nicht sprechen sollten? Mit wem würden Sie wann und unter welchen Umständen nicht reden? An welchen Beobachtungen würden Sie das festmachen? Wie würden Sie sich gegen Missbrauch abgrenzen mit welchen Folgen? Welche Folgen hätte es, wenn Sie sich entscheiden würden, sich nicht abzugrenzen?

Auch wenn die Leitlinien der Einrichtungen Grenzen des Gebrauchs vorsehen – kein Beratungstelefon wird sich etwa als Sextelefon verstehen wollen – bleibt es letztlich an den Beratern selbst zu entscheiden, ob die Anrufer bei ihnen an der richtigen Stelle sind, ob es sich um einen angemessenen Gebrauch oder einen Missbrauch des Beratungsangebots handelt. Es gibt weder einen Empfangsraum noch ein vorgeschaltetes Sekretariat für die Auswahl des Klientels. Dadurch geraten Telefonberater in einen stetigen inneren Konflikt. Einerseits wollen sie sich auf ihre Gesprächspartner wertschätzend und akzeptierend einlassen, andererseits prüfen sie oft – besonders bei Gesprächsbeginn – skeptisch Äußerungen der Anrufer danach, ob diese nur ihre Stimme zur Stimulierung, ihre Hilfsbereitschaft zu einem Scherz, ihre Anwesenheit zum Zeitvertreib nutzen wollen und ob sich das Anliegen mit den Möglichkeiten und Werten der Einrichtung verträgt. Telefonberater müssen sich daher bei jedem Gespräch erneut vergewissern, wer und was ihre Einrichtung und sie selbst für den Anrufer sein wollen und können, und was nicht. Sie müssen selbst entscheiden, inwieweit ihr Gegenüber momentan beziehungs- und aufnahmefähig ist. Sie müssen z. B. nachts das Gespräch auf eine veränderte Aufnahmefähigkeit abstimmen. Sie müssen ein Gespräch gegebenenfalls auch abbrechen. Darüber hinaus müssen sie einschätzen, ob die Art und Weise, wie ein Anrufer sich am Telefon verhält, Teil des Problems und daher grundsätzlich erst einmal als Beziehungsangebot wertzuschätzen ist oder ob es sich um einen Missbrauch handelt, von dem sie sich abgrenzen sollten. Wenn ein Anrufer etwa zu Gesprächsbeginn sich nur räuspert und schweigt, kann er momentan blockiert sein, sich verbal zu äußern, und braucht dabei emotionale Unterstützung. Er kann sich aber auch einen Lustgewinn daraus machen, sich an der einfühlsamen Stimme der Beraterin zu stimulieren.

3. Die Bedeutung der Kommunikation mittels Telefon

Der Gesprächskontakt geschieht meist nur als Kommunikation mittels Telefon.[1] Das Medium Telefon und seine gesellschaftliche Nutzung beeinflussen das Beratungsgeschehen. Das hat spezifische Auswirkungen auf die Kommunikationsbeziehung.

Der Anruf kann aus dem gleichen Ort, der gleichen Region kommen, aber auch aus hunderten Kilometer Entfernung, aus einer Gegend mit völlig anderen Lebensbedingungen, aus einem kulturellen Milieu, das dem Telefonberater völlig fremd ist. Ruft jemand von zu Hause an, aus der Telefonzelle mit Warteschlange, hört nebenan jemand mit? Insbesondere mobil telefonieren kann man an jedem Ort und in jeder Situation, die nicht unbedingt für klärende Gespräche geeignet sind, etwa beim Autofahren. Manche Mobiltelefonierer nutzen das Gespräch, um Öffentlichkeit herzustellen und nicht unbedingt um Probleme zu lösen. Kinder rufen z. B. aus der Schule an. Die Mitschüler sollen mitbekommen, wie sich der Berater am Telefon bei einem fiktiven Problem abmüht oder vorgeführt wird. Ablenkung vom Gespräch durch Parallelbeschäftigungen wie gleichzeitiges Autofahren, Fernsehen, Surfen im Internet (Multitasking) oder gar Sitzen auf der Toilette sind nicht auszuschließen.

[1] Einige Telefonberatungsdienste machen zusätzlich persönliche Beratungsangebote. Viele bieten inzwischen auch Kontakte über Internet (Mail, Chat) an, manchmal auch über SMS. Diese spezifischen Formen der Beratung sind nicht Gegenstand dieses Buches.

Das Gespräch am Telefon beginnt unmittelbar ohne jede Vorbereitung. Manche Anrufer fangen ohne jegliche Begrüßungsfloskeln sofort an zu reden. Sie rufen u. U. mitten aus einer Problemsituation, etwa einem eskalierenden Familienstreit, heraus an. Man stellt sich einander nicht vor. Es gibt keine Vorinformation über den anderen, seine aktuelle Lebenssituation, sein Problem, seine Kompetenzen.

Die Wahrnehmung des Gesprächspartners ist einzig auf den akustischen Kanal reduziert. Das fördert die Suggestivkraft. Aus der erzählten Geschichte, dem Klang, der Modulation und der Rhythmik der Stimme sowie aus Neben- und Hintergrundgeräuschen formen die Telefonierer ein Bild vom jeweiligen Gegenüber in seiner momentanen Situation. Eine 70-jährige kann wegen ihrer Stimme als jugendlich eingeschätzt werden, eine Frau mit rauchiger dunkler Stimme als Mann, eine Erwachsene als Kind. Manche Anrufer nutzen diese Situation, um sich eine virtuelle Identität zu geben. Das Telefon lädt geradezu dazu ein, fiktive Szenarien zu erfinden und anzubieten. Man kann in beliebige Rollen schlüpfen, weil man ja nicht erkannt wird. Man kann Verhaltensweisen ausprobieren, die man im sonstigen sozialen Kontakt nie zeigt. Man kann eine andere Identität einnehmen und erleben, wie andere darauf reagieren. Manche verlieren durch diese Möglichkeiten ihre sozialen Hemmungen und Ängste und können so neue Aspekte ihrer Identität entwickeln (zur virtuellen Identität im Internet vgl. Döring 2000).

Auch die aktuelle Gesprächssituation wird mittels Phantasie konstruiert. Schlürfgeräusche können als Trinken (Wasser, Alkohol?) interpretiert werden, Stöhnen als Schmerz- oder Lustäußerungen, Schweigen als Betroffenheit, intensives Nachdenken, Ohnmachtsanfall oder Desinteresse. Die Helfer wissen nicht, ob sich jemand gerade die Pulsadern aufgeschnitten hat, die Pistole neben sich hält oder auf der Brücke steht, zum Absprung bereit. Sie können nicht ermitteln, ob und wie ihr Gesprächspartner aktuell gefährdet ist, ob er verletzt ist, unter Einfluss von Drogen oder Narkotika steht, ob er bekleidet oder nackt ist. Genauso wenig wissen die Anrufer, ob ihr Berater wirklich auf sie konzentriert ist, ob er alleine ist, ob er in einem Dienstzimmer sitzt, ob die Türen geschlossen oder offen sind, ob er sitzt, steht oder im Bett liegt. Jeder denkt sich sein Gegenüber samt der dazugehörigen Situation aus. Helfer müssen deshalb die aktuelle Situation stets erfragen und ihre Bilder dazu überprüfen.

Übung:

Hören Sie sich mit anderen gemeinsam eine kurze Gesprächsszene aus einem Hörspiel an. Tauschen Sie sich aus:
Was haben Sie gehört? Welche Bilder haben Sie sich zu den jeweiligen Personen und ihrer jeweiligen Situation gemacht? Wie haben sie gefühlsmäßig auf die Bilder reagiert?

Überprüfen und ergänzen Sie Ihre Wahrnehmungen. Reflektieren Sie, wie Ihre Bilder und Gefühle entstanden.

Die Telefonverbindung ist im Unterschied zum persönlichen Kontakt fragil. Sie kann von jedem jederzeit abgebrochen werden, sogar mitten im Satz. Abbrüche können meist nicht mehr geklärt werden. Es ist ungewiss, ob man denselben Gesprächspartner je noch einmal erreichen kann. Bei hoher Belegung der Telefonleitungen ist es für die Anrufer sogar unsicher, ob sie in kurzer Zeit überhaupt wieder einen Gesprächspartner am Telefon bekommen oder stattdessen auf ein Besetzzeichen stoßen bzw. von einem Ansageband vertröstet werden. Man ist gänzlich auf seine Phantasie verwiesen, wie man einen Abbruch deutet. Da die meisten Einrichtungen mit ehrenamtlichen Telefonberatern arbeiten und diese meist nur zeitweise für ein paar Stunden monatlich ihren Dienst versehen, müssen beide Gesprächspartner sich darauf einstellen, dass ihr Gespräch in der Regel keine Fortsetzung hat. Nacherhebungen über den Nutzen einzelner Gespräche sind kaum möglich. Berater sind deshalb oft auf Mutmaßungen angewiesen, wie sie das Ergebnis eines Gesprächs deuten. Sie müssen Kriterien entwickeln, woran sie den Nutzen ihres Handelns im Gespräch identifizieren.

Übung:

An welchen Äußerungen eines Hilfesuchenden würden Sie während und am Ende eines Beratungsgesprächs erkennen, dass es hilfreich war? Wie begründen Sie das?

4. Die Rollen und Rollenerwartungen der Beteiligten im Hilfesystem

Die gesellschaftliche Bedeutung des Telefons unterliegt infolge technischer Veränderungen einem rasanten Wandel, seitdem es dieses Medium gibt. Diente es anfänglich hauptsächlich der schnellen Verständigung in Notfällen, wurde es durch seine Verbreitung das zentrale Kommunikationsinstrument, welches jederzeit Gespräche mit Menschen an fast jedem Ort der Welt ermöglicht. Mittels Telefon kann Kommunikation auch bei räumlicher Isolation, Krankheit und Gebrechen aufrechterhalten werden. Telefonieren kann auch als Dauerbegleitung genutzt werden, als stützende Kontaktmöglichkeit oder als Tagesstrukturierung. Die einfache, prinzipiell unbegrenzte und überdies billige Zugangsmöglichkeit zu einem Helfer kann dazu verleiten, das Gespräch mit dem Beratungstelefon zur Gewohnheit werden zu lassen. Man kann sich davon abhängig machen wie von einem Suchtmittel oder es zur Aufrechterhaltung problematischer Lebensgestaltung nutzen.

Soziologen (Klauser 2003) beobachten in den letzten Jahren einen erneuten Bedeutungswandel dieses Mediums, der sich unmittelbar auf die Nutzung der Telefonberatungsdienste auswirkt. Sie verweisen unter den Stichworten „Wertewandel", „Individualisierung" und „Patchworkbiographien" darauf, dass die Selbstständigkeit und die eigenverantwortliche Entscheidung über das eigene Leben die zentralen gesellschaftlichen Werte geworden seien. Weitgehend herausgelöst aus verlässlichen Bindungen zur Familie, zum Arbeitsplatz, zu festen Gruppen und Gemeinschaften und ohne Rückgriff auf vorgegebene Lebensformen müsse jeder Einzelne immer wieder neu wählen, was und wohin er will. Die Folgen seien Verunsicherung und Ungewissheit bei gleichzeitigem Druck sich ständig neu zu orientieren. Es bestehe massiver Verständigungs-, Orientierungs- und Anerkennungsbedarf. Für die Befriedigung dieser Bedürfnisse spielten die elektronischen Medien wie Mobil- und Festnetztelefon, Internetforen, Chatrooms und Helpmailangebote die zentrale Rolle. Beratungstelefone passten nahezu genial zu dieser Bedürfnislage. Sie sehen sich neben ihrer Nutzung als Telefone für Menschen in Krisen oder belastenden Lebenssituationen somit nun auch wachsenden Verständigungs-, Anerkennungs-, Geltungs- und Orientierungsbedürfnissen gegenüber.

Selbstreflexion:

In welcher Situation würden Sie ein Beratungstelefon anrufen?
Bei welchem würden Sie anrufen?
Bei welchem nicht? Weshalb?
Was würden Sie sich erhoffen? Was würden Sie befürchten?

Die Anrufer erwarten also nicht unbedingt „Beratung in Lebensfragen“, „Seelsorge“ oder „Fachberatung“ von ihrem Gegenüber, auch wenn die Einrichtung ihr Hilfsangebot entsprechend versteht. Sie sehen die Beratungstelefone und Hotlines meist diffuser: Als „Erste Hilfe“ in Krisensituationen, als „Letzte Hilfe“ bei jahrelangen Psychiatriekarrieren, als „Freundschaftsersatz“ bei Einsamkeit, als „Klagemauer“ bei Enttäuschung und Frustration, als „Unterhaltungsangebot“ bei Langeweile, als „Ratgeber“ bei Unsicherheit und Veränderungswünschen, als „emotionale Wärmestube“ bei Zuwendungsbedarf, als tägliche „Vitaminspritze“ bei Leere und Depression, als „Auskunft“ bei Informationsbedarf, als „Anleiter und Sinngeber“ bei Desorientierung. Das Wie und Wozu des Helfens ist von den Anrufern wenig reflektiert. Es divergiert zudem von Fall zu Fall zu den Vorstellungen der Helfer. Verstehen diese Beratung als Hilfe zur Selbsthilfe, kollidiert dies möglicherweise mit dem Wunsch der Hilfesuchenden, Tipps oder Sofortlösungen zu bekommen. Auch als stützende Begleiter müssen Helfer zeitliche Grenzen achten und dabei u. U. Erwartungen der Anrufenden enttäuschen. Telefonberater müssen aufgrund der Fülle und Divergenz der ihnen entgegengebrachten Erwartungen ihre Rolle stetig neu und klar im Einklang mit ihren Werten und Möglichkeiten definieren. Sie müssen bildlich gesprochen wählen, welchen Kittel sie jeweils überziehen: Wann und wie sind sie Tröster, Ratgeber, Begleiter, Beistand, Feedbackgeber, Anreger für selbständige Lösungen? Wann und wie grenzen sie sich gegenüber einem Rollenmissbrauch ab? Was erwartet ihre Einrichtung, wer sie sein sollen? (mehr dazu in Kap. 6 und 7)

Übung:

Bilden Sie Dreiergruppen. Person A schlüpft in die Rolle eines Hilfesuchenden. Sie nimmt durch Körperhaltung, Gestik und Mimik pantomimisch eine entsprechende Haltung ein, z. B. die Leidende, die im ihrem Leid verstanden werden möchte. Person A verharrt dann in der gefundenen Haltung. Person B nimmt mittels Körperhaltung, Nähe – Distanz, Gestik und Mimik die ihr dazu passend erscheinende Helferrolle ein und verharrt darin ebenfalls ohne zu sprechen. Person C beobachtet die Skulptur von der Außenposition.
Wie nehmen A und B sich selbst in der Beziehung wahr? Wie nehmen A und B einander wahr? Was nimmt C bei A und B und deren Beziehung zueinander wahr? Was würden A, B und C gerne an den Haltungen ändern? Welche Auswirkungen hätte das?
Wiederholen Sie die Übung mit anderen Rollen und Rollenerwartungen.

Übung:

Malen Sie sich verschiedene Rollen aus, die Sie als Helfer einnehmen könnten. Visualisieren Sie dazu das passende Outfit, die passende Haltung oder benehmen Sie sich in einem pantomimischen Spiel entsprechend. Experimentieren Sie mit verschiedenen Rollen.
Welche liegt Ihnen am ehesten, welche am wenigsten? Wie erklären Sie sich das?

5. Qualifikation, Motive und Erwartungen der Helfer

Die Helfer an den Beratungstelefonen sind überwiegend Frauen. Ihr Alter (außer bei speziellen Telefonen für Jugendliche, Schüler oder Studenten) liegt zwischen 20 und 80 Jahren. Sie kommen aus den verschiedensten Berufsgruppen und sind oft auch berufstätig. In speziellen Ausbildungskursen der Einrichtungen werden sie auf den Dienst vorbereitet. Regelmäßige Fortbildungs- und Supervisionsangebote sind selbstverständliche Bestandteile der Qualitätssicherung. Die Helfer verfügen also in der Regel über einschlägige Basiskompetenz für Telefonberatung. Für ihre Tätigkeit am Telefon bekommen sie, falls sie ehrenamtlich tätig sind, kein Geld oder nur eine geringe Aufwandsentschädigung. Für diese rein freiwillig Tätigen stellt sich dadurch die Frage der angemessenen Anerkennung ihres Einsatzes. Das Gehalt freiwilliger Tätigkeit ist der persönliche Gewinn. Dieser kann in der qualifizierten Aus- und Fortbildung, in der Kollegialität des Teams, in der Anerkennung durch die Leitung liegen oder im Erleben, etwas Sinnvolles zu tun und sich selbst dadurch weiter zu qualifizieren.

Wird die Anerkennung in der helfenden Beziehung selbst gesucht, besteht die Gefahr, die fachlich nötige helfende Distanz gegenüber den Anrufenden nicht durchzuhalten. Das Gespräch kann dann womöglich eher der unreflektierten Befriedigung der Macht- und Selbstbestätigungsbedürfnisse der Helfenden dienen: Man braucht „Erfolgserlebnisse" durch „gelungene" Gespräche. Meist sollen sich Anrufer dann den Lebensvorstellungen der Berater anpassen und sich entsprechend ändern.
Berater, die solchermaßen auf Anerkennung durch Anrufer aus sind, laufen Gefahr, Rückmeldungen von Anrufern über das Gespräch (z. B. „Sie haben mir sehr geholfen") vorschnell als Erfolg zu interpretieren, ohne diese aus kritischer Distanz gemeinsam zu reflektieren und zu prüfen. Oder sie machen bei fehlendem „Erfolg" die „Unwilligkeit" oder „Unfähigkeit" der Anrufer dafür verantwortlich, meist um sich selbst vor Versagensgefühlen zu schützen. Wer Anerkennung in der Beratung selbst sucht, läuft überdies Gefahr, Grenzen der eigenen Beratungsmöglichkeiten und –kompetenzen auszublenden, Hinweise auf andere Hilfsmöglichkeiten zu wenig zu nutzen und Anrufer an die eigene Person zu binden. Manchmal kehren sich dann die Rollen um. Anrufer glauben sich um die Helfer kümmern und sorgen zu müssen. Dazu bieten sie den Helfern Erfolgserlebnisse an, verschweigen und verharmlosen eigene Belastungen, um die Beziehung zu erhalten. Berater andererseits lassen dann Anrufer wie einen Freund an eigenen Lebensgeschichten anteilnehmen, ohne die Auswirkungen davon zu reflektieren.

Persönliche Nähe und fachgerechte Distanz sollten eine ausgewogene Balance bilden. Beratungskompetenz bedeutet auch, um die eigenen Grenzen zu wissen und sie einzuhalten. Berater müssen ihre eigenen Motive und Erwartungen an das Gespräch stets reflektieren und zu den Erwartungen der Hilfesuchenden in Beziehung setzen.
Hilfreich dazu sind folgende Fragen, die man sich jederzeit auch während eines Beratungsgesprächs selbst stellen kann:
Wer will was mit Hilfe des Gesprächs? Wozu? Von wem?

Kontextfaktoren von Telefonberatung

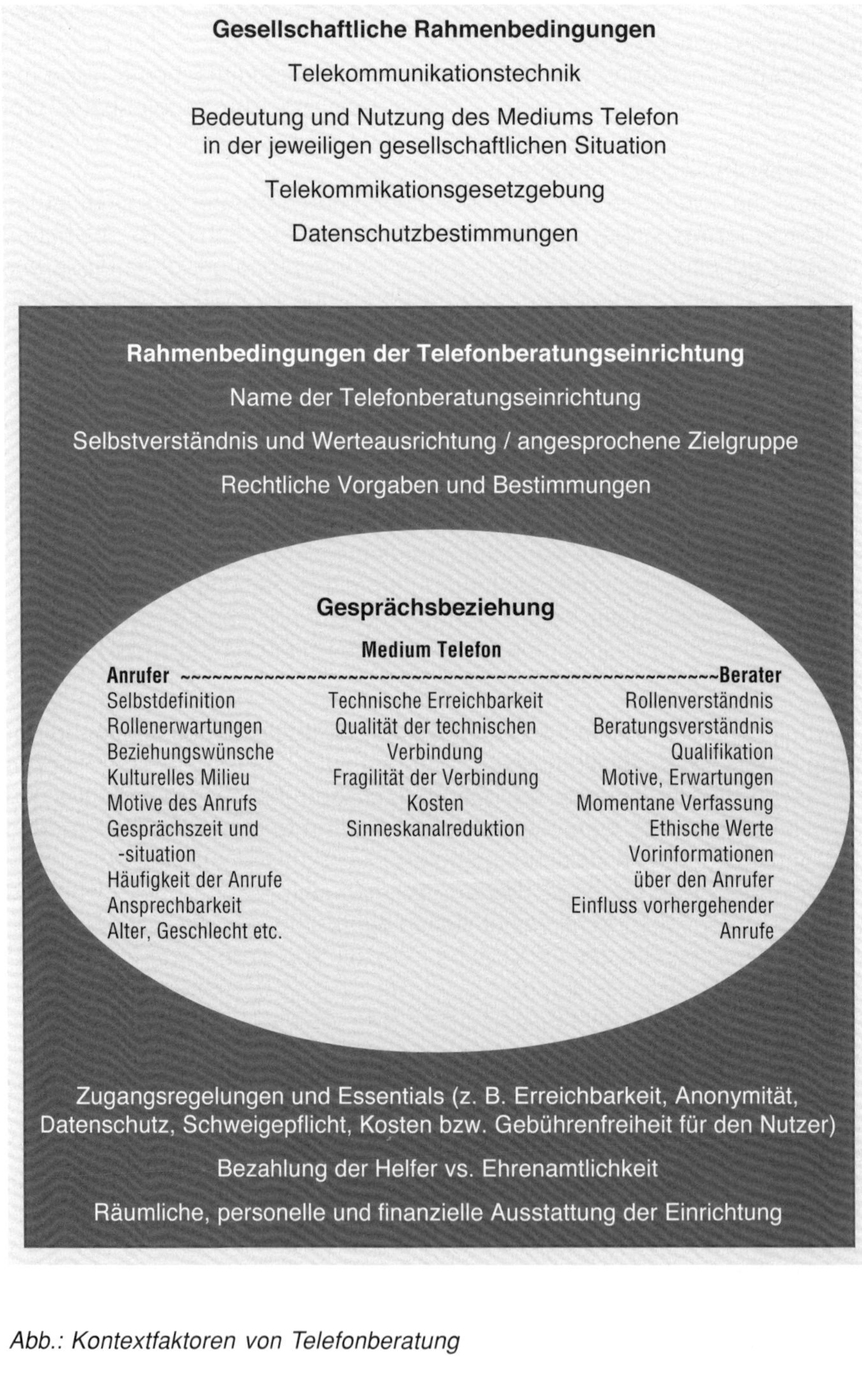

Abb.: Kontextfaktoren von Telefonberatung

2. Kapitel

Unsere Navigationskarten

– Einige Grundsätze systemisch-ressourcenorientierten Arbeitens

Ressourcenorientierte Beratung, wie wir sie hier darstellen, basiert auf der Systemtheorie. Zum besseren Verständnis unserer Vorgehensweise möchten wir daher einige zentrale Grundsätze und Begriffe dieses komplexen Weltbildes darstellen.

Situationsbezogene Beziehungsaussagen statt Problemzuschreibungen

In unserer Alltagssprache reden wir häufig so, als ob bestimmte Verhaltensweisen wesensmäßig zu einer Person gehörten oder als ob sie sich diese angeeignet hätte. Wir belegen die Person dann mit einer Eigenschaft oder deren Verhalten mit einem Etikett und tun dabei so, als ob man dies beobachten könne. So sagen Eltern z. B. über ein von ihnen als unangepasst erlebtes Kind, es *sei* unartig, frech oder aggressiv oder es *habe* eine Verhaltens- oder Beziehungsstörung. Eine „Verhaltensstörung" oder „Aggressivität" aber können wir nicht beobachten. Wir beobachten bei dem Kind lediglich bestimmte Gebärden und Äußerungen wie Brüllen, Schlagen, Wegrennen. Diese Verhaltensweisen können in ihrer Intensität oder Häufigkeit auch variieren, je nach Situation und Gegenwart anderer Personen aus dem Beziehungsumfeld. Fachärzte können darüber hinaus manchmal auch neurophysiologische Veränderungen feststellen, z. B. erhöhtes Erregungspotential. Wenn bestimmte körperliche und Verhaltensäußerungen zusammen gehäuft und über eine längere Zeit stabil auftreten, sprechen Fachleute dann meist von Symptomen einer Verhaltensstörung, -auffälligkeit oder -besonderheit. Diese unterschiedlichen Etiketten für ein und dasselbe Erscheinungsbild zeigen bereits mögliche unterschiedliche Bewertungen des Verhaltens (z. B. in den Kategorien normal – gestört, krankhaft – gesund, gut – böse, unauffällig – auffällig) und unterschiedliche Erklärungsansätze durch die beobachtenden Personen. Erklärungen können reichen von „genetisch bedingt" über „schlecht erzogen" oder „Entwicklungsdefizit" bis zu der Annahme, dass die „Aggressivität" ein „Zeichen für einen Problemlösungsversuch" des Kindes in einer bestimmten Situation darstelle. Je nachdem, ob man das Verhalten des Kindes mit dem Etikett „ungezogen“, „gestört“, „defizitär“, „leicht erregbar“ oder „auffällig“ belegt und wie man die Symptome bewertet und erklärt, wird man unterschiedlich mit dem Kind umgehen und dabei auch seine Aufmerksamkeit auf verschiedene Dinge richten. Wenn das Kind z. B. als „ungezogen“ tituliert wird, wird man eher strafend reagieren. Wenn man von einer „Störung“ oder einem „Defizit“ ausgeht, wird man nach Fehlern in der Erziehung oder Kindesentwicklung suchen. Wenn man von einer Verhaltensauffälligkeit oder gar -besonderheit ausgeht, wird man eher nach der zu lösenden momentanen Problemkonstellation und dem Anliegen des Kindes in dieser Situation suchen. Das Kind und seine Bezugspersonen werden darauf, wie andere jeweils auf „das Problem“ reagieren, wiederum unterschiedlich reagieren. Je nachdem also, wie man das Verhalten des Kindes beschreibt, bewertet und erklärt und worauf man seine Aufmerksamkeit richtet, schafft man automatisch eine jeweils andere soziale Wirklichkeit in der Beziehung zu dem Kind und seinen Mitmenschen.

Aus diesem Beispiel ist leicht zu ersehen, dass Menschen bei ihren Beobachtungen den Dingen mittels ihrer Sprache immer schon bestimmte Bedeutungen geben. Sie verwenden in ihren Gedanken und Äußerungen bestimmte sozial vorgegebene Beschreibungen, Bewertungen und Erklärungen. Jede Beobachtung ist zugleich eine Beziehungsaussage. Der Beobachter – in unserem Beispiel etwa ein Elternteil – nimmt dem Beobachteten gegenüber – dem Kind – eine bestimmte Beziehung ein. Mutter bzw. Vater deuten dessen Verhalten als ungezogen und versuchen es durch Strafen zu kontrollieren. Dadurch schaffen sie eine bestimmte soziale Wirklichkeit, die in der Regel den Widerstand des Kindes hervorruft, was wiederum ihre Vorstellung stärkt, es sei ungezogen oder gestört. Wenn man systemisch denkt, sagt man also nicht, jemand *ist* problematisch, krankhaft, Ursache für ein Problem oder jemand *hat* ein Problem. Man sagt stattdessen, jemand *zeigt* in bestimmten Situationen bestimmte Verhaltensweisen, die von ihm selbst und/oder anderen als problematisch, krankhaft oder Ursache für ein Problem beschrieben werden, zu bestimmten Schlussfolgerungen, Kommunikations- und Interaktionsmustern führen und dadurch eine bestimmte soziale Wirklichkeit erzeugen. Jeder Interaktionspartner hat danach immer die Entscheidungsfreiheit, auch anders zu denken und sich anders zu verhalten. In der Beratung geht es dann nicht darum, die „richtigen“ Beschreibungen, Bewertungen oder Erklärungen für das problematisch erlebte Verhalten zu finden, weil es diese nicht gibt. Stattdessen versucht man, die Beschreibungen, Bewertungen und Erklärungen der beteiligten Personen zu erweitern und dadurch eine neue Kommunikation unter den Beteiligten zu erzeugen, die Lösungen ermöglicht.

Beispiel: Ein Kind wird von seinen Eltern als „gestört“ beschrieben. Sie bringen es in eine Beratungsstelle, damit es dort therapiert wird. Von der

Beraterin wird sein Verhalten dagegen so beschrieben: Das Kind zeigt in bestimmten Situationen in Anwesenheit bestimmter Personen (z. B. wenn es beim Opa zu Besuch war oder wenn es dem Opa einen Kuss geben soll) bestimmte Verhaltensweisen (z. B. verweigert sich, macht Spielzeuge kaputt, tobt), welches seine Eltern mit den Etiketten „unartig“, „tobsüchtig“, oder „gestört“ belegen. Das bedeutet, in der Beratung würde man erkunden: Wo, wann, wem gegenüber und wie tritt das beklagte Verhalten auf? Wo, wann und wem gegenüber tritt es nicht auf? Was könnte das bedeuten? Wie wirkt sich die Etikettierung durch die Eltern auf das Kind und sein Umfeld aus? Wie reagieren sie auf das Kind? Wie könnte man das Verhalten des Kindes noch benennen, erklären (z. B. es fühlt sich bedroht und macht auf sich aufmerksam) und bewerten (z. B. als Zeichen für das Bedürfnis nach Schutz gegen eine Bedrohung)? Welche Auswirkungen hätte es für das Kind, wenn man sein Verhalten anders etikettieren, wenn man anders mit ihm umgehen würde? Mit solchen Fragen stellt man das beobachtete Ereignis in einen systemischen Zusammenhang, hier den des Familiensystems.

Übung:

Bilden Sie zwei Kleingruppen für ein Rollenspiel mit je einem Anrufer und einem Berater. Die „Anrufer“ der Gruppen bekommen vom Gruppenleiter ohne Wissen der anderen die Anweisung, dass sie keinen bestimmten Anrufer mit einem bestimmten Problem spielen, sondern dass sie ihr „Problem“ als Reaktion auf den Berater ganz spontan während des Gesprächs entwickeln sollen, je nach dem, wie ihr „Berater“ sich verhält.
Gruppe 1 bekommt ohne Wissen der anderen und ihres „Anrufers“ die Information, es handele sich bei diesem um einen „schwierigen Fall“. Gruppe 2 bekommt entsprechend die Information, es handele sich bei ihrem Anrufer um einen „einfachen Fall“. Keine Gruppe weiß also von der Information an die jeweils andere. Die „Anrufer“ wissen nicht, welche Information die Gruppen haben.
Spielen Sie das Rollenspiel maximal 10 Minuten in den getrennten Gruppen. Jede Gruppe bildet danach in Abwesenheit der „Anrufer“ Hypothesen darüber, was das Problem des Anrufers sein könnte und bewertet das Gespräch.
Danach kommen die Gruppen wieder ins Plenum zusammen. Werten Sie die Hypothesen und die beiden Gespräche gemeinsam aus und verraten Sie erst zum Schluss die Anweisung an die „Anrufer“.

Übung:

Stellen Sie sich vor, Sie hätten einen „psychisch kranken Anrufer“, ein „hyperaktives Kind“, einen Anrufer mit einem „normalen Alltagsproblem“ am Telefon. Wie reagieren Sie innerlich darauf, mit welchen Bildern, Gefühlen, Impulsen? Worauf würden Sie ihre Aufmerksamkeit im Gespräch lenken? Wie würde sich das auf den Gesprächsprozess jeweils unterschiedlich auswirken?

Was ist ein System?

Man kann mit System alle Vorgänge beschreiben, bei dem einzelne Teile miteinander interagieren und eine Einheit bilden. Man betrachtet dabei einzelne Ereignisse oder Handlungen in einem wechselseitig ausbalancierten Wirkungszusammenhang, der nach bestimmten Regeln abläuft und ein von seiner Umwelt abgrenzbares Ganzes bildet. Im Beratungshandeln unterscheidet man *Kommunikationssysteme, psychische (Bewusstseins-) Systeme* und *körperbezogene Systeme. Kommunikationssysteme* sind die sozialen Beziehungssysteme der Klienten (wie Familie, Paarbeziehung, Schule, Arbeitsteam), das Beratungssystem selbst und das Organisationssystem der Beratungseinrichtung. Mit *psychischen Systemen* sind die psychischen Denk- und Fühlprozesse der Einzelnen gemeint. *Körperbezogene Systeme* sind z. B. die sensorischen, motorischen, neurophysiologischen Systeme des menschlichen Organismus. Systeme können miteinander verkoppelt sein. Ein System wirkt dabei auf ein anderes wie eine Umwelt, d. h., es wirkt auf ein anderes als Ganzheit ein, nicht isoliert auf dessen einzelne Teile, so wie das Wetter sich auf einen Baum als Ganzes auswirkt und nicht nur isoliert auf seine Einzelteile.

Lebende Systeme wie die oben genannten verändern sich im Kontakt mit ihrer Umwelt ständig selbst und passen sich immer neu an. Man sagt, sie seien dabei in einem Fließgleichgewicht. Neue Informationen von außen werden in das bereits Vorhandene nach den Regeln des jeweiligen Systems eingebaut und verarbeitet. Man kann lebende Systeme zwar in ihrer Entwicklung behindern oder gar zerstören, man kann sie aber im Unterschied zu technischen Systemen (z. B. Maschinen) nicht direkt in eine erwünschte Richtung beeinflussen, da sie jeweils unverfügbar nach ihren eigenen Regeln funktionieren. Es gibt keinen „Knopfdruck“, mit dem man sie in eine gewünschte Richtung lenken könnte. Diese Erkenntnis hat weit reichende Bedeutung für die Beeinflussungsmöglichkeiten anderer Menschen: Man kann das Bewusstsein und das Verhalten eines anderen Menschen nicht in eine bestimmte Richtung lenken. Man kann es zwar jemandem schwer machen, an Drogen zu kommen, man kann jedoch niemanden direkt dazu bewegen, auf Drogenkonsum zu verzichten. Die Reaktionen auf Beeinflussungsversuche sind nie genau vorhersagbar. Das bedeutet für die Kommunikation: Nicht der Sender, sondern der Empfänger bestimmt die Bedeutung einer Nachricht. Ein Lob durch den Berater kann beim Anrufer z. B. auf Unverständnis oder gar auf Zurückweisung stoßen, anstatt ihn wie beabsichtigt aufzubauen. Dann verarbeitet er die neue Information – das Lob – nach seinen eigenen Regeln, z. B. „Wer mich lobt, der will mich nur stark sehen und mein Leid nicht anhören". Man ist bei einer Interaktion (z. B. beim Beratungsgespräch am Telefon) also immer nur verantwortlich für das, was man selbst sagt und wie man es sagt. Wie es beim Gegenüber ankommt, hängt von diesem selbst ab.

Die sozialen Beziehungssysteme der Hilfesuchenden

Wenn wir systemisch arbeiten, gehen wir auch am Telefon, bei dem wir es in der Regel nur mit Einzelnen zu tun haben, davon aus, dass alles, was diese erleben oder tun, immer in bestimmten sozialen Zusammenhängen geschieht – in ihrer Familie, in der Schule, in einer bestimmten Klasse, in der Firma mit bestimmten Kollegen, in einer Gruppe, in der Beratungsbeziehung etc. Alle Änderungen wirken sich in diesen Zusammenhängen aus, verändern die Balance des Systems, die Reaktionen der anderen.

Stellen Sie sich vor, das oben erwähnte Kind ruft an, nachdem es wieder einmal wegen „Unartigkeit" gemaßregelt worden ist. Vielleicht vermutet die Beraterin, dass die Symptome des Kindes auf sexuelle Übergriffe durch den Opa hinweisen. Wenn sie deshalb dem Kind rät, den Opa zu meiden oder gar das Jugendamt einzuschalten, könnte das Kind in einen Konflikt geraten: Wie soll es dem Opa (und den Eltern) gegenüber begründen, dass es nicht mehr zum Opa will? Wie würden die Eltern auf das Einschalten des Jugendamts reagieren? Würde das Kind als „Nestbeschmutzer" da stehen oder würde es in seiner Familie Unterstützung bekommen, wenn es offen über sexuelle Übergriffe spricht? All das muss im Gespräch bedacht werden. Man muss also immer die Auswirkungen von Veränderungen in den jeweiligen Beziehungssystemen der Betroffenen zusammen mit ihnen bedenken.

Das Bewusstseinssystem oder die „innere Landkarte"

Bleiben wir bei dem Beispiel. Wenn ein Kind immer wieder gesagt bekommt, es sei „böse", „unartig" oder „schuld", wenn es einem Familienmitglied schlecht geht, und dabei entsprechende Konsequenzen erfährt (Liebesentzug etc.), wird es, wenn es sich gegen etwas offen wehrt, dies wahrscheinlich selbst mit dem Etikett „unartig" verknüpfen, dann vielleicht sogar seine ganze Person als wesenhaft „unartig" oder „böse" bewerten. Es wird seine Aufmerksamkeit darauf ausrichten, ob es „böse" oder „brav" (angepasst) ist. Es wird vielleicht Befürchtungen entwickeln, aus der Familie ausgeschlossen zu werden, wenn es nicht „brav" ist, und sich entsprechend verhalten, um dies zu vermeiden. Es wird aversive Gefühlsregungen wahrscheinlich unterdrücken und verleugnen. Das Kind wird in der Interaktion mit seiner Umwelt also bestimmte Muster des Denkens und Verhaltens entwickeln (z. B. Kritik oder Zurückweisung anderer als Liebesentzug wahrnehmen, eigenständiges Verhalten und unangepasste Gefühle vermeiden und verleugnen, sich in Beziehungen möglichst angepasst verhalten), um der befürchteten Gefahr zu entgehen, ausgeschlossen zu werden. Diese ursprünglich das Überleben sichernden Muster werden allmählich automatisiert ablaufen, sich auch auf andere Situationen übertragen und sich verselbständigen. Das Kind wird vielleicht ein generalisiertes Selbstbild von sich entwickeln, es sei böse, schmutzig oder schlecht, wenn es bestimmte Dinge tut. So entwickelt sich sein Bewusstseinssystem, seine „innere Landkarte“, sein Weltbild. Mit Hilfe dieser inneren Landkarte findet sich das Kind intuitiv in seiner Welt zurecht. Es wird die „bewährten“ Verhaltensmuster verallgemeinern und diese werden ihm auch später als Erwachsenem unbewusst Orientierung geben.

So entwirft jedes Individuum von der Welt seine spezifische innere Landkarte, an der es sich orientiert. Durch Lernerfahrungen geben wir Ereignissen bestimmte Bedeutungen (Namen, Erklärungen, Bewertungen), ziehen daraus Schlussfolgerungen und engen unsere Aufmerksamkeit und Umgangsweisen mit den Ereignissen ein. Die innere Landkarte ist zwangsläufig eine reduzierte, generalisierte und verzerrte Sicht der Realität, so wie auch eine normale Landkarte die Realität reduziert und nur nach bestimmten Gesichtspunkten abbildet. Landkarten sollen helfen, sich in der Landschaft zurechtzufinden. Dafür braucht es nur bestimmte Informationen. Manchmal aber reichen die vorhandenen Informationen auf der Landkarte nicht aus, sind veraltet oder wir lesen sie falsch, so dass wir in die Irre gehen. Ähnlich ist es bei unseren inneren Landkarten. Sie helfen uns, uns mit bestimmten Gefühlen und Gedanken schnell in der Welt zurechtzufinden. Sie sind insofern nützlich, als man nicht immer wieder jedes Mal neu entscheiden muss, wie man etwas bewertet, welche Folgen etwas haben könnte, wie man sich am besten verhält. Man hat seine Anhaltspunkte. Die verinnerlichten und oftmals unwillkürlichen Reaktionsweisen geben in der Regel Orientierung und Sicherheit. Menschen bilden ihre inneren Landkarten aber nicht nur nach der erlebten Wirklichkeit, sie erzeugen durch sie auch soziale Wirklichkeit, indem sie ihren Landkarten entsprechend spezifische Verhaltens- und Beziehungsmuster entwickeln. Soziale Wirklichkeit und innere Landkarte sind in einem permanenten Wechselwirkungsprozess zu sehen. Innere Landkarten können einengen und zum Problem werden, wenn sie zu starr sind, wenn Informationen fehlen oder die Angaben zu grob sind, wenn die gewohnten Verhaltensmuster nicht mehr zum gewünschten Ziel führen, wenn man in eine völlig andere Situation kommt, zu der das bisher Bewährte nicht mehr passt, wenn sich durch das gewohnte Verhalten mehr verschlimmert als verbessert.

Als Berater reagieren wir auf die Äußerungen und Verhaltensweisen anderer mit unseren eigenen inneren Landkarten. Wir können die inneren Landkarten anderer, also deren Gefühle und Gedanken, niemals direkt verstehen – wir können nur an die Erzählungen anderer über ihre Landkarten mit unseren eigenen Landkarten, unseren eigenen Gefühlen und Gedanken, anschließen. Wenn ein Kind uns anruft und eine Situation schildert wie oben, werden wir automatisch unsere individuellen spezifischen inneren Bilder vor uns haben: Bestimmte Gefühle, Körperreaktionen und Impulse stellen sich ein, die uns einladen, uns möglicherweise zu solidarisieren (gegen den „bösen“ Opa, die „unverständige“ Mutter) oder selbst mit Verlassenheitsängsten oder gar Panik zu reagieren, je nachdem, welche innere Landkarte wir in unserem Leben entwickelt haben. Dies hat Auswirkungen auf unser Gesprächsverhalten.

Das Beratungssystem

Durch die Art und Weise, wie Berater kommunizieren, also wie sie etwas benennen, deuten, bewerten und erklären, und wie sie sich dementsprechend im Gespräch verhalten, tragen sie zur Gesprächswirklichkeit bei. Diese besteht aus bestimmten Kommunikations- und Interaktionsmustern, die man das Beratungssystem nennt. Wenn die Beraterin im obigen Fallbeispiel denkt, hier könnten sexuelle Übergriffe eine Rolle spielen, wird sie sich anders verhalten, als wenn sie dem Kind Überempfindlichkeit unterstellt. Sie könnte sich in dem einen Fall mit dem Kind gegen den Opa und evtl. auch die Eltern solidarisieren oder im anderen Fall dem Kind zur Anpassung raten. Hat sie ihre innere Landkarte reflektiert, wird sie vielleicht jedes Mal noch die eigenen Verlassenheitsängste spüren, wenn ein Kind anruft, bei dem sie sexuellen Missbrauch vermutet. Vielleicht wird auch die Erinnerung an eigene erlebte Übergriffe wach, wenn sie so etwas selbst erlebt hat, aber sie wird das, was sie erlebte, nicht auf die Beratungssituation übertragen. Wenn sie Beratung als auftragsorientierte Kooperation zweier gleichberechtigter Partner versteht, wird sie keine Interessen verfolgen, die nur aus ihrer eigenen inneren Landkarte resultieren (z. B. das Kind ohne dessen Beauftragung möglichst schnell aus dieser Situation zu retten), sondern nach Lösungen suchen, die zur Situation des Kindes am besten passen.

Berater sind also nach systemischem Verständnis im Beratungsgespräch nie objektiv und unabhängig. Sie sind immer Interaktionspartner im Beratungssystem und fördern bewusst oder unbewusst immer bestimmte Kommunikations- und Interaktionsmuster. „Ich sitze nie auf der Tribüne, sondern spiele immer mit.“ (Simon 1999, über seine Position als Berater). Es kommt zentral auf ihre inneren Landkarten, ihre Sichtweisen des Problems und ihre Ideen an, was mit Hilfe der Beratung erreicht wird.

Das Organisationssystem der Einrichtung

Berater arbeiten nicht als Privatperson, sondern als Mitglied einer helfenden Einrichtung in einer bestimmten Rolle am Telefon. Sie unterliegen den

Regeln der Einrichtung, müssen sich an deren Werten orientieren, geschriebenen wie ungeschriebenen. Im Falle des Kindanrufes kann die Beraterin nicht einfach ihren Platz verlassen und sich mit dem Kind oder der Mutter treffen. Sie kann nicht einfach ohne Rücksprache mit der Leitung das Jugendamt einschalten. Zu der Beratungskultur ihrer Einrichtung gehört vielleicht, keinen Rat zu geben oder möglichst keine Fragen zu stellen. Vielleicht gibt es Regeln, mit bestimmten Anrufern nur zu bestimmten Zeiten (z. B. nicht nachts) zu sprechen, ihre Gesprächszeit zu begrenzen o. ä. All das hat Auswirkungen auf das Gespräch, ob es den Beratern bewusst ist oder nicht.

Übung:

Stellen Sie sich eine für Sie schwierige Gesprächssituation am Telefon vor. Finden Sie dazu eine typische Schlüsselszene oder Anruferäußerung.

Reflektieren Sie zunächst Ihre innere Landkarte:

- Wie reagieren Sie darauf (Körperhaltung, Gefühle, Impulse, innere Bilder)?
- Wie würden Sie sich dementsprechend verhalten und wie würde sich das auf das Gespräch auswirken?

Reflektieren Sie die expliziten und impliziten Regeln und Normen Ihrer Einrichtung, wie man sich in so einer Gesprächssituation verhalten sollte:

- Welche Auswirkungen haben diese Regeln darauf, wie das Gespräch verläuft?
- Wie bewerten Sie das?

Wirkungsanalyse statt Ursachenanalyse

Wie Sie aus den Beispielen ersehen konnten, entwickelt sich menschliches Erleben und Verhalten äußerst komplex. Eine Reaktion bedingt die andere, es gibt komplizierte Wechselwirkungen, man kann nicht einmal vorhersagen, ob dieselbe Person auf ein und dasselbe Ereignis jedes Mal gleich reagiert. Manche Verhaltensmuster mögen irgendwo und irgendwann einen Anfang genommen haben, haben sich aber längst verselbständigt, sind zur Gewohnheit geworden, ohne noch einen Bezug zum Anfangserlebnis zu haben. Beim systemischen Arbeiten fragt man deshalb nicht vergangenheitsbezogen und Ursachen analysierend: Warum ist etwas so?, sondern zukunftsbezogen und Wirkungen analysierend: Welche Auswirkungen hat etwas? Wie wirkt sich ein Ereignis vermutlich auf die sozialen Beziehungen aus? Wie reagiert wer darauf? Wie beschreibt man das Ereignis mit welchen Folgen? Welche Erklärungen wirken eher problemlösend, welche eher problemstabilisierend?

Ein Beispiel aus der Trauerarbeit:

Ein Ehepaar verlor unter tragischen Umständen einen Sohn. Er verbrannte bei einem Flugzeugabsturz bis zur Unkenntlichkeit. Er konnte nur anhand des Zahnstatus identifiziert werden. Die Familie glaubte ein Jahr lang nicht an seinen Tod. Sie glaubte an eine Verwechslung. Der Vater stürzte in eine schwere Krise, er fing an zu trinken und verlor seine Arbeit. Die Mutter sagte später, sie habe anfangs monatelang nicht weinen können. In ihrem Umfeld gab es dazu verschiedene Erklärungen. Die einen sagten, es liege daran, dass die Frau besonders stark und tapfer sei. Was sie als Kompliment meinten, kam bei der Frau so an, dass sie sich mit ihrer inneren Not alleine fühlte. Andere sagten, sie sei hartherzig, gefühllos. Das trieb sie in die Isolation und ließ sie an sich selbst zweifeln. Später sagte die Frau, sie habe wohl so lange nicht weinen können, weil sie sich in dieser Zeit intensiv um ihren Mann gekümmert habe. Für die eigene Trauer sei keine Zeit geblieben. Ihre zeitweilige „Unfähigkeit zu weinen" erklärte sie sich als Zurückhaltung eigener Bedürfnisse zugunsten ihres Mannes. Damit konnte sie gut leben. Als es ihrem Mann besser ging, konnte sie auch weinen. Wir wissen nicht, ob die Erklärungen der Frau oder die der anderen stimmen, ob sie „wahr" sind, ob sie tatsächlich der „Wirklichkeit" entsprechen. Wir wissen nur, welche Auswirkungen die Erklärungen hatten. Die Frau hatte sich mit ihrer Erklärung eine Lösung konstruiert, mit der sie und ihre Familie besser leben konnten.

Im systemischen Weltbild geht es nicht darum, ob eine Erklärung wahr ist in dem Sinn, dass sie *die* Wirklichkeit abbildet, denn als Beobachter können wir nie die „wahre" Wirklichkeit abbilden. In der Beratung versucht man stattdessen, mit Hilfe von alternativen Beschreibungen, Bewertungen und Erklärungen eine Wirklichkeit entstehen zu lassen, die für die Beteiligten förderlich, befreiend und lösend wirkt. In diesem Sinn können selbst Dinge, die man sich einredet (als Selbstsuggestionen), Wirklichkeit verändern und wahr werden.

Die Kraft der Selbstsuggestion

Verschiedene Therapieformen wie Autogenes Training, Hypnotherapie, narrative Therapieansätze oder die kognitive Verhaltenstherapie beschäftigen sich seit langem damit, wie die spezifische Ausrichtung von Aufmerksamkeit Erleben und Verhalten verändert. Diese Therapieformen nutzen gezielt die Kraft der Selbstsuggestionen. Auf der wirklichkeitsverändernden Kraft von Aufmerksamkeitsausrichtung basieren auch alle ressourcen- und lösungsorienterten Beratungsmethoden.

Wie Menschen sich erleben, bewerten und verhalten, hat mit der Ausrichtung ihrer Aufmerksamkeit zu tun. Man kann sagen, sie befinden sich permanent in einem Trancezustand. Unter Trance versteht man dabei im Unterschied zu herkömmlichen Vorstellungen jeden alltäglichen Erlebensprozess, bei dem unwillkürliches Erleben vorherrscht (Schmidt 2005, 19ff), bei dem wir in der Regel zunächst ohne bewusste Steuerung des Denkens reagieren. Man kann die Wahrnehmung überwiegend auf Belastendes, Bedrückendes richten. Das tut man z. B., wenn man sich in der Beratung hauptsächlich auf „das Problem" konzentriert. Das Hineinfragen und Hineinfühlen in das, was belastet oder nicht funktioniert („Mir geht es so schlecht." „Was hab ich falsch gemacht?") führt zu einer „Problemtrance", aktiviert die damit assoziierten Gehirnaktivitäten, nicht nur beim Anrufer, sondern auch beim Berater. Belastend erlebte Gefühle können dadurch geradezu belebt werden. Gefühle der Aussichtslosigkeit, der Lähmung können sich bei beiden einstellen. Neuere Forschungen der Neurophysiologie bestätigen, wie sich spezifische Wahrnehmungen und damit verbundene Erwartungen auf das Befinden auswirken (Schmidt 2005, Grawe 2004, Flor 2003).

Innere Landkarte des Problemerlebens und -verhaltens
(nach Ideen von Schmidt, 2005; Schweitzer und von Schlippe, 1998)

Probleme bestehen nicht objektiv. Sie werden selbsthypnotisch in einem Wechselwirkungsprozess von negativen Bedeutungsgebungen und Wahrnehmungseinengungen geschaffen.
Damit aus der Beobachtung eines Ereignisses ein Problem wird, ist folgendes nötig oder förderlich:

1. Ein Ereignis wird von einer oder mehreren Personen in den Mittelpunkt gerückt und isoliert betrachtet, während anderes in den Hintergrund tritt (z. B. „Bei dem ändert sich nichts", „Der ist ein Daueranrufer", „Ich kann mich beim Essen nicht beherrschen").
2. Das Ereignis wird mindestens von einer Person negativ beschrieben und gefühlsmäßig als unangenehm oder sprachlich als unerwünscht bewertet (z. B. als krankhaft, unmoralisch, defizitär, unnormal, Unwilligkeit).
3. Zumindest von einer Person muss es als prinzipiell veränderbar angesehen werden.[2] Man muss also eine Veränderungsvision haben, die vom Ist-Zustand abweicht. Darüber und über die Veränderbarkeit gibt es meist unterschiedliche Auffassungen der Beteiligten („Er könnte es ändern, wenn er nur wollte" vs. „Ich bin eben so").

[2] Einschränkungen und Leiden durch Behinderungen, Erkrankungen, Verluste, Begrenzungen oder Traumata fallen hiermit nicht unter den Begriff Problem, das eine prinzipielle Veränderbarkeit voraussetzt. Man kann allenfalls den Umgang mit Einschränkungen verändern oder Leiden lindern. Häufig entstehen jedoch Probleme dadurch, dass man an eine Veränderbarkeit einer nicht veränderbaren Lebenseinschränkung glaubt, z. B. indem man Begrenzungen nicht akzeptiert oder gegen seine Trauer ankämpft, oder indem man den Umgang mit einem Leiden problematisiert, z. B. denkt, nicht „richtig" zu trauern.

4. Häufig wird es mit Erklärungen verbunden, dass einzelne oder Gruppen (z. B. die Ehefrau, die vernachlässigende Mutter, die Firma, die Gesellschaft) oder unveränderbare Ereignisse der Vergangenheit (z. B. die Vernachlässigung in der Kindheit) daran schuld seien, oder dass nur Dritte (z. B. der Partner) etwas ändern könnten.
5. Bereits unternommene Lösungsversuche stoßen auf Blockaden und führen nicht zum gewünschten Ziel. Dennoch hält man an den vorgestellten Zielen fest und setzt die Lösungsversuche fort. Die Lösungsversuche (mehr desselben tun) stabilisieren oder erweitern das Problem.
6. Aufgrund der problemstabilisierenden Interaktionen zieht man generalisierende Schlussfolgerungen (z. B. „alle sind gegen mich", „mir ist nicht zu helfen"), engt seinen Wahrnehmungsfokus weiter ein durch abwertende Erklärungsmuster und Zuschreibungen (z. B. „ich bin halt unfähig", „der ist schwer gestört"), und entwickelt negative Zukunftsvisionen.

Man kann die Wahrnehmung aber auch auf positive Erfahrungen lenken: Man kann im Beratungsgespräch das „unter schwierigen Lebensbedingungen Geleistete" herausstellen und würdigen („Was hab' ich unwillkürlich schon richtig gemacht?"), sich mit Ausnahmen des Problems oder positiv besetzten Visionen beschäftigen etc. (dazu mehr in Kap. 8). Man erweitert seine Perspektive. Man weitet dadurch seine Aufmerksamkeit und damit auch seine innere Landkarte. Man imaginiert sich quasi in eine positivere Weltsicht, eine „Lösungstrance" hinein.

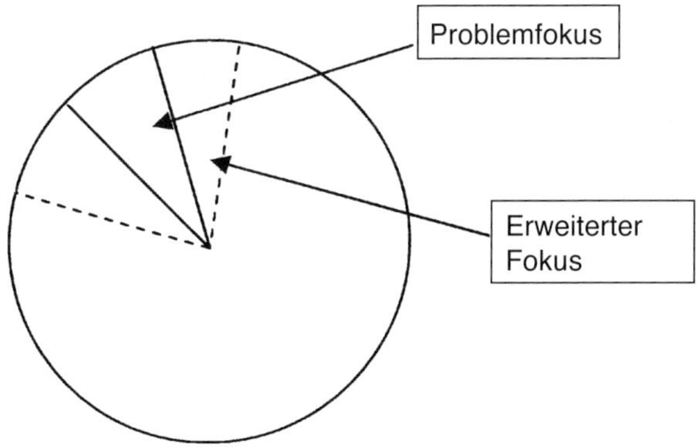

Abb.: Weitung des Scheinwerferkegels der Aufmerksamkeit als Ergebnis ressourcenorientierten Arbeitens

Was bedeutet Ressourcenorientierung?

Ressourcenorientiert arbeiten heißt, „Menschen helfen, die große Stärke in ihnen selber, in ihrer Familie und ihrem sozialen Netz zu entdecken“ (Saleebey 1992, 8). Demnach versteht man unter Ressourcen sowohl innere als auch äußere Kräfte und Potentiale. Ressourcen können also alle unterstützenden Rahmenbedingungen sein wie hilfreiche Personen im sozialen Netz, genügend Zeit oder Geld. Die Verfügbarkeit und Inanspruchnahme solcher unterstützender Faktoren kann für die Problembewältigung äußerst nützlich sein. Wenn wir hier von Ressourcen sprechen, denken wir jedoch in erster Linie an *innere Kraftquellen.*

Annahmen ressourcenorientierten Arbeitens
(nach de Jong und Kim Berg 2003, 33f)

1. Jede Person besitzt trotz aller Lebensbelastungen Stärken.
2. Die Motivation der Hilfesuchenden erhöht sich durch die durchgehende Betonung ihrer Stärken.
3. Das Entdecken der Stärken erfordert einen Prozess des gemeinsamen Erkundens von Helfern und Hilfesuchenden.
4. Die Ausrichtung der Aufmerksamkeit auf die Stärken führt von der Versuchung weg, Menschen für ihre Schwierigkeiten zu verurteilen oder zu tadeln, und erhöht den Respekt dafür, was sie auch unter schwierigen Bedingungen gemeistert haben.
5. Bereits die Ausrichtung der Aufmerksamkeit auf die Stärken fördert positive Veränderungsprozesse.
6. Selbst problematische Handlungen enthalten Ressourcen.

In der ressourcenorientierten Beratung geht es darum, den problembedingten „Tunnelblick“ zu weiten, indem man die Perspektiven wechselt und die Aufmerksamkeit gezielt auf mit positiven Empfindungen verbundene Erfahrungen lenkt, um diese für die Bewältigung der jeweiligen Herausforderungen zu nutzen. Zahlreiche Untersuchungen, insbesondere im Bereich der Placeboforschung belegen, wie die reine Vorstellungskraft verknüpft mit der Hoffnung auf positive Veränderung Selbstheilungskräfte (Potentiale) in Gang setzt (siehe dazu GEO 10/Oktober 2003). Die Wirkkraft der Vorstellung ist dabei umso intensiver, je konkreter, bildhafter, anschaulicher man sich etwas vorstellt. Deshalb spricht man beim Fokussieren auf Stärken und erwünschte Vorstellungen der Hilfesuchenden eine konkrete und anschauliche Sprache oder redet in Metaphern (s. Kap. 8). Eine umfangreiche Problemanalyse wird als nicht nötig oder wegen ihrer zu einer Problemtrance einladenden Nebenwirkungen sogar als problematisch angesehen. Ressourcenorientierte Beratung hat zum Ziel, Sichtweisen zu fördern bzw. Suchprozesse in Gang zu setzen, welche für die Hilfesuchenden Sinn stiften („So habe ich das noch nicht gesehen.") und deren Selbstwertgefühl und Bewusstsein persönlicher Gestaltungsfähigkeit stärken („Ich hab' das Gefühl gehabt, selbst was kontrollieren zu können."), die sog. Selbstwirksamkeit, den wichtigsten Faktor zur Bewältigungskompetenz von Lebensbelastungen (Bandura 1977). Damit wird generell die Kompetenz zur eigenständigen Bewältigung von Lebensbelastungen (Resilienz) gefördert. Das gelingt durch ein wertschätzendes, kooperatives, sinnstiftendes und auf Kompetenzen achtendes Vorgehen.

Übung: Am Problem vs. an positiven Erlebnissen orientierte Kommunikation

Machen Sie folgendes Rollenspielexperiment: Führen Sie fünf Minuten lang mit einem Partner ein problemorientiertes Gespräch. Konzentrieren Sie sich als Berater auf das geschilderte Problem und die damit verbundenen Empfindungen und Bewertungen.
In den darauf folgenden fünf Minuten konzentrieren Sie sich ausschließlich auf positive Erlebnisse des Hilfesuchenden. Sprechen Sie möglichst anschaulich über Zeiten, in denen das Problem nicht auftritt, über bereits vorhandene Bewältigungskompetenzen oder Lösungsvisionen.
Vergleichen Sie anschließend zusammen mit Ihrem Partner die Unterschiede der Gesprächsfokussierung und die damit verbundenen affektiven Reaktionen.

Wenn Sie diese Übung gemacht haben, haben Sie vielleicht festgestellt, dass die überwiegende Orientierung an positiven Erlebnissen zwar Leichtigkeit in das Gespräch brachte, jedoch auch wieder an die Schwierigkeiten erinnert, entmutigt oder traurig gestimmt hat. Die ausschließliche Konzentration auf Positives kann auch das Gefühl bewirkt haben, der andere nähme einen in seiner Lage, in seinem Leid nicht wirklich ernst. Nur positiv zu denken – sich etwa ausschließlich auf Lösungen zu konzentrieren – kann also auch zum Problem werden. Andererseits kann „über das Problem reden" nützlich sein, wenn es z. B. vom Hilfesuchenden als hilfreiches Mittel der Beziehungsgestaltung angesehen wird. Über sein Problem reden, über die Krankheiten, über die Gesellschaft klagen etc., das gibt oft Sicherheit, wenn man mit jemandem Kontakt aufnimmt. Wer leidet, fühlt sich häufig erst dann als Person gewürdigt, wenn man auch seiner schwierigen Lebenssituation genügend Aufmerksamkeit zukommen lässt. Positives oder lösungsorientiertes Reden ohne Berücksichtigung der inneren Landkarte der Hilfesuchenden und ohne Würdigung ihres Leidens kann also zum Problem werden. Und problemorientiertes Reden kann auch eine Ressource sein, wenn es der Würdigung der Anrufer und dem Aufbau einer lösungsförderlichen Kooperation dient.

Ein Beispiel aus der Ökologie: [3]

In der kalifornischen Sierra Nevada beeindrucken die dortigen Riesen-Mammutbäume (Sequoiadendron giganteum). Über 80 Meter hoch können sie werden, mit einem Umfang von mehr als 30 Metern an der Basis. Der General-Sherman-Baum, der heute als das größte Lebewesen der Welt gilt, wird auf 2300 – 2700 Jahre geschätzt. Ganze Haine solch großartiger Baumriesen sind Ende des 19. und zu Beginn des 20. Jahrhunderts den Holzfällern zum Opfer gefallen. Erst danach setzte man sich zum Ziel, diese wertvolle Spezies in Nationalparks zu schützen. Seit alters her wüten in den Wäldern Kaliforniens gewaltige Brände. Sie finden da besonders viel Nahrung, wo – wie in den Nationalparks – sich massenhaft Unterholz, tote Bäume, Äste und Blätter ansammeln. Um den wertvollen Baumbestand zu schützen, aber auch die touristische Infrastruktur, begegnete man dieser Gefahr mit intensiver Brandbekämpfung. Denn, so der leicht nachvollziehbare Gedanke: Feuer bedeutet Gefahr für den Baumbestand und muss verhindert werden. Tatsächlich jedoch hätte diese Maßnahme fast das Aus für die Spezies Riesen-Mammutbaum bedeutet. Denn der Samen dieser Bäume braucht zum Keimen gut entwässerten Mineralboden und direktes Sonnenlicht. Bei den mäßigen Lichtverhältnissen unter der geschlossenen Wipfeldecke und dem dichten Unterholz kommt es nur zur Keimung, wenn Feuer oder andere Störungen den erforderlichen Mineralboden freigelegt haben. So ist es wahrscheinlich, dass die Mammutbäume nur infolge des Feuers überlebt haben, das Teil ihres Lebenszyklus war. Außerdem sind sie durch ihre Rinde sowieso gut gegen Feuer geschützt. Bäume und natürliches Feuer bildeten neben weiteren Elementen seit Jahrtausenden ein wohl ausgewogenes Ökosystem. Erst durch die Brandbekämpfung jedoch konnten sich riesige Mengen an Unterholz ansammeln, die die Fortpflanzung hinderten und zu verheerenden Feuersbrünsten führten, wie sie bislang nicht vorkamen. Für die touristische Infrastruktur ist also Feuer ein Problem, für den Erhalt der Spezies der Mammutbäume ist es eine Ressource. Es kommt auf die jeweiligen Ziele an. Würde man zum Ziel haben, Weideplätze anstelle der Wälder zu schaffen wie in Regenwaldgebieten, würde von den daran Interessierten Feuer ebenfalls als Ressource und nicht als Problem angesehen. In den amerikanischen Nationalparks löst man den Zielkonflikt inzwischen mit Brandbekämpfung zum Schutz touristischer Zentren einerseits und mit dem Legen künstlicher kontrollierter Brände in den Hainen der Mammutbäume andererseits. (Informationen aus National Park Service, Sequoia National Park und Kings Canyon National Park, Informationsbroschüre, und Sequoia & Kings National Parks, June 14 – July 11, 1996)

Ressourcen gibt es also nicht an sich. Man macht aus einem Ereignis oder einer Sache eine Ressource, wenn man ihm bzw. ihr eine bestimmte Bedeutung gibt – wenn etwas als zieldienlich für ein erwünschtes Ziel unter den spezifischen Kontextbedingungen angesehen wird. So gilt z. B. Erdöl auch nur dann als Ressource, wenn es als Mittel zum Zweck zur Herstellung bestimmter erwünschter Produkte und zum Betreiben von Motoren

[3] Die Anregung zu diesem Beispiel entnahmen wir aus Boxbücher u. Egidi 1996.

dient, solange seine Gewinnung erschwinglich ist und sein Nutzen den Schaden an der Umwelt überwiegt.

Im Beratungskontext verstehen wir analog unter Ressourcen alle Sachverhalte, Ereignisse und Verhaltensweisen, die dazu dienen, lebenswichtige Ziele unter den spezifischen Kontextbedingungen der Betroffenen (z. B. ihrer moralischen Werte, ihrer persönlichen Möglichkeiten) zu erreichen. Nach dieser Definition können selbst in zunächst problematisch bewerteten Verhaltensweisen Ressourcen enthalten sein, wie folgende Fallbeispiele zeigen:

Beispiel 1:

Ein Mann mittleren Alters rief jahrelang bei der Telefonseelsorge an. Er beklagte sich darüber, dass er keine Partnerin fand, obwohl er sich seit Jahren redlich darum bemühte. Er besuchte zu diesem Zweck häufig Tanzveranstaltungen, lud Damen zu einem Glas Sekt ein und tanzte mit ihnen. Dennoch zeigte sich keine bereit, mit ihm eine nähere Beziehung einzugehen. Er litt sehr an seiner Einsamkeit. Er hatte mehrere gescheiterte Partnerschaften hinter sich. Jedes Mal habe ihn die Frau verlassen, die letzte von einem Tag auf den anderen. Die Gründe der Trennungen habe er bis dato nicht verstanden. Ein Arzt habe bei ihm eine Depression diagnostiziert. Der Anrufer zeigte sich am Telefon höflich und nett. Sein Ungemach erklärte er entweder als Pech, dass er einfach noch nicht die Richtige gefunden habe, oder als Mangel an Tricks, wie er Damen richtig ansprechen könnte. Dafür wünschte er sich einen Rat am Telefon. Manchmal bekam er Hinweise, was er noch tun könnte. Meist jedoch wurde ihm gesagt, dass ein Rat von Seiten der Telefonseelsorge wenig nütze, man müsse gemeinsam Lösungen erarbeiten. Auf Anregungen, sich mit seiner Einsamkeit auseinander zu setzen, ging er nicht wirklich ein. Die Berater zeigten sich ihm gegenüber in der Regel höflich und nett, gingen aber auch auf innere abwehrende Distanz, da man den Anrufer bereits aus vielen vorhergehenden Gesprächen hinlänglich zu kennen meinte und er dabei immer wieder dasselbe Anliegen vorbrachte. Im Unterschied zum Anrufer betrachteten sie die Tatsache, dass er keine Lebenspartnerin fand, nicht als Pech oder mangelndes Wissen, sondern letztlich als Zeichen von Beziehungsunfähigkeit, diese entweder als persönliches Defizit oder als Ausdruck einer psychischen Erkrankung. Vor allem die Frauen fühlten sich von seiner Art abgestoßen, teilten ihm dies aber nicht mit, um ihn nicht zu verletzen. Somit wiederholte sich in vielen Gesprächen ein Muster, welches der Anrufer zur Genüge kannte: Man zeigte sich höflich und nett und blieb dabei auf innerlich ablehnender Distanz, ohne diese verbal zu kommunizieren. Den Anrufer hielt das nicht ab, immer wieder mit demselben Anliegen anzurufen.

In der Supervision dieses Falles wurde v. a. die persönliche spontane Reaktion der Helfer auf diesen Anrufer reflektiert, ihre Wahrnehmungen, ihre körperlichen und gefühlsmäßigen Reaktionen, ihre Mutmaßungen, Bilder und Hypothesen über den Anrufer bis hin zu den spontanen Handlungsimpulsen. Impulse wie Mitleid oder Abwehr wurden dabei als sinnvolle Reaktionen gewertet, die über eigene Anliegen des Beraters im Beratungskontext der Telefonseelsorge Auskunft geben konnten. Die Supervision verhalf die eigenen inneren Landkarten über den Anrufer und die Auswirkungen des Gesprächsverhaltens zu erweitern. So wurde z. B. reflektiert, welche Folgen der eigene Distanzierungsimpuls auf den Anrufer haben könnte, welche die Bewertung, er sei beziehungsunfähig, sein Verhalten sei falsch oder krank usw. Man überlegte, ob für den einsamen Mann nicht die Anrufe unabhängig von der Problemlösung wichtig sein könnten, da er in dieser Zeit wenigstens mit jemandem sprechen konnte. Es gab Anregungen, gemeinsam mit dem Anrufer nach dem Sinn zu suchen, wozu es für ihn gut sein könnte, einerseits Nähe in einer Beziehung zu suchen und es gleichzeitig mit „ungeschicktem" Verhalten nicht dazu kommen zu lassen. Empfohlen wurde, gemeinsam mit dem Anrufer die Folgen zu bedenken, wenn es tatsächlich in der nächsten Zeit zu einer neuen Partnerschaft kommen könnte. Sein Verhalten wurde jetzt nicht mehr nur als Defizit gesehen, sondern auch als Leistung einer gelungenen Nähe-Distanz-Regulierung oder als Selbstschutz vor einer neuerlichen Beziehung, die wiederum im Verlassenwerden enden könnte, solange die alten Beziehungsprobleme nicht gelöst sind. Dies weckte eine neue Wertschätzung für den Anrufer. Man suchte nicht mehr ihn zu verändern, was er im Übrigen auch gar nicht als Auftrag an die Telefonseelsorge erteilt hatte, sondern begegnete ihm als Experten für die Befriedigung seiner Bedürfnisse im Rahmen seiner ihm bislang gegebenen Möglichkeiten. Man konnte annehmen, dass dies sich positiv auf sein Selbstwertgefühl auswirken würde, was wiederum für ihn die Möglichkeit erhöhen würde, besser mit Alleinsein und Nähe-Distanz-Konflikten in Beziehungen umzugehen.

Beispiel 2:

Eine junge Frau, die nach eigenen Angaben seit Jahren unter schweren Depressionen litt und deshalb bereits mehrmals ärztliche und psychotherapeutische Hilfe „ohne Erfolg" in Anspruch genommen hatte, gestand in einem Beratungsgespräch, dass sie häufig dann, wenn sie sich von ihrem Mann sehr abgewertet fühlte und sie dies nicht mehr aushielt, in den Partykeller flüchtete, um sich mit Whisky zu betrinken. Neben der Betrachtung der schädigenden Auswirkungen des Alkoholkonsums wurde im Beratungsgespräch jedoch auch der Nutzen des Whiskytrinkens in dieser Situation besprochen. Die Frau sagte, dass die Benebelung sie vor massiven bedrohlichen Selbstabwertungen, Suizid- und Mordimpulsen schütze. Sie bekomme einfach Abstand. Im weiteren Gespräch wurde das Sich-Betrinken als eine Ressource gewürdigt, für Abstand und Schutz in dieser bedrohlichen Situation zu sorgen. Gemeinsam wurde erkundet, wie sie sich sonst in ihrer häuslichen Situation vor Abwertungen schütze und wie sie Abstand schaffe, um zur Ruhe zu kommen. Es stellte sich heraus, dass in dem Zimmer, das sie als das ihre bezeichnete – der Küche –, üblicherweise alle Türen offen standen. Ungestört für sich sein war ihr so kaum möglich. Es wurden Ideen entwickelt, wie sie sich mehr

Abstand und Zeiten des Für-sich-Seins verschaffen könnte. In späteren Gesprächen berichtete die Anruferin, dass sie sich häufiger erlaube, alleine ins Café zu gehen und sich etwas Gutes zu tun, wodurch sie Abstand zu den Schwierigkeiten zu Hause bekomme und das Gefühl entwickele, selbst etwas zur Veränderung ihrer Lebenssituation beitragen zu können.

Übung: Umetikettieren – Bedeutungsgebungen erweitern

Die Übungsteilnehmer gehen in Kleingruppen (3 – 4 Personen). Jeder einzelne denkt an ein Verhalten, welches er bei sich (oder alternativ bei einer anderen nahe stehenden Person) in bestimmten Situationen negativ bewertet, z. B. sich ehrgeizig, ängstlich oder neidisch verhalten. Teilnehmer A schildert kurz sein Verhalten (oder das der Person, an die er denkt) und versieht es mit dem betreffenden Etikett. Die Teilnehmer B, C und D versuchen nun innerhalb von zwei Minuten andere Etiketten zu finden, die Aspekte verdeutlichen, welche auch in diesem Verhalten enthalten sein und als Fähigkeiten auch positiv bewertet werden können, z. B. zielstrebig sein (bei Ehrgeiz), anderen den Vortritt lassen (bei Ängstlichkeit) oder etwas Wichtiges für sich selbst erreichen wollen (bei Neid). Teilnehmer A hört den anderen mit einem Pokerface zu, registriert jedoch innerlich, wie die neuen Etiketten auf ihn wirken. Anschließend teilt Person A mit, welche Etiketten welche Wirkungen bei ihm hatten, z. B. motivierend, wertschätzend, herunterziehend oder auch irrelevant. Die Übung wird reihum mit den anderen Teilnehmern fortgesetzt.
In der Auswertung im Plenum ergibt sich neben der Feststellung der förderlich erlebten Weitung eigener Sichtweisen manchmal auch, dass von den anderen Teilnehmern positiv gemeinte Neuetikettierungen von der Person A selbst negativ gewertet wurden. Dies zeigt, dass Neuetikettierungen nah am Selbsterleben der Angesprochenen sein müssen, um integriert und nicht einfach abgewehrt zu werden.

Übung: Probleme umdeuten – Das Gute im Schlechten (er-)finden

Die Übungsteilnehmer gehen in Kleingruppen (3 – 4 Personen). Jeder denkt an eine selbst erlebte Problemsituation. Person A schildert sie kurz. Die Personen B, C und D versuchen anschließend im Gespräch zu reflektieren, welche positiven Aspekte auch in der Problemsituation enthalten sein könnten, z. B. welches wichtige Bedürfnis dadurch befriedigt worden sein könnte, welchen Sinn das beklagte Verhalten für wen machen könnte, welcher verborgene Liebesdienst für wen darin enthalten sein könnte. Wichtig bei der Übung ist, spielerisch, kreativ und ohne Bewertung mit den Ideen umzugehen. Person A hört dabei nur zu. Anschließend teilt sie mit, welche Sichtweisen wie auf sie wirkten. Die Übung wird reihum mit den anderen Teilnehmern fortgesetzt.
Diese Übung erweitert in der Regel die Sicht persönlicher Probleme für die Teilnehmer.

Die Beispiele und Übungen zeigen, wie selbst kleine, zunächst unscheinbare Änderungen der Betrachtung und Bedeutungsgebung große Veränderungen nach sich ziehen können. Kleine Änderungen in einem System können große Änderungen bewirken. Es kommt im Gespräch also gar nicht auf das Erreichen großartiger Änderungen oder Erkenntnisse an, sondern um die Anregung kleiner relevanter Unterschiede durch ressourcenorientierte Impulse.

3. Kapitel

Routenplaner zur besseren Orientierung

– Merkmale ressourcenorientierter Telefonberatung

Die Telefonberatung umfasst vielfältige Arten der Hilfe. Die Art der Hilfe hängt vom Anliegen der Hilfesuchenden ab. In Anlehnung an die Darstellung klinischer Hilfssysteme nach K. Ludewig (Ludewig 1992; von Schlippe u. Schweitzer 1998) unterscheiden wir am Beratungstelefon Hilfe als

- momentane Entlastung / Beistand,
- stützende Begleitung,
- Information / Anleitung,
- Verständigungshilfe und Feedback zur Selbstvergewisserung,
- Anregung zur Problemklärung und -lösung.

Je nach Art der Hilfe ergeben sich verschiedene Hilfsmaßnahmen, auch Interventionen genannt. Ziel aller Interventionen ist es, bedeutsame Unterschiede zum bisherigen Erleben und Verhalten bei Hilfesuchenden anzuregen. Der „bedeutsame Unterschied“ für die Anrufenden bei einer Telefonberatung besteht oft schon darin, einen achtsamen Zuhörer zu haben, der das erlebte Leid oder die Lösungsversuche der Hilfesuchenden würdigt, und dadurch hilft, etwas Unveränderbares auszuhalten. Der „bedeutsame Unterschied“ kann auch schlicht in einer Auskunft liegen.

Erweiterung der inneren Landkarte der Hilfesuchenden als generelles Ziel jeder Telefonberatung

Generell dienen alle Gespräche am Beratungstelefon dazu, dass Anrufer in ihren Möglichkeiten der Bewältigung von Lebensproblemen unterstützt und gefördert werden, also ihr „Möglichkeitsraum“ (von Schlippe u. Schweitzer a. a. O.) vergrößert wird. Dies geschieht durch die Erweiterung der inneren Landkarten der Hilfesuchenden. „Alle psychologischen Maßnahmen verändern, wenn sie erfolgreich sein sollen, die Art und Weise, wie ... übereinander, über Probleme, über psychische Störungen, Krankheit und die damit zusammenhängenden Optionen gesprochen wird.“ (von Schlippe 1995, 23f). Sie verändern also die wechselseitige Kommunikation in den sozialen Beziehungssystemen und nehmen dadurch auch Einfluss darauf, welche Bedeutung man dabei Ereignissen gibt, wie man sie benennt, erklärt und bewertet (s. Kap. 2).

Das Erweitern der inneren Landkarten erfolgt nach systemischem Verständnis durch Anregungen. Direkte Beeinflussung anderer Menschen gilt als nicht möglich, da lebende Systeme als autonom und unverfügbar angesehen werden. Man kann allenfalls jemanden daran hindern, etwas Bestimmtes zu tun. Man kann jedoch niemanden direkt veranlassen etwas zu tun, was man sich von ihm wünscht. Helfer handeln demnach immer aus der Rolle der Ohnmacht heraus, andere zu einer Veränderung ihrer Lage oder Sichtweise bewegen zu können. Alle Interventionen sind daher immer nur als Einladungen zu verstehen. Was letztlich bei einem Gespräch herauskommt, entscheidet und verantwortet der Hilfesuchende selbst.

Damit Anregungen einladend wirken, müssen sie in einem Gesprächsrahmen stattfinden, der von den Hilfesuchenden als kooperativ erlebt wird und bei dem sie ihre Person, ihre Beschwerden und Probleme gewürdigt wissen.

Übung:

Stellen Sie sich vor, jemand ruft Sie am Beratungstelefon an und schweigt. Sie könnten unterstellen, dass es ihm im Moment noch schwer fällt, sich verbal zu äußern. Experimentieren Sie damit, welche Äußerungen von Ihnen ihn am ehesten dazu einladen könnten, seine momentane Sprechhemmung zu überwinden. Prüfen Sie in einem Rollenspiel jeweils die Wirkung Ihrer Äußerungen auf einen solchen Anrufer.

Wenn Hilfesuchende sich nicht als Partner gewürdigt erleben, laufen auch gut gemeinte Anregungen Gefahr, abgelehnt zu werden. Diese Gefahr besteht insbesondere dann, wenn Berater zu schnell nach Lösungen suchen. Ebenso können positive Umdeutungen als befremdend, belastend, ängstigend oder gar zynisch erlebt, wenn sie zu stark vom Selbsterleben der Anrufer abweichen (s. Erfahrungen aus der Übung Umetikettieren, Kap. 2). Ressourcenorientierte Berater sollten daher immer die Balance wahren, einerseits die innere Landkarte der Hilfesuchenden zu würdigen, so wie sich ihnen darstellt, und andererseits Anregungen dazu geben, diese zu erweitern.

Die Erweiterung der inneren Landkarte kann bedeuten:

- Erweiterung der Beschreibungen, Erklärungen, Bewertungen des Problems (z. B. durch positive Bewertung eines Problemzustandes oder durch Vermeiden, etwas als krankhaft darzustellen)
- Erweiterung der Schlussfolgerungen (z. B. durch gedankliches Vorwegnehmen verschiedener Zukunftsszenarien, durch Erkunden von Sinnhaftigkeit von Handlungen und Geschehnissen)

- Erweiterung der Ausrichtung der Aufmerksamkeit (z. B. auf Lösungsvisionen, auf Ausnahmen des Problems, auf Kompetenzen)
- Erweiterung der Lösungsmöglichkeiten (z. B. durch Erarbeiten wohldefinierter erreichbarer Ziele, kleiner Schritte, Bedenken der Folgen)

Gesprächsführungstechniken dazu werden in Kapitel 8 dargestellt.

Fachliche Beziehungsformen und Rollenverständnis

Grundsätzlich kann man beim fachlichen Umgang mit Menschen zwei Beziehungsformen unterscheiden: Helfende Beziehungen und kontrollierende, führende oder leitende Beziehungen. Helfende Beziehungen sind z. B. Beratungs-, Begleitungs-, Entlastungs-, Unterstützungs-, Feedback- und Informationsangebote. Zu ihnen zählen auch Psychotherapie und Supervision. Kontrollierende oder leitende Beziehungen sind z. B. pädagogische Maßnahmen (Erziehung), Personalführung, Qualitätssicherungsmaßnahmen, Betreuung, Fürsorge und alle kontrollierenden Maßnahmen, um Unerwünschtes (z. B. Gewalteskalationen, Selbstgefährdung oder Gefährdung Dritter, aber auch Gefährdung der Erreichbarkeit einer Einrichtung für bestimmte Zielgruppen) zu verhindern. Den Beziehungsformen entsprechen bestimmte Beziehungsrollen, Haltungen und Vorgehensweisen.

Hilfe als Beratung, Psychotherapie, Entlastungs-, Begleitungs-, Unterstützungsangebot, Supervision	**Kontrolle, Führung bzw. Leitung als Personalführung, Erziehung, Betreuung, Fürsorge, Qualitätssicherung**
• an den Zielen der Hilfesuchenden orientiert (auftragsorientiert)	• an vorgegebenen Zielen der Fachleute orientiert
• grundsätzlich ergebnisoffen	• Ziele der Fachleute sollen erreicht werden
• Neutralität der Helfer (s. u.)	• Parteinahme der Fachleute für die Durchsetzung ihrer Ziele
• Haltung des Nicht-(Bescheid-) Wissens	• Haltung des (Bescheid-) Wissens
• Handeln der Helfer aus Ohnmacht gegenüber den Hilfesuchenden	• Führung durch Machtausübung, Sanktionen oder Beeinflussungsversuche
• Helfer belassen die Verantwortung für das Ergebnis beim Hilfesuchenden	• Fachleute übernehmen die Verantwortung für das Ergebnis

Unterscheidung der fachlichen Beziehungsformen Hilfe vs. Kontrolle (nach Retzer u. Schumacher 2000)

Grundhaltungen und Werte der Beziehungsform „Hilfe" in der Telefonberatung

Ressourcenorientierte Gespräche sind an bestimmten Werten orientierte Gespräche. Die Berater sehen die Hilfesuchenden als die Experten ihres Problemerlebens und für die Entwicklung ihrer Lebensziele, sich selbst als Experten für die Gestaltung konstruktiver Gesprächsführung. Die Helfer verstehen ihre Rolle demnach nicht als „Behandler", die eigene Ziele für die Hilfesuchenden erreichen möchten. Stattdessen verstehen sie sich als Kooperationspartner, die sich möglichst so auf die Hilfesuchenden einstellen, damit diese *ihre* Kompetenzen optimal entfalten und *ihre* Möglichkeiten erweitern können. In der Beratung geht es daher um die Verwirklichung einer gleichrangigen Kooperation zwischen Hilfesuchenden und Helfern und um die Herstellung gegenseitiger Achtung. Im Folgenden werden die dazu gehörigen beraterischen Grundhaltungen dargestellt.

Respekt und Empathie

Ausgehend von den Zielen der Hilfesuchenden sollen helfende Gespräche dazu beitragen, deren innere Landkarten zu erweitern. Alles, was im Telefongespräch getan wird, wird danach bewertet, ob und wie es dieser Zielsetzung nützt. Erweiterungen sind immer mit der Infragestellung bisheriger gewohnter Denk- und Verhaltensweisen (der „Gewohnheitswirklichkeit" der Anrufer, B. Schmid zit. nach Schmidt 2005, 18) verbunden. In der Regel rufen die Menschen an, um über ihre Probleme zu sprechen. Dadurch erhoffen sie sich eine Linderung oder gar Lösung ihrer Sorgen und Nöte. Sprechen über Probleme hat aber häufig genau die gegenteilige Wirkung (s. dazu Kap. 2): Die Aufmerksamkeit wird vorwiegend auf das Belastende gerichtet. Dies wirkt sich sogar auf neurophysiologische Prozesse aus, die das Problemerleben noch verstärken. Das Ergebnis kann eine zunehmende Problemtrance von Anrufern sein, in der sie sich eher als Opfer erleben denn als Gestalter ihrer Lebenswirklichkeit. Andererseits bewirkt die vorschnelle Fokussierung von Beratern auf Lösungsvisionen, Kompetenzen und Ziele bei Hilfesuchenden oft das Gefühl, in ihrem Leid nicht ernst genommen zu werden. Die Lösung dieser Zwickmühle liegt in der ausgewogenen Balance zwischen beiden Fokussierungen. Sprechen über Probleme kann durchaus hilfreich sein, wenn es den Anrufern zum Erreichen ihrer Ziele oder zum Schaffen einer kooperativen Beziehung nützt. Letzteres ist dann der Fall, wenn Hilfesuchende sich in ihrem Erleben, ihren Ideen, Absichten und Bewertungen respektiert und gewürdigt erleben. Einfühlende, wertschätzende und sinnstiftende Äußerungen laden dazu ein, das beklagte Erleben oder Verhalten besser zu akzeptieren, z. B. gegenüber einer Trauernden: „Das muss ganz schlimm für Sie sein. Ich kann ja nur erahnen, wie es Ihnen gehen mag." oder gegenüber einer über ihre Ungeduld klagenden Mutter: „Dass Sie nicht mit stoischer Ruhe damit umgehen können, wenn Ihre Tochter wieder mal geklaut hat, zeigt doch, wie nahe Ihnen Ihre Tochter steht.". Durch solche achtungsvollen und sinnstiftenden Äußerungen werden Hilfesuchende ernst genommen. Ihr Erleben und Verhalten wird zugleich entdramatisiert und entpathologisiert. Die Grundhaltung, die sich in solchen Äußerungen zeigt, wird oft mit *Respekt* oder *Wertschätzung* beschrieben. *Empathie* oder *Einfühlendes Verstehen* als weitere Grundhaltung zeigt sich in den einfühlenden und möglicherweise gleichzeitig die Bedeutungsgebung der Anrufer erweiternden Äußerungen der Berater (s. dazu Kap. 5). Im Unterschied zu anderen beraterischen Verfahren geht es beim ressourcenorientierten Vorgehen jedoch nicht um das Verstehen oder intensive Klären des Problemerlebens oder –verhaltens, wenn dies problemverstärkende Wirkung hat. Das Einfühlen fokussiert hauptsächlich auf Ressourcen der Hilfesuchenden oder deutet ihr Erleben als sinnvoll. Dadurch erweitert es bereits das subjektive Erleben.

Auftragsorientierung

Wertschätzender bzw. respektvoller Umgang mit Hilfesuchenden bedeutet darüber hinaus, sich an den Zielen der Hilfesuchenden und der von ihnen gewünschten Hilfe auszurichten. Das Gespräch wird *auftragsorientiert* geführt. Auftragsorientierung heißt jedoch nicht, dass Berater die Erwartungen der Hilfesuchenden einfach erfüllen sollen. Berater würden sich selbst als Kooperationspartner nicht ernst nehmen, wenn sie sich nur als Erfüllungsgehilfen der Anrufer ansehen. Manchmal gibt man sich auch zunächst selbst einen Auftrag, über ein bestimmtes Thema zu sprechen, welches der Anrufer zunächst meidet, z. B. wenn man sich Sorge um einen suizidgefährdeten Anrufer macht. Dann wirbt man darum, dieses Thema ansprechen zu können (s. Kap. 6 und 10). Der Gesprächsauftrag entwickelt sich somit erst in einem Klärungsprozess mit dem Anrufer.

Selbstwertschätzung, Stimmigkeit und Transparenz

Kooperation geht nur bei der *Selbstwertschätzung* der eigenen Bedürfnisse, Möglichkeiten und Werte. Das heißt nicht, dass es einem in einem Gespräch unbedingt gut geht. Wenn man z. B. von dem Leid eines misshandelten Kindes erfährt, wird man wahrscheinlich eher unangenehme Gefühle wie Wut oder Betroffenheit spüren. Selbstwertschätzung bedeutet eher, dass man als Berater durchgehend darauf achtet, was man selbst braucht, um sich stimmig auf den Gesprächspartner einzustellen, und wo man sich abgrenzt. Bei der *Stimmigkeit* geht es um das Ziel, sich den Hilfesuchenden gegenüber als mit sich selbst *kongruent*, *stimmig* oder *authentisch* zu zeigen. *Was* Berater sagen, soll möglichst mit dem übereinstimmen, *wie* sie es sagen, ohne alles sagen zu müssen, was sie denken (selektive Authentizität). Authentizität oder Stimmigkeit kann z. B. gegenüber Anrufern mit manipulativen Verhaltensweisen („Sie müssen mir jetzt unbedingt was vorsingen, sonst schneide ich mich!") eine mit eigenen Bedürfnissen begründete und dadurch transparente Abgrenzung bedeuten. Begründete Nichterfüllung von Erwartungen (Erwartungsenttäuschung) verbunden mit *Transparenz* als weiterer Grundhaltung ist häufig sogar der Schlüssel, gemeinsam mit dem Anrufer neue Lösungen für seine Probleme zu finden (dazu Kap. 6 und 7). G. Schmidt nennt daher die Selbstwertschätzung auch „altruistischen Egoismus" (Schmidt 2005, 94). Durch Stimmigkeit bzw. Authentizität sind Berater den Hilfesuchenden als Person erkennbar. Das gibt Sicherheit. Darüber hinaus dienen Berater dadurch als Modell, wie man eigene Bedürfnisse achtet und sich klar und freundlich abgrenzen kann.

Demut und Ohnmacht

Die Helfer handeln aus *Demut* und *Ohnmacht* heraus. Demut meint die an den Interessen des Hilfesuchenden ausgerichtete Grundhaltung, Ohnmacht die Einsicht in die eigene Begrenztheit, jemanden beeinflussen zu können. Aus dieser Haltung das Gespräch zu führen kann manchmal schwierig sein, wenn man z. B. bei der Beratung eines Schwangerschaftskonflikts persönliche Bedenken gegen einen Abbruch hat (oder gegen das von der Anruferin gewünschte Austragen des Kindes) und man der Anruferin gerne seine Bedenken mitteilen möchte, diese aber derzeit nicht gefragt sind. Dann muss man bei der Anruferin erst um das Einverständnis werben, sich auch kritische Fragen oder Stellungnahmen anzuhören. Bedenken äußern ohne Einverständnis dazu führt dagegen in der Regel zur Abwehr, und damit wäre nichts gewonnen. Gegenüber Suizidgefährdeten ist die Ohnmacht am Telefon geradezu die Chance, dass diese überhaupt anrufen und sich offen äußern, weil sie wissen, dass sie anonym bleiben können. Die Ohnmacht der Helfer eröffnet die Möglichkeit zum Gespräch.

So-tun-als-ob

Die Anrufer werden als Kooperationspartner ernst genommen. Dazu gehört auch, dass man sie beim Wort nimmt. Für Kooperation ungünstig sind Unterstellungen, Anrufer meinten mit dem, was sie sagten, etwas anderes (z. B. ein Mädchen, das angibt, schwanger zu sein und abtreiben zu wollen, sei in Wirklichkeit gar nicht schwanger und wolle sich mit dem Anruf nur einen Scherz erlauben). Solche Hypothesen mögen durchaus plausibel und zutreffend sein. Für den Beratungsprozess sind sie jedoch wenig nützlich. Sie engen die Aufmerksamkeit darauf ein festzustellen, was „wirklich" wahr ist, was jemand „wirklich" will, welches Problem oder Anliegen jemand „wirklich" hat. Wirklichkeit, wie wir sie erleben, ist nach systemischem Verständnis jedoch immer nur eine subjektive Bedeutungsgebung von Menschen.

Bedeutungsgebungen aber haben Auswirkungen auf die soziale Wirklichkeit. Mit der Hypothese, das Mädchen erlaube sich einen Scherz, könnten Berater sich selbst in eine misstrauisch-abwehrende Haltung einladen, vielleicht sogar in eine Detektivrolle, wenn sie herausfinden wollen, was stimmt (z. B. mit Fangfragen wie „Wie kannst du denn wissen, dass du schwanger bist?“).[4] Solches Ausfragen oder gar Konfrontieren (z. B. „Du redest da so leicht darüber. So redet man nicht in einer solchen Situation.“) lädt nicht zu einer Kooperation ein, sondern führt eher zu einem Machtkampf darüber, wer Recht hat. Stattdessen ermöglicht die Haltung des *So-tun-als-ob* dem Berater, die Erzählung der Anruferin beim Wort zu nehmen (so tun als ob sie stimmt), ohne an deren Wahrheitsgehalt glauben zu müssen. Mit dieser Grundhaltung kann man unabhängig von der Prüfung des Wahrheitsgehalts (sowieso einem sinnlosen Unterfangen in der Telefonberatung) einerseits versuchen, die momentane Situation der Anruferin möglichst konkret zu erfassen – und dabei auch eigene Zweifel einstreuen, wenn man etwas als unstimmig erlebt – und andererseits die Anruferin zu einem Gespräch über ihre Erwartungen und Lösungsideen einladen. Scherzanrufer verlieren an einem solchen Vorgehen schnell die Lust und legen auf, weil es da um mühsame Arbeit geht. Anrufer mit einem vorgeschobenen Thema wechseln dann oft auch zu ihrem eigentlichen Anliegen.

Neutralität

Neutralität bedeutet, dass man in der Beratungsarbeit einseitige Parteinahmen vermeidet. Berater versuchen sich so gegenüber den Hilfesuchenden zu verhalten, dass ihre Äußerungen von diesen als neutral erlebt werden können. Neutralität bedeutet nicht gefühlsmäßige Distanz, man nimmt durchaus Anteil am Erleben der Hilfesuchenden (z. B. an der Angst des schwangeren Mädchens).

Man unterscheidet

Neutralität gegenüber Ideen und Werthaltungen:

Berater zeigen sich respektvoll und neutral gegenüber den Problembeschreibungen, Ideen, Bewertungen, Erklärungen und Werthaltungen der Anrufer. Sie würdigen deren Vorstellungen als momentane Sichtweisen der Anrufenden, ohne sich ihnen anzuschließen, um auch andere Sichtweisen zuzulassen.[5] Mit einer neutralen Haltung stimmt man im obigen Fallbeispiel dem schwangeren jungen Mädchen nicht zu, dass ihre Eltern sie ablehnen, wenn

[4] Wie so oft in der Kommunikation macht hier natürlich auch der Ton die Musik. Sachliche Erkundungsfragen danach, woran die Anruferin eine beginnende Schwangerschaft zu erkennen glaubt, können durchaus zur Klärung des Problems nützlich sein.

[5] Ausnahme: Gegenübern Opfern und Tätern von Gewalt oder sonstigen Straftaten ist die klare Positionsbeziehung von Beratern gefordert (s. auch Kap. 7).

sie von der Schwangerschaft erfahren. Stattdessen würdigt man aber dessen Bedürfnisse und Anliegen an die Eltern. Man erkundet, wie seine Eltern möglicherweise auf diese Anliegen reagieren und sucht gemeinsam nach weiteren Lösungsmöglichkeiten für die Anliegen der Anruferin. Man versucht auch nicht, dem Mädchen ein anderes Bild ihrer Eltern einzureden (z. B. „Die kümmern sich bestimmt um dich, wenn das Kind da ist."). Berater erheben also nicht den Anspruch, über die Anrufenden, deren Problem und die mögliche Lösung Bescheid zu wissen (Haltung des *Nicht-Bescheid-Wissens*). Auf keinen Fall strebt man von sich aus bestimmte Lösungen an (außer wenn Fürsorgepflicht besteht, s. u.). Stattdessen lädt man die Anruferin dazu ein, gemeinsam die Folgen ihrer momentanen Situation und ihrer Lösungsversuche zu reflektieren. Wenn sie z. B. am liebsten den Kopf in den Sand stecken und nichts tun wollte, bespricht man mit ihr die Folgen davon. Wenn sie unbedingt abtreiben will, bespricht man mit ihr, wie sie die Schwangerschaft erlebt, welche Befürchtungen sie hegt, was sie über Abtreibung weiß und was sie sich davon erhofft. Man bietet ihr an darüber nachzudenken, wie sie ihren Befürchtungen entgegentreten könnte, welche Folgen ein Abbruch oder ein Austragen des Kindes für sie in ihren Beziehungen hätte, damit sie auf einem Niveau erweiterter Sichtmöglichkeiten selbst besser entscheiden kann. Das gilt natürlich auch für diejenigen, die ihr Kind austragen und zur Adoption freigeben wollen, wenn sie zu erwartende Schwierigkeiten ausblenden.

Neutralität gegenüber Veränderung oder Nicht-Veränderung:

Beratungsgespräche sind grundsätzlich ergebnisoffen zu führen. Nur dann besteht die Chance für kreative Lösungen. Dies bedeutet auch Wahrung von Neutralität gegenüber Veränderung oder Nicht-Veränderung. Es liegt nicht im Interesse der Helfer, einseitig Veränderungen zu fördern (Haltung des *Nicht-Verändern-Wollens*). So wahren Helfer die Chance, auch wertvolle Anliegen in problematischen Verhaltensweisen zu entdecken. Diese Haltung ist am Telefon gefordert, wenn Anrufer sich einfach „nur aussprechen" oder sich entlasten wollen und keine sonstigen Anregungen wünschen (z. B. wenn ein minderjähriges schwangeres Mädchen nur seine Sorge äußern möchte, aber „Belehrungen" oder Eingriffe von Erwachsenen fürchtet, bei denen es sich in seiner Autonomie nicht geachtet fühlt) oder wenn Anrufer sich darüber beklagen, dass ihnen etwas zu schaffen macht, was sie aber nicht ändern, obwohl sie es prinzipiell könnten.

Fallbeispiel:

Eine Frau beklagt sich darüber, dass ihr Mann sie schlecht behandele und schlage. Sie komme aber auch von ihm nicht los. Ein neutraler Umgang mit dieser Problemschilderung würde bedeuten, neben der Idee der Trennung auch die positive Bedeutung dieser Partnerschaftsbeziehung für sie zu erkunden.

Übung

Machen sie ein Rollenspiel. Die anrufende Person denkt sich beliebiges Problem aus. Die beratende Person bekommt ohne Wissen der Anrufenden folgende Anweisung:

Führen Sie das Beratungsgespräch nacheinander in verschiedenen Rollen:

Rolle 1: Gehen Sie möglichst veränderungsorientiert vor. Versuchen Sie die Anrufende möglichst zu einer Veränderung ihres Zustandes zu bewegen.

Rolle 2: Versuchen Sie möglichst neutral zu bleiben. Versuchen Sie einfach sich für die Welt und das Erleben der Anrufenden zu interessieren, sich einzufühlen und sich über deren innere Landkarte und Situation kundig zu machen, ohne irgendeinen Veränderungsanspruch.

Wählen Sie die Rolle aus, mit der Sie beginnen möchten. Verraten Sie nicht, welche Rolle Sie einnehmen und tun Sie, als ob das Ihr Gesprächsstil wäre. Beginnen Sie dann in einer Rolle. Stoppen Sie nach 5 Minuten und werten Sie die Erfahrungen aus. Wechseln Sie danach in die andere Rolle und führen das Gespräch auch fünf Minuten. Werten Sie diese Erfahrung aus.

Neutralität gegenüber den beteiligten Personen oder Persönlichkeitsanteilen:

Diese Form der Neutralität bedeutet Wahrung gleichwertigen Respekts gegenüber allen Beteiligten in einem Konflikt. Man vermeidet einseitige Parteinahmen gegenüber den beteiligten Personen (z. B. dem Partner, den Eltern der Schwangeren, auch dem ungeborenen Kind), versucht sich aber in die Lage aller hineinzuversetzen und diese zu berücksichtigen. Am Telefon, wo wir es hauptsächlich mit Einzelnen zu tun haben, bedeutet diese Neutralität häufig auch, dass man alle Persönlichkeitsanteile der Anrufer, die im inneren Widerstreit sind (die Schwangere ist möglicherweise in einem inneren Konflikt zwischen der Sorge um ihr eigenes Wohl und das Wohl des Kindes) als gleichberechtigt wertschätzt.[6]

Neugier

Die Haltung des Nicht-Bescheid-Wissens ist eng mit der Haltung der *Neugier* verbunden. Die Berater verhalten sich dabei wie Gäste in einem fremden Land. Die Anrufer kennen sich am besten in ihrem Land aus, auch wenn sie vieles nicht verstehen. Berater nehmen die Anrufenden als „Fremdenführer“ ernst, wenn sie nach Problemen, Zusammenhängen, Lösungs-

---

[6] Dazu ausführlichere Darstellungen in der Literatur zum „inneren Team“, Schulz v. Thun 1999 und Schmidt 2004.

versuchen und deren Auswirkungen fragen. Dabei geht es gar nicht darum, dass die Hilfesuchenden schon Antworten zu wissen. Vielmehr regt das respektvolle neugierige Fragen (zum rechten Zeitpunkt eines Gesprächs, wenn eine gute Basis der Zusammenarbeit geschaffen ist) zu inneren Suchbewegungen beim Anrufer an. Genau darum geht es beim ressourcenorientierten Arbeiten. Solche Suchbewegungen zeigen sich in Nachdenklichkeit oder Schweigepausen auf Seiten der Anrufenden.

Beziehungsform „Kontrolle", „Führung" oder „Fürsorge" in der Telefonberatung

Diese Beziehungsform ist dadurch gekennzeichnet, dass Fachleute selbst Ziele bestimmen und sich dafür verantwortlich zeigen, diese zu erreichen. Sie kann als Hilfe erlebt werden, wenn Hilfesuchende um eine solche Führung gebeten haben. Haben sie nicht darum gebeten, sprechen wir hier im Unterschied zu „Hilfe" von einer Kontroll-, Führungs- oder Fürsorgemaßnahme. Berater wechseln dann ihre Rolle vom Berater, der auftragsorientiert arbeitet, zur fürsorgerischen, kontrollierenden Person, die eigene oder gesellschaftlich vorgegebene Ziele verfolgt. In der Telefonberatung ist dies der Fall, wenn es um die Fürsorgepflicht geht, Unheil für die anrufende Person selbst oder Dritte zu vermeiden. Auch wenn Berater oder Einrichtungen die Gesprächszeit für Anrufer begrenzen, ist dies Ausdruck von Kontrolle, nicht von Hilfe. Deshalb sollte man bei solchen Maßnahmen nicht unbedingt Einsicht der Anrufenden erwarten, schon gar nicht suggerieren, diese dienten dem Wohl der Hilfesuchenden (dazu Ausführungen in Kap. 1, 7 und 9).

Nehmen wir an, bei der schwangeren Anruferin handele es sich um eine Jugendliche. Selbstverständlich würde man auch mit dem jungen Mädchen so einfühlend, wertschätzend und klärend sprechen wie bereits dargestellt. Man würde versuchen ihm zu helfen, seine Möglichkeiten zu erweitern, mit den Eltern bzw. einer Vertrauensperson zu reden oder Kontakt zu einer professionellen Hilfe aufzunehmen. Berater geraten aber in einen Rollenkonflikt, wenn sie die Identität der Anruferin in Erfahrung bringen. Es könnte als Unterlassung der Fürsorgepflicht an Minderjährigen gewertet werden, wenn sie die Jugendliche in diesem Fall und bei Gefährdung ihrer Gesundheit nicht in die Obhut einer fürsorgenden Einrichtung übermitteln, d. h. ihren Namen an eine solche Stelle weitergeben, auch wenn die Anruferin nicht darum gebeten hat. Berater sollten dies aber nicht als Hilfe dem Mädchen gegenüber darstellen, wenn es dies nicht als solche, sondern eher als Bedrohung erlebt. Sie können allenfalls versuchen, dessen Bedenken und Ängste zu verstehen, und dafür werben, die Fürsorgemaßnahme anzunehmen. Sie müssten ihr Vorgehen mit ihrer Fürsorgepflicht einer Minderjährigen gegenüber begründen, also als Wahrung einer *eigenen* Verpflichtung.

Ähnliches gilt beim Vorgehen gegenüber Gewaltandrohern und Suizidgefährdeten (s. dazu Kap. 10). Bei kontrollierenden Beziehungsformen bezieht der Mitarbeiter am Telefon also eindeutig Position für ein bestimmtes Ziel, welches aus seiner Sicht angestrebt werden soll und wechselt dabei seine Rolle vom Berater zum Fürsorger.

Zieldienliche Interventionen ressourcenorientierter Telefonberatung

Das helfende Gespräch ist ein Balanceakt zwischen *bestätigenden*, Beziehungssicherheit gebenden Äußerungen und die innere Landkarte *öffnenden, erweiternden* Äußerungen. Bestätigende Äußerungen schaffen den Rapport bzw. den Aufbau einer Ja-Haltung (Kap. 5), die Kooperationsbasis der Beratung. Sie sind daher eine Daueraufgabe während eines jeden Gesprächs. Besonders zu Beginn eines Gesprächs sollten solche Anerkennung und Sicherheit gebenden Äußerungen deutlich überwiegen. Erst wenn Anrufer das Gefühl haben, dass die Berater ihr Erleben würdigen, zu verstehen versuchen und dass sie ihren Anliegen und ihrer Person Achtung entgegenbringen, werden sie offen sein für Interventionen, die ihre bisherige Weltsicht in Frage stellen bzw. erweitern.

Ressourcenorientierte Interventionen enthalten sowohl bestätigende als auch erweiternde Aspekte in unterschiedlicher Gewichtung. Bestätigende und Sicherheit gebende Äußerungen sind empathische, anerkennende Äußerungen, Komplimente, Zusammenfassungen, Beistandsbekundungen, Ich-Aussagen, bei denen die Berater als Person zu erkennen sind. Beiträge mit vorwiegend erweiternder Wirkung sind Rückmeldungen, Informationen, Erweiterungsfragen (reflexive und hypothetische Fragen), konfrontierende Äußerungen, Empfehlungen, Sprechen in anschaulichen konkreten Bildern oder Metaphern, Erzählen von Geschichten, Gleichnissen und Beispielen. Erkundungsfragen (zirkuläre Fragen) über Zusammenhänge, Hintergründe, Ziele und Erwartungen sowie einfühlende Äußerungen (Spiegeln) haben sowohl bestätigende als auch öffnende Wirkung. Die meisten dieser Interventionsformen werden in den Kapiteln 5–8 ausführlich dargestellt.

Gesprächsbeispiel:

Das folgende Verbatim aus der Telefonseelsorge veranschaulicht einzelne dieser Interventionsformen. Ein Mann im Alter von etwa 55 Jahren ruft nachmittags an. Das Gespräch dauert eine halbe Stunde.

A 1 Guten Tag. Ich habe schon öfter bei Ihnen angerufen. Ich muss mal wieder meinen Mist abladen. Die meisten von Ihnen können's schon nicht mehr hören. **(Wunsch und Beschwerde des Anrufers)** – *kurze Pause – (schroff)* Wie alt sind Sie eigentlich?

B 1 Sie reden ja wirklich gerade heraus. **(Sprechweise des A wird als Kompetenz gedeutet. Kompliment zum Aufbau einer Ja-Haltung)** Auf Ihre direkte Frage sollen Sie auch eine direkte Antwort bekommen. Ich bin 47. Das Alter scheint für Sie bedeutsam zu sein? **(Erkundungsfrage zur inneren Landkarte)**

A 2 Nein, eigentlich nicht. Aber ich glaube nicht, dass Sie mir helfen können.

B 2 Wahrscheinlich haben Sie gute Gründe anzunehmen, dass ich Ihnen nicht helfen kann. **(Empathische Äußerung zum Aufbau einer Ja-Haltung)** Das interessiert mich.

A 3 Ja wissen Sie, die meisten kommen mir mit Entzug. Die halten mich für einen Alkoholiker. Aber kommen Sie mir ja nicht mit Entzug. **(Erwartung des Anrufers)**

B 3 Das hilft Ihnen also nicht. Da haben Sie Ihre eigene Meinung über sich. **(Anerkennende Äußerung zum Aufbau einer Ja-Haltung)** Was ist es denn, worüber Sie mit mir reden wollen? **(Erkundungsfrage nach dem Gesprächsthema als Vorbereitung zur Klärung von Anliegen und Auftrag)**

A 4 Ach wissen Sie, wahrscheinlich halten Sie mich ja doch für verrückt.

B 4 Was würden Sie mir denn erzählen, damit ich Sie für verrückt halten könnte? **(Erkundungsfrage zur Klärung der inneren Landkarte)**

A 5 Ach das glauben Sie mir ja doch nicht....
(Der Anrufer erzählt dann ausführlich über visuelle Wahrnehmungen, für die ihn andere für verrückt erklären. Er selbst sehe das nicht als Halluzinationen, sondern als übernatürliche Erfahrungen. Auch werde er mehr und mehr von den Mitmenschen geschnitten. Ein Polizist habe ihn verdächtigt, unter Alkoholeinfluss mit dem Auto gefahren zu sein. Die Mitmenschen hätten keine Achtung mehr vor ihm. – Die Erzählung wird vom Berater lediglich wertschätzend kommentiert. Dann erzählt der Anrufer, dass er früher ein anerkannter Bauingenieur gewesen sei. Er habe sogar beim Bau des Rathauses in X mitgewirkt. Aber diese Arbeit habe er verloren.)
Man soll mir wieder Arbeit geben. **(Ärgerlich geäußerter Wunsch des Anrufers)**

B 5 Das ist Ihnen sehr wichtig. Sie haben ja auch viel geleistet. **(Empathische Äußerung und Kompliment)** Da möchte ich Sie gerne unterstützen. **(Ich-Aussage)** Andererseits weiß ich nicht, ob Sie wieder Arbeit bekommen. Das ist sicher sehr schwer bei der heutigen Arbeitsmarktsituation. **(Grenzen klärende Aussage)** Was könnten wir denn jetzt mit Hilfe dieses Gesprächs dafür tun? **(Erkundungsfrage zur Art der Hilfesuche)**

A 6 Ja Sie können mir ja auch keine Arbeit besorgen.

B 6 Da haben Sie Recht. **(Anerkennung)** Wie könnten Sie es denn hinkriegen, damit Sie eine Arbeit bekommen? Damit man sich für Sie interessiert? **(Erweiterungsfrage zu einem möglichen Gesprächsziel)**

A 7 Ja die wollen ja eh von mir nichts wissen.

B 7 Heißt das, dass dann nichts zu machen ist? **(Erkundungsfrage nach der Auswirkung)**

A 8 Ich weiß nicht. *(Beklagt sich über die schlechten Arbeitsverhältnisse)*

B 8 Es wäre schon schön, wenn man Ihnen einen Job anbieten würde. **(Würdigung seines Anliegens)** Doch wenn Sie jetzt so schimpfen, wie hilft das Ihnen dabei, eine Arbeit zu bekommen? **(Erkundungsfrage nach den Auswirkungen)**

A 9 Ja was würden Sie denn machen?

B 9 Das einzige, was Sie machen könnten, wäre andere davon zu überzeugen, dass Sie etwas zu bieten haben. Dann hätten Sie wenigstens eine Chance. **(Empfehlung mit Angebot eines möglichen Gesprächsziels)** Was denken Sie darüber? **(Erkundungsfrage zur Klärung des Ziels)**

A 10 Das habe ich mir auch schon überlegt. Aber ich weiß nicht wie?

B 10 Wollen Sie das mit mir überlegen? **(Erkundungsfrage zur Klärung der Art der Hilfe)**

A 11 Ja wie sollt' ich die überzeugen?

B 11 Angenommen, Sie wollten versuchen, sich möglichst gut darzustellen. Was müssten Sie dann für sich selbst erreichen? **(Hypothetische Erweiterungsfrage zur Klärung des Gesprächsziels)**

A 12 Eigentlich müsste ich mit dem Trinken aufhören. Und wieder mehr Achtung vor mir haben. **(Neues mögliches Veränderungsziel)** Das sagt auch meine Tochter.

B 12 Was meint die denn, was Sie tun sollten? **(Erkundungsfrage zur Klärung des Veränderungsziels)**

A 13 *(erzählt über die Besorgnisse seiner 20-jährigen Tochter und bewertet dabei positiv deren Tüchtigkeit)*

B 13 Und was denken Sie darüber? **(Erkundungsfrage zur Bedeutung der Tochter für das Gesprächsziel)**

A 14 Ja da hat die schon Recht. Ich kann mich ja selber nicht mehr leiden.

B 14 Woran haben Sie als erstes gedacht, um sich selbst wieder mehr zu achten? **(Erweiterungsfrage zur Konkretisierung des Veränderungsziels, Kleinschrittigkeit)**

A 15 Dann müsste ich einen Entzug machen. **(Zielkonkretisierung)** Aber das habe ich schon einmal gemacht. Das mache ich nie wieder. Das war schrecklich. *(Erzählt dann weiter über die Tortur des körperlichen Entzugs und die Schmach, in die Klinik zu einem Entzug zu gehen).* Was die einem da in der Klinik sagen....

B 15 Was sagen die denn? **(Erkundungsfrage zur Klärung der inneren Landkarte)**

A 16 *(erzählt davon und schildert die befürchteten Folgen diese Gesprächsziels aus seiner inneren Landkarte heraus)*

B 16 Ihr erster Entzug war eine schlimme Erfahrung für Sie. **(Anerkennung)** Der Gang in die Klinik wäre schon eine gute Idee. Sie wollen sich ja selbst mehr achten. **(Benennen des möglichen Gesprächsziels)** Dabei beschäftigen mich aber auch Ihre Bedenken. Wie könnten Sie sich denn selbst achten, wenn Sie sich an die Klinik wenden, auch wenn andere die Nase über Sie rümpfen? **(Hypothetische Erweiterungsfrage zu möglichen Bewältigungskompetenzen)** Was könnten wir in unserem Gespräch dafür tun? **(Erkundungsfrage zur momentanen Art der gewünschten Hilfe)**

Anrufer und Berater überlegen mögliche Szenarios, wenn der Mann sich in die Klinik zum Entzug meldet und wie das von allen Beteiligten gewertet werden könnte. Der Entzug wird dabei immer nur als ein nächster Schritt der Selbstachtung gewertet. **(Kleinschrittigkeit von Veränderung)** Der Anrufer *erkundigt sich konkret nach einer Klinik in seiner Nähe. Der Berater fragt danach, wie und wann der Hilfesuchende sich vorstellt, sich dort zu melden.* **(Fragen zur konkreten Zukunftsplanung, Transfer)** *Gegen Ende des Gesprächs fragt der Berater den Hilfesuchenden danach, wie wahrscheinlich es für ihn ist, dass er sich tatsächlich an die Klinik wendet und wie er sich daran hindern könnte, diesen Schritt zu tun.* **(Aufgreifen der skeptischen Seite des Anrufers / Anregung, das gewünschte Veränderungsziel auf die vermuteten Folgen hin zu bedenken unter Wahrung der beraterischen Neutralität)** *Das Gespräch endet mit Nachdenklichkeit des Anrufers.*

Übung:

Analysieren Sie das obige Fallbeispiel: In welchen Äußerungen bzw. Interventionen des Beraters realisieren sich welche der genannten Grundhaltungen? Nach welchen Schwerpunkten, Aspekten oder Phasen könnten Sie das Gespräch ordnen? In welchen Textpassagen finden Sie die unten dargestellten Aspekte der Gesprächsführung wieder? An welchen Stellen würden Sie alternative Vorgehensweisen wählen?

Aspekte des ressourcenorientierten Gesprächsprozesses

Das unten dargestellte idealtypische Modell ressourcenorientierter Telefonberatung hilft den Gesprächsprozess zu ordnen. Es gibt Anhaltspunkte dafür, welche Aspekte für ressourcenorientierte Gespräche wichtig sind. Man kann die Aspekte auch als Gesprächsphasen ansehen, nach denen der Gesprächsprozess abläuft. Die Reihenfolge gibt an, zu welchem Zeitpunkt welche Schwerpunkte in der Regel gesetzt werden sollten. In der Gesprächsrealität jedoch sind die einzelnen Aspekte eher zirkulär zueinander zu sehen. So kann nach der Anregung zur Problemlösung durchaus wieder eine erneute Auftragsklärung folgen, wenn gewünschte Veränderungen zu unerwünschten Folgen führen, die vorher nicht bedacht wurden.

Die Selbstwahrnehmung des Beraters und die Förderung einer kooperativen Beziehung (Rapport oder Aufbau einer Ja – Haltung) ist zu Gesprächsbeginn besonders wichtig, aber auch eine dauerhafte Aufgabe im ganzen Gesprächsprozess. Je nach gewünschter Hilfe und abhängig von den Kontextbedingungen können einige Aspekte völlig nebensächlich sein, während andere viel Raum einnehmen. Mal wird man lediglich Informationen geben, ohne viel Beziehungsarbeit zu machen oder auf ein Problem einzugehen, mal wird es v. a. um die Würdigung des Problemerlebens gehen, mal wird das gesamte Gespräch hauptsächlich aus Auftragsklärung bestehen. Hilfreiche Telefonberatung bedeutet differenziert mit unterschiedlichen Aufträgen und Möglichkeiten umgehen zu können. Wie dies im Einzelnen aussieht, wird ausführlich in den Kapiteln 7 und 8 dargestellt.

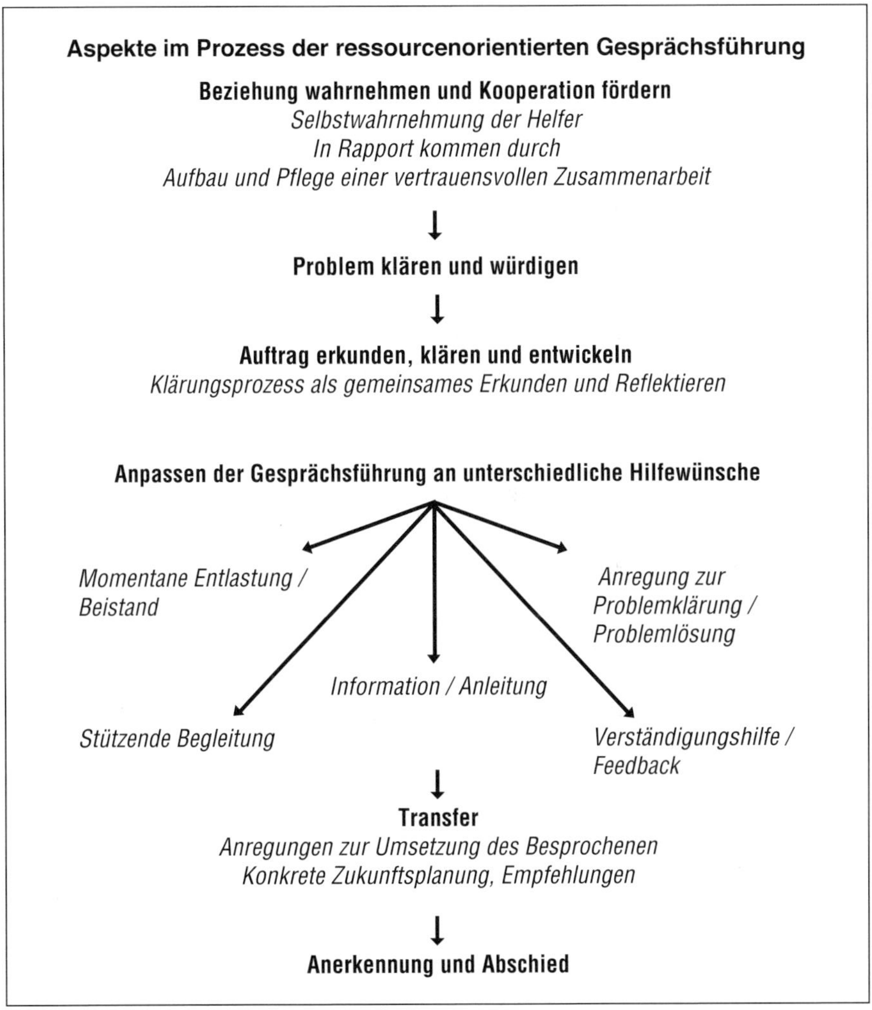

Abb.: Aspekte im Prozess der ressourcenorientierten Gesprächsführung

4. Kapitel

„Was brauche ich für mich?“

– Ressourcenorientierung und Selbstmanagement der Telefonberater

Unser Ansatz einer ressourcenorientierten Telefonberatung geht aus von dem Modell einer kooperativen Gesprächsbeziehung zweier Experten: Anrufende verstehen wir als Experten für ihre Situation, ihre Problemstellungen und ihre Ziele, Telefonberater als Experten für Beziehungsgestaltung und Gesprächsführung. Wir meinen, dass Telefonberater sich den Anrufenden dann am besten in hilfreicher Weise zur Verfügung stellen können, wenn sie selbst einen guten und sicheren Stand(punkt) haben. Insofern bezieht sich die Ressourcenorientierung nicht nur auf die Anrufenden, sondern auch und zunächst einmal auf die Beratenden.
Die Berücksichtigung der eigenen Bedürfnisse wird oft als Psychohygiene bezeichnet. Wir bevorzugen den Begriff Selbstmanagement, da dieser deutlicher die Verantwortung zum Ausdruck bringt, die jeder für sich selbst hat. Gerade in der Telefonberatung ist dieses Selbstmanagement besonders bedeutsam, da hier wesentliche Punkte des Settings nicht vorgegeben sind. Das betrifft Zeit, Dauer und Auftrag eines Gespräches, aber auch die räumliche Situation der Anrufenden (z. B. kommt es vor, dass jemand während des Autofahrens anruft). Das macht es notwendig, selbst für angemessene Rahmenbedingungen zu sorgen hinsichtlich dieser Punkte.

In diesem Kapitel möchten wir Ihnen Anregungen geben im Sinne folgender Leitfragen:

a) Wie können Sie für sich eine Arbeitsatmosphäre schaffen, in der Sie Ihre eigenen Ressourcen optimal entfalten und nutzen können für eine zweckdienliche Gesprächsgestaltung in der Telefonberatung? Was kann Ihnen helfen, Ihr entsprechendes Kreativitätspotential freizusetzen?

b) Wie können Sie die in Ihrer Telefonberatungstätigkeit auftretenden Belastungen „managen“ und verkraften und wie können Sie sich dabei vor Überforderung schützen, insbesondere vor dauerhafter Überforderung?

Dabei wenden wir uns zunächst dem einzelnen Telefongespräch und -dienst zu, dann der ehrenamtlichen Telefonberatungstätigkeit als Ganzer.

Rund um Telefongespräch und -dienst

Wie können Sie Ihre eigenen Ressourcen im Rahmen der Telefonberatung nutzen und weiter entfalten? Dazu möchten wir Sie zu einer Phantasiereise einladen:

Aktivierung eigener hilfreicher Ressourcen aus der Beratungserfahrung

Erinnern Sie sich an ein Gespräch am Beratungstelefon – oder in einem anderen Beratungskontext –, in dem Sie in einem guten Kontakt zu Ihren eigenen Kompetenzen waren. Sie fühlten sich in einem wertschätzenden Kontakt sowohl mit sich als auch mit der anderen Person, in einer guten Balance zwischen Nähe und Distanz, stimmig mit sich selbst – Sie waren präsent.
Stellen Sie sich nun dieses Gespräch wie ein Bild vor, als ob Sie sich von außen sähen und bei diesem Gespräch beobachteten. Welcher Raum könnte am besten dazu passen, wie Sie sich in diesem Gespräch empfunden haben? Wie empfinden Sie den Raum um sich herum? Wie den Abstand zwischen sich und der Hilfe suchenden Person? In welcher Körperhaltung sehen Sie sich dabei? Sitzend, stehend, in Bewegung – oder noch anders? In welcher Haltung? Vielleicht fällt Ihnen eine bestimmte Figur oder Skulptur ein, die zu dieser Haltung passt. Welche Farben könnten zu diesem Gespräch in diesem Raum passen, die den Raum durchfluten? Welche Töne, welche Melodie könnte dazu passen – oder einfach Stille? Gibt es auch einen bestimmten Duft, der sich dazu einstellt?
Was können Sie sich in Ihrem Rücken vorstellen, was Sie kräftigt, unterstützt, schützt, um präsent zu bleiben? Vielleicht können Sie sich diese Kräfte als Wesen vorstellen, die Sie unterstützen, als Mitglieder Ihres inneren Teams, als Ihre Ratgeber. Vielleicht gehört auch ein Schalk oder Narr dazu, der sich in Ihrem Bild jetzt aufdrängt, dessen Anwesenheit Sie erst noch gar nicht verstehen, der aber sehr wichtig für Ihre Präsenz sein könnte.
Bevor Sie sich jetzt von diesem Bild verabschieden, schauen Sie sich das Gesamtbild noch einmal mit mehr Abstand an, wie wenn das Zoom immer mehr zurückfährt. Vielleicht finden Sie für Ihre Erinnerung an dieses Bild ein Symbol, welches Ihnen helfen kann, sich wieder an diese Erfahrung zu erinnern, an dieses gelungene Gespräch. Was könnte es sein?

Für die Arbeit in der Gruppe:

Am besten wird diese Phantasiereise von einer Person mit einer kurzen Entspannung eingeleitet und vorgelesen. Erfahrungsgemäß erleben es viele Teilnehmer als hilfreich, dabei die Augen zu schließen.
Tauschen Sie sich im Anschluss zunächst in Kleingruppen aus, dann im Plenum. Danach können die Teilnehmer aufgefordert werden, sich für die nächsten Telefondienste entsprechende Symbole als Erinnerungsanker mitzubringen.

Ohne wissen zu können, welche Ressourcen und Möglichkeiten diese Phantasie in Ihnen geweckt hat, möchten wir Ihnen einige Anregungen geben, die sich am zeitlichen Ablauf eines Telefondienstes – und dabei wieder am Ablauf eines Anrufes – orientieren.

Vor dem Dienst

Die Beratung am Telefon beginnt mit der äußeren Vorbereitung und der inneren Einstimmung auf den Dienst. Da spielt es eine Rolle, aus welcher Tätigkeit und Situation man kommt. Es empfiehlt sich, die eigene Zeitplanung nach Möglichkeit so zu gestalten, dass man zeitig genug zum Telefondienst kommen kann, um ggf. mit dem Vorgänger eine geordnete Übergabe zu machen und sich über Aktuelles in der Dienststelle informieren zu können. Auch sollte man ein paar Minuten einplanen, um sich am Telefonplatz einzurichten mit dem, was man dafür braucht (Schreibzeug, Getränk, ...).

Zur Selbstreflexion:
Wie bereiten Sie sich äußerlich vor auf Ihren Dienst am Telefon und wie stimmen Sie sich innerlich darauf ein?

Man kann sich in spezieller Weise auf den Dienst und die kommenden Gespräche einstimmen, sich zentrieren, z. B. mit Hilfe des Symbols aus der geleiteten Phantasie (s. o.) oder mit einer Kurzmeditation, man kann über den Leitspruch des Tages nachsinnen oder sich für eine Minute zurücklehnen, die Augen schließen und sich entspannen.

Während des Dienstes

Während eines Beratungsgespräches ist es bedeutsam, die eigenen Möglichkeiten und Grenzen zu berücksichtigen, keine unerfüllbaren Aufträge anzunehmen, auf die zeitliche Gestaltung und die räumliche Situation des Anrufenden zu beachten. Auf diese Punkte werden wir in den Kapiteln 6, 7 und 9 näher eingehen.

Jeder Berater kennt die Erfahrung, nach einem Gespräch vom Schicksal des Gesprächspartners besonders berührt zu sein – und dass es dann schwer fallen kann, sich auf eine andere Person und ein anderes Schicksal einzustellen. Aber auch wenn man von wiederholten Scherzanrufen genervt ist, mag es mitunter schwer gelingen, sich wieder zu öffnen für einen neuen Anrufer und ein neues Anliegen. Da gibt es viele Möglichkeiten, um sich von dem gerade Erlebten innerlich zu distanzieren und sich wieder neu zu zentrieren für das nächste Gespräch. Man kann z. B. am offenen Fenster tief Luft holen und sich recken oder ein paar Minuten Pause machen.[7]

---

[7] Stellvertretend für die zahlreiche Literatur zu diesem Thema sei das Buch von Hamilton (2002) genannt, das z. B. auch eine Lockerungsübung für die Zeit in der Telefonwarteschleife anbietet.

Zur Selbstreflexion:

Welche Möglichkeiten haben Sie bisher in Ihrem Repertoire, um in solchen Situationen „den Kopf wieder frei kriegen“ und sich neu zentrieren zu können?
Anregend kann ein entsprechender Austausch in der Supervisions- bzw. Praxisbegleitungsgruppe sein.
Experimentieren Sie im Anschluss mit neuen Möglichkeiten.

Vielleicht mögen Sie auch mal die folgende Imagination ausprobieren:

Imagination „Lichtdusche“

Sorgen Sie dafür, dass Sie für einige Minuten ungestört sind, und suchen Sie sich einen für Sie guten Platz, sitzend oder stehend. Entspannen Sie sich und schließen Sie die Augen. Beide Fußsohlen sollten auf dem Boden aufstehen. Sie können sich vorstellen, dass Ihre Füße in der Erde fest verwurzelt sind. Stellen Sie sich nun vor, dass von oben helles, warmes Licht auf Sie einströmt. Dieses Licht überströmt Sie und erfüllt Sie mit frischer Energie.

Anmerkung:

Sie können mit dieser Imagination experimentieren. Z. B. können Sie sich vorstellen, dass das Licht Sie „duscht“, oder dass es in Sie hineinströmt und Sie innerlich erfüllt. Sie können auch mit Lichtfarben experimentieren, sich beispielsweise weißes oder goldenes oder orangefarbenes Licht vorstellen. Manche Menschen erleben es auch als hilfreich, sich vorzustellen, die verbrauchte Energie fließe in die Erde ab. Andere tun sich eher schwer mit der Vorstellung, mit Licht zu „duschen“ – da kann es leichter fallen, sich ein Duschen mit Wasser vorzustellen oder dass man sich von Wind umwehen lässt.

Viele Berater erleben es als entlastend und hilfreich, sich nach einem Gespräch schriftliche Notizen zu machen und sich das Gespräch so „von der Seele schreiben“ zu können. Außerdem stellen solche Notizen eine gute Basis für die Supervision dar. Auch die Erfassung der formalen Gesprächsdaten für die Statistik, die in vielen Telefonberatungsdiensten üblich ist, hilft zu einer inneren Distanzierung vom Gespräch. Meist wird auch als entlastend erlebt, wenn man nach einem belastenden Gespräch mit einem Kollegen oder einer für die Telefonberatung verantwortlichen Person reden kann.

Nach dem Dienst

Zur Selbstreflexion:

Welche Ressourcen für Erholung und Entspannung stehen Ihnen nach belastenden oder anstrengenden Telefonberatungsdiensten zur Verfügung?

Auch diesbezüglich kann ein Austausch in der Gruppe anregend sein.

Hilfreich zur Erholung – nicht nur von anstrengenden Telefonberatungsgesprächen und -diensten – ist eine Imaginationsübung, die darin besteht, sich in der Phantasie einen Ort ganz für sich selbst zu schaffen, einen ganz privaten und individuellen Zufluchtsort. Diesen kann man aufsuchen, wenn man einen Schlupfwinkel braucht, um sich von Anstrengungen oder Verletzungen zu erholen, um sich zu sammeln oder um seinen inneren Akku aufzuladen. Wie bei allen Imaginationen gilt der Grundsatz, dass diese umso rascher und leichter gelingen, je öfter man übt.

Imagination „Ein inneres Bild als Kraftquelle“ (nach Lazarus 2004, 31 f.)

Suchen Sie sich einen Ort, an dem Sie sich wohl fühlen. Sorgen Sie dafür, dass Sie für die nächsten 20-30 Minuten möglichst ungestört bleiben werden. Machen Sie es sich so bequem wie möglich und entspannen Sie sich. Lassen Sie es geschehen, dass Ihr Geist auf seine ganz eigene Art und Weise und in seiner eigenen Geschwindigkeit das Bild eines ganz besonderen Raumes erschafft. Sie können sich einen Raum ganz nach Ihren Wünschen und Vorstellungen erschaffen. Dieser Raum gehört Ihnen, einzig und allein Ihnen. Niemand außer Ihnen selbst kennt diesen Raum, niemand hat Zugang zu ihm.
Lassen Sie sich Zeit dafür.
Wenn Sie einen Raum vor Ihrem inneren Auge zu sehen beginnen, probieren Sie ihn aus. Gehen Sie im Geiste darin herum. Schauen Sie aus dem Fenster, falls es eines gibt. Wie wirkt dieser Raum auf Sie? Was für Geräusche und Gerüche nehmen Sie wahr?
Prüfen Sie, ob Sie sich in diesem Raum behaglich fühlen.
Sie können sich diesen Raum nach Ihrem Belieben gestalten, ganz so, wie Sie ihn sich wünschen. Ihrer Phantasie sind keine Grenzen gesetzt. Gestalten Sie sich diesen Raum so, wie Sie ihn haben wollen.
In diesem Raum können Sie ganz Sie selbst sein, sicher und geschützt. Wann immer Sie es wollen oder brauchen, können Sie in diesen Raum kommen, können sich erholen und auftanken.
Und bevor Sie diesen Raum verlassen, schauen Sie sich noch einmal um, nehmen Sie alles in sich auf, so dass Sie jederzeit wieder leichten Zugang haben.

Wichtig ist uns in diesem Zusammenhang der Hinweis auf Supervision bzw. Praxisbegleitung und Fortbildung, die wir für eine verantwortliche Telefonberatungstätigkeit für unverzichtbar halten. Insbesondere in der Supervision kann die Reflexion eigener Anteile (Erlebens-, Denk- und Verhaltensmuster) möglich sein. Zur Anregung für das Erkennen von solchen eigenen Mustern möchten wir Ihnen die folgende Selbstreflexion anbieten:

Selbstreflexion

a) Erinnern Sie sich an einen Telefondienst (oder, wenn das besser für Sie passen sollte, an ein Beratungsgespräch), bei dem Sie in gutem Kontakt zu Ihren eigenen Ressourcen und Kompetenzen waren, in einer guten Balance zwischen Nähe und Distanz zu den Anrufenden,

in Überstimmung mit sich selbst und gleichzeitig den Anrufenden zugewandt.
Was war an diesem Tag anders als sonst?
Wie sind Sie in die Dienststelle gekommen? Wie haben Sie sich auf diesen Dienst vorbereitet?
Welche weiteren Unterschiede gab es zu sonst?

b) Erinnern Sie sich nun an einen Telefondienst (oder an ein Beratungsgespräch), bei dem Sie sich überfordert erlebten.
Worin bestand die Überforderung?
Was war an diesem Tag anders als sonst?

c) Vergleichen Sie a) und b).
Wie könnten die Unterschiede zustande gekommen sein?
Erkennen Sie eigene Erlebens-, Denk- und Verhaltensmuster, die zu diesen Unterschieden beigetragen haben könnten?
- Ist Ihr Umgang mit den eigenen Bedürfnissen eher liebevoll, wertschätzend, ressourcenorientiert – oder eher selbstkritisch, herabsetzend, defizitorientiert?
- In welchen Situationen stellen Sie sich die Frage: „Was brauche ich für mich?“
- Gehört es zu Ihrem „Normalprogramm“, die eigenen Bedürfnisse zu registrieren und zu beachten, oder tun Sie das erst dann, wenn es irgendwo „weh“ tut oder kritisch wird?[8]

Welche Konsequenzen könnten Sie aus diesen Erkenntnissen für sich ziehen?

Rund um die ehrenamtliche Telefonberatungstätigkeit

Viele Telefonberaterinnen und Telefonberater üben diese Tätigkeit ehrenamtlich aus, zusätzlich zu ihren sonstigen Tätigkeiten und Verpflichtungen, mit denen die meisten zeitlich durchaus „ausgefüllt“ sind. Auf die Frage, warum sie das zusätzlich auf sich nehmen, bekommt man Antworten wie:
„Ich wollte etwas anderes als Kaffeeklatsch – etwas Sinnvolles tun, durch die Ausbildung Neues lernen und etwas über mich erfahren. Ich lerne immer noch etwas dazu, erfahre in der Gruppe immer noch etwas über mich – was mir hilfreich ist. Die Telefonberatung gibt die Möglichkeit, die Menschen direkt zu erreichen.“ (Frau, 59 Jahre)
„Ich bin jetzt neun Jahre dabei. Jeder Dienst, den ich mache, ist anders. Mein Verhalten anderen Menschen gegenüber hat sich durch die Erfahrungen bei und mit der Telefonberatung verändert. Ich habe mehr Verständnis

[8] Hilfreiche Hinweise zum Umgang mit Stress sind beispielsweise in dem Arbeitsheft Stressbewältigung (2003) zu finden.

für andere, aber auch für mich. Ich schätze die Begegnungen mit den Menschen am Telefon und den guten Teamgeist der Mitarbeiterinnen und Mitarbeiter.“ (Mann, 45 Jahre)
Wie würde Ihre Antwort lauten?
Diesbezüglich möchten wir Sie zu einer Selbstreflexion einladen:

Selbstreflexion

Welches sind die Motive für Ihre Tätigkeit in der Telefonberatung?
Welchen Nutzen haben Sie davon, welchen Gewinn?
Welchen Sinn gibt Ihnen diese Tätigkeit?
Welche Funktion(en) hat die Telefonberatung in Ihrem derzeitigen Leben?
Welche Ihrer Fähigkeiten kommen bei der Telefonberatung (in besonderer Weise) zum Tragen?
Welchen Preis kostet Sie die Telefonberatungstätigkeit – an Zeit, an Einsatz, an Kraft, an Geld?
Wenn Sie Nutzen und Kosten zueinander in Beziehung setzen – wie sieht dann die Bilanz aus?

- Ist sie so in Ordnung für Sie?
- Möchten Sie etwas daran verändern?
- Wenn ja, in welche Richtung?
- Wie könnten Sie das angehen?

5. Kapitel

„Hallo, können Sie mich verstehen?“

– Beziehung wahrnehmen und gestalten

In Rapport kommen

Unter „Beziehung“ verstehen wir in unserem Kontext eine fachlich – helfende Beziehung im Dienste der Aufgabenstellung der jeweiligen Telefonberatungseinrichtung. Die fachlich – helfende Beziehung ist kein Selbstzweck wie beispielsweise eine freundschaftliche Beziehung, wo es um den Kontakt als solchen geht. Wir sehen die fachlich – helfende Beziehung vielmehr als notwendige Voraussetzung und als Mittel zum Zweck, um für die Anrufer hilfreich sein zu können zur Lösung ihrer Probleme oder zur Förderung ihres psychischen Wohlergehens. Dieses Verständnis zeigt sich z. B. darin, dass in vielen Telefonberatungsdiensten die Beraterinnen und Berater anonym bleiben und private Kontakte über das Telefongespräch hinaus in der Regel ausdrücklich untersagt sind.

Dass jemand anruft und ich den Hörer abnehme und wir miteinander reden, ist noch keine Beziehung im genannten Sinne. Eine solche Beziehung kann erst dann entstehen, wenn es mir gelingt, mit dem Anrufenden, seinem Anliegen und seiner inneren Landkarte in Kontakt zu kommen – wir bezeichnen dies als „**in Rapport kommen bzw. sein**“, und wenn der Anrufer mich als mitfühlend, mitdenkend, vertrauenswürdig und kompetent erlebt. Die Fähigkeit, eine tragfähige und vertrauensvolle Beziehung zum Hilfesuchenden aufzubauen, wird in allen Therapieschulen und Beratungskonzepten als grundlegend angesehen – das gilt auch für die ressourcenorientierte Telefonberatung.

Wir legen in diesem Kapitel den Schwerpunkt auf die Kooperationsbereitschaft gegenüber den Anrufern. Kooperation bedeutet vom lateinischen Wortsinn her ein Zusammen-Wirken. Beide Gesprächspartner müssen zusammenwirken wollen und auch tatsächlich zusammenwirken für ein gelingendes Gespräch. Dies schließt eine Abgrenzung gegenüber Anrufern nicht aus. So könnte ich das Telefonat mit einem Anrufer, der sich beim Telefonat sexuell stimulieren möchte, ablehnen. Alternativ könnte ich ihm auch deutlich machen, dass ich ihm für eine sexuelle Stimulation nicht zur Verfügung stehe, aber für ein Gespräch darüber, warum er diesen Weg zur Befriedigung seines Bedürfnisses sucht – solange er es nicht gleichzeitig zu seiner sexuellen Stimulation benutzt.

Zur Selbstreflexion:

Formulieren Sie, ob und wie Sie unter welcher Umständen und Bedingungen mit einer anrufenden Person kooperieren bzw. sich abgrenzen möchten.

Für die Gruppenarbeit:

Tauschen Sie Ihre Standpunkte aus und diskutieren Sie darüber.

Die folgenden Ausführungen gehen davon aus, dass Sie Mitarbeiterin oder Mitarbeiter bei einer Telefonberatungseinrichtung sind oder dass Sie sich vorstellen, dies zu sein. Die Ausführungen sind dementsprechend in der Ich-Form gehalten.
Häufig wird in den ersten Momenten und Gesprächssequenzen der Grund dafür gelegt, wie sich der Rapport gestalten wird zwischen dem Anrufer und mir.

Das Telefon klingelt. Es könnte hilfreich sein, nicht sofort das Telefon abzunehmen, sondern es erst ein paar Mal klingeln zu lassen. In dieser Zeit kann ich nochmals durchatmen und mich auf den folgenden Kontakt einstimmen. Vielleicht rekapituliere ich nochmals die Worte meiner Meldung, oder schaue schon mal auf die Uhr, falls ich die entsprechende Angabe für die statistische Erfassung des Gesprächs eintragen muss.

Anregung:

Experimentieren Sie damit, sich selbst ein kleines Ritual zu schaffen für die kurze Zeit zwischen dem ersten Klingeln und dem Abnehmen des Telefons, z. B. zweimal tief durchatmen, auf die Uhr blicken und Uhrzeit notieren oder sich einen Satz sagen, um sich zu sammeln oder neu zu öffnen.
Was würde für Sie am besten passen?

Ich kann in dieser kurzen Zeit auch darauf achten, welche Voreinstellung gegenüber dem kommenden Anruf mich bewegt: Vielleicht befürchte ich den x-ten Scherzanruf einer Gruppe von Kindern, vielleicht erhoffe ich den vereinbarten Anruf einer mir angenehmen Anruferin.
Ich nehme den Hörer ab. In den letzten Jahren habe ich (D.T.) mir angewöhnt, zuerst mal einen kurzen Moment hinzuhorchen, vielleicht eine Sekunde lang, bevor ich mich melde. In diesem kurzen Moment erhalte ich schon erste Eindrücke: Ist es still auf der anderen Seite der Leitung, höre ich Straßengeräusche oder das Getuschel einer Gruppe von Kindern, die sich auf einen Testanruf vorbereiten?
Ich melde mich. Ich sage z. B. *„Guten Tag, hier ist die Telefonseelsorge."*

oder *„Kinder- und Jugendtelefon, hallo.“* Schon durch die Art und Weise der Meldung und Begrüßung erzeuge ich eine Atmosphäre, die sich auf den weiteren Gesprächsverlauf auswirkt. Eine besorgt wirkende Stimme kann z. B. für den Anrufer ein Signal dafür sein, dass es im weiteren Gespräch eher um belastende Ereignisse und Gefühle gehen müsse. Eine sachlich wirkende Stimme könnte eher dazu einladen, nüchtern und sachlich, vielleicht auch emotional unbeteiligt über ein Anliegen zu sprechen.

Zur Selbstreflexion:

Mit welchen Worten melde ich mich, mit welchem Tonfall?
Melde ich mich sofort, oder horche ich erst mal hin, ob auf der anderen Seite was zu hören ist?
Habe ich mit verschiedenen Arten (Worte, Tonfall) meiner Meldung unterschiedliche Erfahrungen gemacht?
Was könnte ich ausprobieren?

Für die Gruppenarbeit:

Ein Teilnehmer probiert verschiedene Arten der Meldung aus: Unterschiedliche Worte der Meldung, unterschiedlicher Tonfall.
Die anderen Teilnehmer geben Rückmeldung, welche Meldung wie bei ihnen ankommt.
Dann nacheinander die anderen Teilnehmer in der gleichen Art und Weise.

In der Regel meldet sich dann der Anrufer (Ausnahme: Schweigeanrufe – siehe dazu unten „Schweigen nutzen“).
Ich reagiere auf die Worte, die Stimme und den Tonfall des Anrufers – oder auch auf sein Schweigen – mit selektiven Wahrnehmungen, Assoziationen, Vermutungen, Gefühlen und Handlungsimpulsen.

Zur genaueren Betrachtung und Analyse hat sich dafür das sog. **„Bewusstheitsrad“** nach V. Satir (Satir 1999) bewährt:

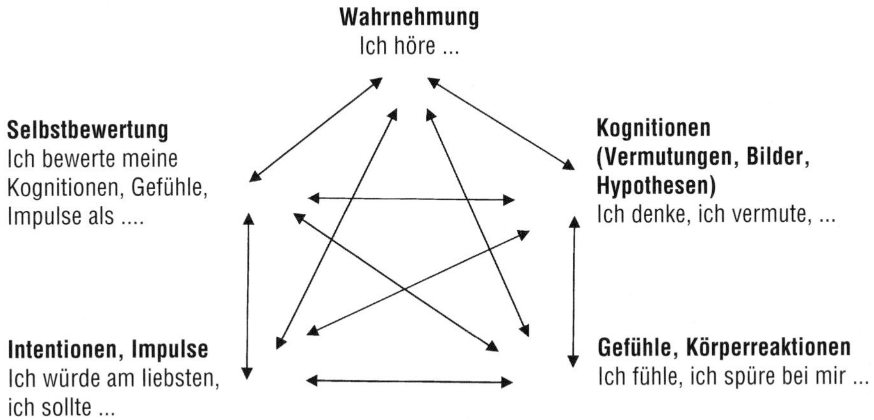

Die Pfeile sollen deutlich machen, dass es sich hier um ein System mit Vernetzung und Wechselwirkung der einzelnen Elemente aufeinander handelt. Eine Veränderung in einem der Elemente wirkt sich auf die anderen Elemente aus: Ich höre z. B. eine abgehetzt wirkende weibliche Stimme. Unmittelbar nach meiner Meldung überfällt sie mich förmlich mit dem Satz: „Ich muss mit Ihnen sprechen! Ich weiß nicht mehr weiter!“ Und dann sprudelt es aus ihr heraus. Ich werde mit einem Redefluss überschüttet (Wahrnehmung). Vielleicht spüre ich zunächst eine Erstarrung ob dieser überraschenden Gesprächseröffnung. Vielleicht stellt sich auch ein Gefühl des Unwohlseins ein oder ich ärgere mich darüber, dass so viele Worte auf mich einströmen (Gefühle, Körperreaktionen). Meine Erstarrung kann ich vielleicht eher zulassen als meinen Ärger (Selbstbewertung). Im Nachhinein merke ich möglicherweise, dass ich mir gleich ein bestimmtes Bild von der Anruferin mache. Ich vermute, dass sie sich stark unter Druck fühlt, dass sich viel in ihr angesammelt hat, was sie nun auf einmal loswerden möchte. Ich halte sie für dramatisierend. Ich denke, dass die Anruferin öfter so reagiert, wie ich sie jetzt am Telefon erlebe (Kognitionen). Vielleicht ist dieses Sich-dramatisch-zeigen eines ihrer Verhaltensmuster in Problemsituationen, um Aufmerksamkeit zu wecken. Als Gesprächspartner komme ich kaum zu Wort. Vielleicht hält die Anruferin auch sonst mögliche Gesprächspartner so auf Distanz. Vielleicht hat sie Schwierigkeiten, etwas von anderen wirklich anzunehmen. Ein klärendes Gespräch, gegenseitiger Austausch würden dadurch erschwert. Das Problem der Anruferin könnte auch etwas damit zu tun haben, dass sie sich unverstanden fühlt. Vielleicht trägt sie Ärger in sich, der durch Vorwürfe und Rückzug ausagiert wird (weitere Vermutungen, Bilder, Hypothesen). Ich spüre widersprüchliche Impulse bei mir: Einerseits erhöhte Aufmerksamkeit – wegen der gezeigten Dramatik, und andererseits Abschalten bzw. auf Distanz gehen wollen – um mich vor dem Redefluss zu schützen (Intentionen, Impulse). Anderen Menschen, die mit der Anruferin zu tun haben, könnte es ebenso gehen – ein mögliches Abbild der Beziehung der Anruferin zu ihren Mitmenschen: Überschreiten der Grenzen – Rückzug – Ansammeln von Ärger – Dramatisieren – Vorwürfe (Hypothese).

Übungen:

1. Nehmen Sie den Anfang eines kürzlich von Ihnen geführten Beratungsgespräches und reflektieren Sie diesen schriftlich mit Hilfe des Bewusstheitsrades.
2. Für die Gruppenarbeit:
   - Nehmen Sie einen oder mehrere Gesprächsanfänge bzw. Anrufersätze und tragen Sie diese/n laut vor (denn der Ton macht die Musik).
   - Jeder Teilnehmer reflektiert diese Sätze anhand des Bewusstheitsrades.

- Vergleichen Sie die Reaktionen unter folgenden Gesichtspunkten:
  a) Wie hängen meine spezifischen Reaktionen – was ich jeweils wahrnehme und welche Bedeutung(en) ich meinen Wahrnehmungen gebe – mit meiner eigenen Situation im Moment des Gesprächs und meiner inneren Landkarte (z. B. eingefahrene Hypothesen oder Bilder über bestimmte Anrufer) zusammen?
  b) Welche Möglichkeiten für den weiteren Gesprächsverlauf könnten diese Reaktionen eher eröffnen, welche eher verschließen?

Die Arbeit mit dem Bewusstheitsrad macht nicht nur die Unterschiede zwischen verschiedenen Individuen deutlich, sondern auch, dass meine je persönlichen Wahrnehmungen und inneren Reaktionen geprägt sind von meinen vorhergegangenen Erfahrungen. Das verweist auf die Bedeutung der Selbsterfahrung in der Ausbildung zur Telefonberatung. Hinsichtlich der Gesprächsführung bieten das Bewusstheitsrad und die sog. Repräsentationssysteme (s. u.) dafür gute Übungs- und Feedbackmöglichkeiten.

Selbstreflexion:

Mit welchen „Arten“ von Anrufern (z. B. Männer – Frauen, junge – mittelalte – alte Menschen, höfliche – fordernde Personen, mit freundlichem – mit aggressivem Tonfall, etc.) tue ich mich leicht, mit welchen schwer? Wie erkläre ich mir das?

Erfahrungsgemäß tun sich viele Telefonberater am ehesten schwer mit Anrufern, die sich herausfordernd oder grenzüberschreitend verhalten, wie z. B. einem Anrufer, der einen duzen möchte, oder einer Anruferin, die sich nachts um 4 Uhr unterhalten möchte, da das Fernsehprogramm so schlecht sei. Gerade in solchen Fällen sind wir herausgefordert, uns als Experten für Gesprächsführung und Beziehungsgestaltung zu erweisen.

Übung und Selbstreflexion

Reflektieren Sie verschiedene Äußerungen von Anrufern mit Hilfe des Bewusstheitsrades anhand folgender Fragen: Bei welchen Äußerungen bzw. gegenüber welchen Anrufern würde ich mich abgrenzen? Warum? Wie?

Das meint nicht, dass ich mir als Telefonberater alles gefallen lassen sollte, dass ich jede Äußerung und jedes Verhalten mir gegenüber akzeptieren oder hinnehmen sollte. Sich abgrenzen zu können ist eine wichtige und notwendige Kompetenz für die Telefonberatung. Aber ich könnte es mir zur Einstellung machen, dem Anrufer sozusagen einen „Vorschuss“ zu geben: einen Vorschuss an Geduld, Bemühen, Akzeptanz, den ich ohne Vor- oder Gegenleistung zu geben bereit bin, um eine kooperative Arbeitsbeziehung miteinander aufzubauen. Ein derartiges Mich-Einlassen nimmt die Erkenntnis ernst, dass meine Eindrücke, Bilder und Hypothesen vom Anderen nur vorläufig sind und sein können; es gibt mir – und dem Anderen – die Chance, meine Hypothesen und Bilder über ihn zu überprüfen und ggf. neue zu entwickeln. Auch kann ich mit meinen Sicht- und Reaktionsweisen experimentieren, inwiefern sie Rapport fördern.

Utilisieren ist eine solche Technik, Rapport gezielt zu fördern. Dieser Begriff (vom lateinischen utilis = nützlich) kommt aus der Erickson'schen Hypnotherapie und meint, die Beiträge (Äußerungen, Handlungen, Emotionen, Bewertungen, etc. – z. B. auch Schweigen) des Gegenübers als Kompetenz zu verstehen und sie nutzbar zu machen zur Förderung des Kontaktes (Erickson und Rossi 1981, Schmidt 2004 und 2005). Diese Beiträge werden als wichtige Informationen darüber interpretiert, was der Andere gerade notwendig findet, um stimmig mit mir zusammen arbeiten zu können. Die Interpretation dieser Beiträge – wie ja jeden menschlichen Verhaltens – hängt von dem Kontext ab, in den ich sie stelle. Ich suche dazu in einem ersten Schritt nach einem oder evtl. mehreren Kontexten (Lebenssituationen oder -zusammenhängen), in dem der aktuelle Beitrag einen verstehbaren Sinn macht. In einem zweiten Schritt prüfe ich, welcher Umgang von mir mit diesem Beitrag eher zieldienlich, kooperations- und lösungsfördernd sein könnte und welcher Umgang eher destruktiv und problemverstärkend, und versuche, Gesprächsbeiträge im ersten Sinne einzubringen.

Ein Beispiel:

Eine Anruferin redet ununterbrochen, ich komme kaum zu Wort. In einem ersten Schritt überlege ich, in welchen Kontexten dieses Verhalten Sinn machen könnte: Das könnte z. B. der Fall sein, wenn sie bei Unterbrechungen befürchtet, ihren Faden zu verlieren, oder nicht mehr die Kontrolle über sich oder die Beziehung zu haben. Ich unterstelle also – mit innerer Distanz, statt mich persönlich betroffen zu fühlen –, dass ich es mit einer achtenswerten und zur Selbstorganisation fähigen Person zu tun habe, die in ihrer Situation, ihrer Verfassung und in diesem speziellen Beziehungskontext (anonymer Anruf bei der anonymen Telefonberatung) sich eben so zeigt. Ich kann dann statt „Die Anruferin ist beziehungsgestört.“ denken „Die Anruferin lässt mich – aus gutem Grund – nicht zu Wort kommen.“ Oder in einem anderen Fall statt „Der Anrufer ist schüchtern.“ kann ich denken „Der Anrufer zeigt sich vorsichtig und zurückhaltend.“ Für mich mag das Verhalten der Person problematisch oder schwierig sein, aber aus ihrer Sicht ist es wahrscheinlich sinnvoll, sei es aus Gewohnheit oder sei es mangels Alternativen. So kann ich besser „Ja“ zur anrufenden Person sagen, wie sie sich zeigt, auch wenn mich ihr Verhalten vielleicht stört (s. dazu die Übung zum Umettikettieren in S. 47 und Gesprächsbeispiel S. 59ff).

Ja sagen in diesem Sinne steht nicht im Widerspruch dazu, dass ich das Verhalten bzw. eine Verhaltensweise dieser Person gleichzeitig auch ethisch verurteilen kann oder mich entscheiden kann, mit ihr nicht zu sprechen. Wenn z. B. ein Mann, der ein Mädchen sexuell missbraucht hat, sich damit in einem Telefonberatungsgespräch auseinander setzen will, so könnte ich dieses Anliegen, vielleicht sogar seine sexuelle Sehnsucht, wertschätzend anerkennen, auch wenn ich den Missbrauch moralisch verurteile. Und trotz dieser Anerkennung könnte ich mich entscheiden, nicht mit diesem Anrufer zu sprechen, weil ich fürchte, wegen der in mir ausgelösten Emotionen und Impulse mich nicht hinreichend kooperativ auf ihn einlassen zu können.

Habe ich mich entschieden, ein Gespräch anzubieten, kann ich in einem zweiten Schritt aus dieser **Ja-Haltung dem Anrufer gegenüber** heraus versuchen, mich auf eine Art und Weise zu verhalten, zu der auch der Andere wahrscheinlich „Ja“ sagen kann – Aufbau einer sog. Ja – Haltung beim Anrufer. Ich deute das Verhalten des Anrufers als nützlich für ihn und sage zu ihm etwas, was er wiederum bestätigen kann.

Fallbeispiel: „Ich höre, dass Sie ganz viel mitzuteilen haben und ganz schnell sprechen. Ich deute das so, dass es Ihnen wichtig ist, dass ich Ihnen zuhöre. Stimmt das?“ oder: „Ich möchte Sie gerne fragen: Reicht es Ihnen, wenn ich Ihnen zuhöre, oder möchten Sie noch etwas anderes von mir?“ oder einfach einfühlend: „Sie haben viel zu sagen, da muss viel raus, scheint mir.“

Übung:

1. Erinnern Sie sich an eines Ihrer letzten Gespräche, in dem Sie sich von Beginn an mit der anrufenden Person schwer taten.
2. Finden Sie eine Schlüsselszene (oder eine bestimmte Äußerung), auf die Sie reagieren wollen.
   2.1 Bei Durchführung in der Gruppe: Ein Teilnehmer spielt die Schlüsselszene vor (möglicherweise ein paar Mal hintereinander).
3. Beschreiben Sie zunächst Ihre spontane(n) Reaktion(en) auf die Äußerung der anrufenden Person, d. h. was Sie fühlen und empfinden, was Sie über die Person denken, welches Bild Sie sich machen, was Ihr erster Impuls zu reagieren ist (s. das Bewusstheitsrad).
4. Würdigen Sie Ihre spontane(n) Reaktion(en): Welche(s) wertvolle eigene(n) Anliegen steckt bzw. stecken darin? Was könnte Ihnen Ihr Gefühl, Ihr Impuls darüber mitteilen, was Sie brauchen, um sich in diesem Gespräch wohl zu fühlen?
5. Machen Sie sich nun ein positiv besetztes Bild von der anrufenden Person anhand folgender ressourcenorientierter Leitfragen:
   Wie könnte dieser Mensch seine Welt erleben, dass es Sinn macht, wie er sich im Moment verhält?
   Welche Kompetenzen und Ressourcen kommen in seinem Verhalten zum Ausdruck?
6. Formulieren Sie unter Berücksichtigung a) sowohl eines positiv besetzten Anruferbildes b) als auch dessen, was Sie brauchen, um sich wohl zu fühlen, Ihre Reaktion zum Aufbau einer Ja-Haltung, d. h. eine Äußerung, mit der Sie sich selbst stimmig fühlen und zu der

die anrufende Person vermutlich innerlich „Ja“ sagen könnte.
6.1 Bei Durchführung in der Gruppe: Probieren Sie einige Reaktionen in kurzen Rollenspielen aus und reflektieren Sie die jeweilige Wirkung auf den Anrufer.

Nur wenn die anrufende Person von mir hinreichend **Akzeptanz und Wertschätzung** erfährt und erlebt, wird sie sich im weiteren Gesprächsverlauf ggf. auch auf weiterführende Anregungen, Ideen und Lösungsvorschläge einlassen können. Dies gilt auch dann, wenn ein Anrufer dezidiert und schnell einen Rat oder eine Lösungsidee erwartet oder einfordert; in solchen Situationen muss ich darauf achten, in einer ersten Gesprächsphase einen guten Rapport aufzubauen und die innere Landkarte des Anrufers zu erkunden. Auch hinsichtlich Akzeptanz und Wertschätzung gilt es zu beachten, dass der Empfänger einer Nachricht über deren Bedeutung für sich bestimmt. D. h. die anrufende Person bestimmt darüber, ob und wann und wie sie sich bestätigt und akzeptiert fühlt oder ob und inwiefern nicht. Als Telefonberater kann ich auf diesbezügliche Signale achten und auch ausdrückliches Feedback einholen.

Übung zu „Akzeptanz und Wertschätzung“, auch für die nachfolgenden Punkte unter „Grundlegende Fertigkeiten der Gesprächsführung“ anwendbar (nach Walter und Peller 1999):
Machen Sie ein Rollenspiel. Der Anrufer zeigt dabei unmittelbar nach jedem Beitrag des Telefonberaters mit dem Daumen an, ob er sich dadurch mehr oder weniger akzeptiert und wertgeschätzt erlebt, und setzt erst dann das Gespräch fort.
Dabei geht es nicht um Erfolg oder Misserfolg, sondern nur darum, was bei diesem Anrufer besser funktioniert. Der Daumen darf nur Positionen zwischen waagerecht und senkrecht nach oben einnehmen (also quasi die Uhrzeit zwischen neun und zwölf Uhr anzeigen) und niemals nach unten zeigen. Anders formuliert: Der Daumen zeigt nur das an, was funktioniert und was noch besser funktioniert.

Grundlegende Fertigkeiten der Gesprächsführung

Diese Fertigkeiten werden von verschiedenen Autoren unterschiedlich aufgegliedert und benannt; hier kann auf sie nur in verkürzender Form eingegangen werden.[9]
Wenn wir davon ausgehen, dass die Anrufenden die Experten für ihr eigenes Leben sind, dann sollte sich dies in unserer Gesprächsführung widerspiegeln. Unsere Äußerungen sollten immer zum Ausdruck bringen, dass wir von uns aus – auch trotz vielleicht vielfältiger Erfahrung als Telefonberater – nichts über die inneren Landkarten der Anderen wissen können.

[9] Ausführlicher dazu s. z. B. die Bücher von Weber 2005 und De Jong und Kim Berg 2002.

Zuhören und paraverbales Verhalten

> „Momo konnte so zuhören, dass dummen Leuten plötzlich sehr gescheite Gedanken kamen. Nicht etwa, weil sie etwas sagte oder fragte, was den anderen auf solche Gedanken brachte, nein, sie saß nur da und hörte einfach zu, mit aller Aufmerksamkeit und aller Anteilnahme. Dabei schaute sie den anderen mit ihren großen, dunklen Augen an, und der Betreffende fühlte, wie in ihm auf einmal Gedanken auftauchten, von denen er nie geahnt hatte, dass sie in ihm steckten.
> Sie konnte so zuhören, dass ratlose oder unentschlossene Leute auf einmal ganz genau wussten, was sie wollten. Oder dass Schüchterne sich plötzlich frei und mutig fühlten. Oder dass Unglückliche und Bedrückte zuversichtlich und froh wurden. Und wenn jemand meinte, sein Leben sei ganz verfehlt und bedeutungslos und er selbst nur irgendeiner unter Millionen, einer auf den es überhaupt nicht ankommt und der ebenso schnell ersetzt werden kann wie ein kaputter Topf – und er ging hin und erzählte alles der kleinen Momo, dann wurde ihm, noch während er redete, auf geheimnisvolle Weise klar, dass er sich gründlich irrte, dass es ihn, genauso wie er war, unter allen Menschen nur ein einziges Mal gab und dass er deshalb auf seine besondere Weise für die Welt wichtig war. So konnte Momo zuhören.“ (Ende 1973, 15f)

Besser als Michael Ende kann man wohl nicht beschreiben, was es im besten Falle bewirken kann, wenn einem eine andere Person wirklich unvoreingenommen, absichtslos und intensiv zuhört: Das Zuhören eines Anderen kann dazu helfen, bisher ungeahnte Lebenspotentiale im Erzählenden zu entdecken und zu entfalten.

Die ressourcenorientierte Telefonberatung setzt freilich nicht allein aufs Zuhören. Da gibt es noch andere wichtige notwendige Fertigkeiten (auch im Buch „Momo“ ist es ja mit dem Zuhören allein nicht getan!). Aber immer wieder hören wir von Anrufern, es sei das Wichtigste für sie, dass ihnen jemand zuhöre und sie ernst nehme. Oft äußern sie keine andere Erwartung – und manches Bemühen über das Zuhören hinaus bringt keinen erkennbaren Fortschritt. Wir gehen davon aus, dass das Zuhören den Anrufenden auch vermittelt, dass wir sie begleiten in ihrer Situation und ihren Nöten und dass wir diese mit ihnen aushalten.

Die meisten Anrufer spüren sehr genau, ob wir ihnen genau und respektvoll zuhören oder nicht. Dabei achten sie nicht nur auf das, <u>was</u> wir sagen, sondern auch <u>wie</u> wir uns im Gespräch verhalten. Da sie unsere Mimik, Gestik und Haltung nicht wahrnehmen können, erhält unser sog. paraverbales Verhalten eine besondere Bedeutung:

- der Tonfall
- gelegentliches „Hm“ oder „Ja“.

Insbesondere das Letztgenannte hat eine ganz wichtige Funktion: Es signalisiert dem Anderen, dass ich ihm zuhöre und „dabei bin“, es entspricht in der Telefonberatung dem nonverbalen Blickkontakt und dem bestätigenden Kopfnicken im persönlichen Kontakt.

Zuhören bringt uns eine Menge Informationen über den Anrufer, seine Befindlichkeit, seine Erlebens-, Denk- und Verhaltensmuster. Diese Informationen erfahren wir nicht nur aus dem Wortlaut des Gehörten, sondern auch aus Wortwahl, Tonfall, Sprechtempo, Stimmlage, Pausen und Bruchstellen im Gesprächsverlauf. Unser Zuhören wird dabei immer durch unsere innere Landkarte bestimmt, d. h. dass wir zwangsläufig reduzieren, generalisieren und verzerren. Diesen Prozess können wir nicht ausschalten, sollten aber versuchen, unsere eigene innere Landkarte immer wieder mal zu reflektieren. Auch können wir versuchen, systematisch zuzuhören, z. B. gezielt auf bestimmte Schlüsselworte oder die verwendeten Repräsentationssysteme (s. u.) zu achten.

Übung

Führen Sie mit einer anderen Person eine Diskussion über ein zuvor vereinbartes Thema in der folgenden Weise, ca. 10 Minuten lang, und beachten Sie dabei folgende Grundregel:
Jeder Beitrag muss dadurch eingeleitet werden, dass der Sprecher wiederholt, was der Andere zuvor gesagt hat.
Person A beginnt mit einer Äußerung.
Person B muss, bevor sie mit einem eigenen Beitrag darauf antwortet, zuerst die Äußerung von Person A inhaltlich und bedeutungsmäßig in eigenen Worten wiederholen. Person A gibt an, ob sie sich von Person B hinreichend verstanden sieht, andernfalls kann sie korrigieren. Erst dann kann Person B mit einer eigenen Äußerung fortfahren.
Nun muss Person A zuerst die Äußerung von Person B in eigenen Worten wiederholen, etc.
Tauschen Sie sich anschließend über ihre Erfahrungen bei der Übung aus.

Variante: Eine dritte Person kann auf die Einhaltung der Regeln achten. In diesem Falle können Sie die Übung auch dreimal durchführen, so dass jede Person einmal jede Position einnimmt.

Diese Übung führt selten zu spektakulären „Ergebnissen“, legt aber einen Grundstein für eine auf den Anderen sich einstellende Kommunikation. Sie ist auch eine gute Basisübung für das Einfühlende Verstehen.

Empathie oder Einfühlendes Verstehen

> „Empathisch zu sein bedeutet, den inneren Bezugsrahmen des anderen möglichst exakt wahrzunehmen, mit all seinen emotionalen Komponenten und Bedeutungen, so als ob man die andere Person wäre, jedoch ohne jemals die „als-ob“-Position aufzugeben. Das bedeutet, Schmerz oder Freude des anderen zu empfinden, so wie er empfindet, dessen Gründe wahrzunehmen, so wie er sie wahrnimmt, jedoch ohne jemals das Bewusstsein davon zu verlieren, dass es so ist, als ob man verletzt würde usw. Verliert man diese „als-ob“-Position, befindet man sich im Zustand der Identifizierung.“ (Rogers 1987, 37)

Bei der Empathie geht es also vor allem um die Fertigkeit des Beraters, den inneren Bezugsrahmen oder in unseren Worten die innere Landkarte des Anrufers so unverzerrt wie möglich wahrzunehmen und zu verstehen.

Die wohl bekannteste „Technik“ zur Umsetzung des Einfühlenden Verstehens ist das sog. „Spiegeln“. Man wiederholt dabei die Äußerungen des Anrufers; dies kann mehr oder minder wortwörtlich geschehen oder in einer Art und Weise, die vorrangig den Bedeutungsgehalt des Gesagten für den Anrufer wiedergibt. Eine eher mechanische Wiedergabe reicht in der Regel nicht aus, es geht ja um Einfühlendes Verstehen.[10]

Das Einfühlende Verstehen hat zwei Ziele und Funktionen:

1. Der Anrufer soll sich durch den Telefonberater in akzeptierender Weise gespiegelt sehen. Er soll Bestätigung und Annahme erfahren, gerade in der ganz persönlichen und individuellen Bedeutungsgestaltung seiner äußeren und inneren Erfahrungen. Wenn eine Anruferin z. B. sagt: *„Als mein Mann mich verlassen hat, war ich erst mal völlig schockiert. Erst nach einigen Tagen konnte ich überhaupt mal an was anderes denken.“*, könnte der Telefonberater beispielsweise antworten: *„Es hat Sie tief getroffen und tagelang aus der Fassung gebracht, dass Ihr Mann Sie verlassen hat.“*
2. In diesem spiegelnden Verstandenwerden soll der Anrufer sich selbst erfahren und entdecken; er soll zur Auseinandersetzung mit sich selbst ermutigt werden, auch zur Auseinandersetzung mit als schwierig erlebten oder möglicherweise bisher unentdeckten Aspekten und Bereichen seines inneren Erlebens (die sog. Selbst-Exploration). Im angeführten Beispiel könnte der Telefonberater beispielsweise antworten: *„Es hat Sie fassungslos gemacht, als Sie von Ihrem Mann verlassen wurden; das hatten Sie sich vermutlich nicht vorstellen können, dass Ihnen das passieren könnte.“* Anruferin: *„Ja, das hat mich wirklich umgehauen, hat mich erst mal wie versteinern lassen, bis ich langsam wieder auftaute.“*

Fragen stellen

Telefonberater sollten sich bewusst sein, dass sie durch das Stellen von Fragen nicht nur Informationen vom Anrufenden gewinnen, sondern dass sie durch die Art der Fragestellung implizite Botschaften übermitteln, nämlich bestimmte Sichtweisen von Wirklichkeit. Wenn ich z. B. eine Anruferin frage: *„Rastet Ihr Sohn eher aus, wenn Sie dabei sind oder Ihr Mann?“*, dann steckt darin implizit als Angebot an die Anruferin die Hypothese, das Ausrasten des Sohnes als Beziehungsphänomen zu sehen und nicht als

[10] Ausführliche Beispiele und Übungen s. bei Weber 2005.

individuelles Problem des Sohnes – ich gehe also von einer zirkulären Annahme aus. Wenn ich hingegen frage: *„Wer oder was ist denn wohl Schuld an dem Ausrasten Ihres Sohnes?“*, dann steckt darin implizit als Angebot die Hypothese, es gebe eine bestimmte Ursache oder einen Verursacher – ich gehe also von einer kausalen Annahme aus, außerdem führe ich noch eine moralische Komponente ein („Schuld“).

Kausal-lineare Annahmen implizieren einen Ursache-Wirkungs-Zusammenhang, zirkuläre Annahmen hingegen eine wechselseitige Beeinflussung und Interaktion. Außerdem können Fragen eher dazu dienen, sich zu orientieren (Orientierungsabsicht) oder den Anderen zu beeinflussen (Beeinflussungsabsicht).[11]

		Kausal-lineare Annahmen		
	Kausale Fragen (nach vermeintlichen Ursachen und Bedingungen)		**Strategische Fragen** (mit lockender oder konfrontierender Absicht – meist Suggestivfragen)	
Orientierungsabsicht: **Erkundungsfragen**				Beeinflussungsabsicht: **Erweiterungsfragen**
	Zirkuläre Fragen (nach möglichen Beziehungen, Zusammenhängen, Unterschieden, Auswirkungen)		**Reflexive Fragen** (mit der Absicht, zur Selbstbeobachtung, Selbstreflexion, alternativen Sichtweisen oder Hypothesenbildung einzuladen)	
		Zirkuläre Annahmen		

Im Folgenden nennen wir alle Fragen, die der Erkundung der inneren Landkarte der Anrufenden dienen, **Erkundungsfragen**, unabhängig davon, ob sie auf kausal-linearen Annahmen beruhen (kausale Fragen) oder auf zirkulären Annahmen (zirkuläre Fragen). Ebenso nennen wir alle Fragen mit der Absicht, die Denk- und Handlungsmöglichkeiten der Anrufenden zu erweitern, **Erweiterungsfragen**; auch diese können auf kausal-linearen Annahmen beruhen (strategische Fragen) oder auf zirkulären Annahmen (reflexive Fragen, häufig in der Form hypothetischer Fragen).

[11] S. dazu Tomm 1994, 136ff., insb. 170ff.

Beispiele:

		Kausal-lineare Annahmen		
	Kausale Fragen: *„Warum rastet Ihr Sohn aus?“*		**Strategische Fragen:** *„Wäre es nicht angeraten, dass Sie mit Ihrem Sohn mal eine Beratungsstelle aufsuchen?“*	
	„Was hat zu der Trennung von Ihrer Frau geführt?“		*„Sollten Sie nicht nochmal versuchen, mit Ihrer Frau ins Gespräch zu kommen?“*	
	„Wie lange leben Sie schon alleine?“		*„Möchten Sie's nicht mal mit einer Partnerschaftsannonce oder einer Partnervermittlung versuchen?“*	
Orientierungs-absicht: Erkundungs-fragen				**Beeinflussungs-absicht: Erweiterungs-fragen**
	Zirkuläre Fragen: *„Rastet Ihr Sohn eher aus, wenn Sie dabei sind oder Ihr Mann?“*		**Reflexive Fragen:** *„Angenommen, dieses Ausrasten könnte für irgendetwas gut sein in Ihrer Familie – was könnte das sein?“*	
	„Wie haben Ihrer Meinung nach Sie zur Trennung beigetragen, inwiefern Ihre Frau? Was würde Ihre Frau jeweils antworten?“		*„Auch wenn die Situation im Moment sehr schmerzlich für Sie ist, möchte ich Sie fragen, wozu Sie diese Trennung herausfordern könnte?“*	
	„Welche Unterschiede gab es bei Ihren letzten Flirtversuchen? Inwiefern hingen diese Unterschiede von Ihrem Verhalten ab, inwiefern vom Verhalten der Angesprochenen?“		*„Wenn es für irgendetwas gut sein sein könnte, dass Sie keine Partnerschaft haben – wofür könnte das sein?“*	
		Zirkuläre Annahmen		

Fragen mit zirkulären Annahmen bieten der Anruferin möglicherweise neue Hypothesen für ihr familiäres Beziehungssystem an: Dass das Ausrasten des Sohnes eine Beziehungsbotschaft enthält, sei es an einen der Elternteile oder an beide in unterschiedlicher Differenzierung (z. B. als Wunsch nach Aufmerksamkeit) oder an das ganze Familiensystem (z. B. als Hinweis auf mangelnde Grenzen). Beim ressourcenorientierten Arbeiten bevorzugen wir Fragen mit zirkulären Annahmen, da wir Probleme und Symptome im Zusammenhang mit den Wechselwirkungen im Beziehungssystem sehen (s. Kap. 2).
In der ersten Phase eines Gespräches, die dem Beziehungsaufbau dient, empfehlen sich eher Erkundungsfragen, in späteren Phasen des Gesprächs eher Erweiterungsfragen. Bei letzteren verwenden wir vor allem reflexive Fragen mit dem Ziel einer Perspektivenerweiterung, sie überlassen die Wahl- und Entscheidungsfreiheit den Anrufenden. Suggestive Fragen verwenden wir, wenn überhaupt, nur mit großer Vorsicht, weil sie von Anrufern schnell als Eingreifversuch in ihre Autonomie erlebt werden können, was meist zu einer ablehnenden Reaktion führt.

Rollenspiel – Übung

Die anrufende Person schildert ein Problem.
Erster Durchgang: Der Telefonberater stellt vorwiegend Fragen, denen eine kausal-lineare Annahme zugrunde liegt.
Zweiter Durchgang: Der Telefonberater stellt vorwiegend Fragen, denen eine zirkuläre Annahme zugrunde liegt.
Vergleichen Sie die beiden Durchgänge und werten Sie sie miteinander aus.

Weiterhin wird zwischen **geschlossenen Fragen** und **offenen Fragen** unterschieden.
Geschlossene Fragen lassen nur eine oder zwei Antwortmöglichkeiten zu, sie eignen sich vorwiegend zum Erfragen von Fakten oder bei lockenden bzw. konfrontierenden Absichten, z. B.: *„Wie alt ist Ihr Sohn?“ „Haben Sie noch weitere Kinder?“ „War Ihr Sohn ein Wunschkind?“ „Zeigt er auch in anderen Situationen dieses Verhalten?“ „Wollen Sie nicht doch mal eine Beratungsstelle aufsuchen?“ „Meinen Sie nicht auch, dass Sie da zu streng zu Ihren Kindern waren?“*
Offene Fragen geben dem Gesprächspartner mehr Spielraum: Sie laden ihn ein, seine eigene innere Landkarte zu erkunden und in seinen eigenen Worten zu beschreiben und dabei eventuell auch eher neue oder weniger bekannte Pfade und Landschaften zu entdecken. Als Faustregel kann man sich merken, dass offene Fragen im Beratungskontext meist mit den Worten „Wie“, „Was“ oder „Welche“ beginnen (zur Vertiefung s. dazu Prior, 2004, 19f). Z. B.: *„Wie könnte es mit der Beziehung zu Ihrem Sohn weiter-*

gehen?“ „Was könnte Ihnen helfen, mit mehr Gelassenheit Ihrem Sohn zu begegnen?“ „Welche Gefühle haben Sie gegenüber Ihrem Sohn?“

> ***Rollenspiel – Übung***
> Die anrufende Person schildert ein Problem.
> Erster Durchgang: Der Telefonberater stellt vorwiegend geschlossene Fragen.
> Zweiter Durchgang: Der Telefonberater stellt vorwiegend offene Fragen.
> Vergleichen Sie die beiden Durchgänge und werten Sie sie miteinander aus.

Wir können (fast) jede Frage stellen können, sofern dies aus der Haltung des Respekts und der Wertschätzung heraus geschieht und der Eindruck des Ausfragens oder der Befriedigung der eigenen Neugier dadurch vermieden wird. Wichtig ist, dabei transparent zu machen, warum oder wozu ich etwas frage. *„Ich würde gerne besser verstehen, wie das ist, wenn Ihr Sohn so ausrastet. Was tut er dann genau?“* oder: *„Sie sagen, Sie verachten Ihren Mann, weil er es nicht schaffe, dem Sohn Paroli zu bieten. Darf ich Sie fragen, welche anderen Hintergründe für diese Verachtung es noch geben könnte in Ihrer Beziehung?“*

Sprachstil angleichen

In der Literatur zu Beratung und Therapie wird betont, wie wichtig es sei, sich als Berater in seinem nonverbalen Verhalten dem Klienten zuzuwenden und anzupassen oder gar anzugleichen. In der Telefonberatung bleibt uns durch das Ausblenden der anderen Wahrnehmungskanäle lediglich die Möglichkeit, „die gleiche Sprache“ wie der Anrufer zu sprechen und dadurch Rapport herzustellen.

Dafür können wir z. B. **Schlüsselworte wiedergeben.** Viele Anrufer benutzen bestimmte Worte bevorzugt bei der Beschreibung ihrer inneren Landkarten, die sog. „Schlüsselworte“. Z. B. sagt eine sich selbst als depressiv bezeichnende Anruferin: *„Ich würde gerne was ändern, aber ich fühle mich zu schlapp. Ich habe keine Kraft.“* Das Aufgreifen solcher Schlüsselworte ist quasi eine Sonderform des Spiegelns und kann zu besserem Verständnis der inneren Landschaft der Anruferin führen. Ich könnte beispielsweise antworten: *„Sie sagen, Sie haben keine Kraft.* (Spiegeln der Anruferäußerung) *Ich frage mich: Wo könnte sie denn sein? Ist Ihre Kraft verschwunden, oder ist sie vielleicht nur verschüttet und zurzeit noch nicht auffindbar?“* (Erweiterungsfrage) *„Wann haben Sie sich selbst zuletzt kraftvoll erlebt?“* (Frage nach Ressourcen in der Vergangenheit)

Eine der interessantesten Möglichkeiten, Rapport zum Anrufer herzustellen, ist das **Angleichen des eigenen Sprechens an die Repräsentationssysteme des Anrufers.** Unter Repräsentationssystemen wird verstanden,

in welcher sinneskanalbezogener Art und Weise wir Wahrnehmungen und Erfahrungen abspeichern und sprachlich wiedergeben. Das können ganze Sätze sein oder auch nur einzelne Wörter; viele unserer landläufigen und sprichwörtlichen Befindensäußerungen lassen sich so einordnen, z. B.: „Das ist unerträglich.“ (kinästhetisch) oder „Das stinkt mir.“ (olfaktorisch).
Häufig hat eine Person ein bevorzugtes Repräsentationssystem.

Repräsentations-System	**Anruferäußerungen**	**Angeglichene Telefonberateräußerungen**
visuell – Sehen	„Ich *sehe* keinen Sinn mehr in meinem Leben.“	„Sie hätten gerne wieder eine *Perspektive* für Ihr Leben, an der Sie sich *orientieren* könnten.“
auditiv – Hören	„Mein Partner *spricht* schon lange nicht mehr mit mir.“	„In welchen Situationen schenkt er Ihnen am Ehesten *Gehör*?“
kinästhetisch – Fühlen und Gleichgewicht	„Das ist sehr *schmerzlich* für mich.“ „Mein Leben ist völlig *aus dem Lot geraten.*“	„Wann war oder ist es denn schon mal *angenehmer* für Sie?“ „Wie könnten Sie es wieder *auf die Reihe* kriegen?“
olfaktorisch – Geruch	„Die Beziehung zu meiner Mutter *stinkt* mir gewaltig.“	„Wenn Sie das so sagen: Gab oder gibt es da auch Momente mit ihr, die sozusagen besser *duften*?“
gustatorisch – Geschmack	„Diese Entscheidung war ganz schön *bitter* für mich.“	„Das hat Ihnen wenig *geschmeckt*, höre ich.“

Übung 1:

Suchen Sie Sprichworte, Sätze, Worte in den verschiedenen Repräsentationssystemen, und schreiben Sie diese auf (am besten in einer Tabelle nach den Repräsentationssystemen geordnet).

Übung 2:

Überlegen Sie sich tatsächliche oder mögliche Anrufer-Äußerungen in den Repräsentationssystemen und suchen Sie nach Antworten im gleichen Repräsentationssystem.
Dies ist eine sehr anregende Übung in der Gruppe!

Schweigen aushalten und nutzen

Bei den meisten Menschen in den westlichen Kulturen baut sich bereits nach wenigen Sekunden des Schweigens ein innerer Druck auf, das Schweigen zu brechen und das Gespräch fortzuführen. Auch viele Telefonberater fühlen sich unwohl, wenn im Gespräch Pausen auftreten und Schweigen

herrscht. Verstärkt wird dies dadurch, dass es am Telefon durch das Fehlen der anderen Sinneskanäle viel schwerer fällt, ein Schweigen einzuordnen. Schweigen einer Person im Gespräch mit einer anderen hat in der Regel eine Funktion. Es kann Unsicherheit oder ein Zögern ausdrücken, z. B. aus Scham, oder ein inneres Nachdenken. Es kann auch der unausgesprochene Appell sein, der Andere solle jetzt etwas sagen.
Wir möchten Sie ermutigen, das Schweigen der Anrufer zu respektieren und zunächst einmal auszuhalten – auch gemeinsames Schweigen kann verbinden. Erst dann sollten Sie es erkunden, z. B. so: *„Sie schweigen jetzt schon eine ganze Weile. Das macht mich etwas unsicher, weil ich es nicht einschätzen kann. Was bedeutet denn Ihr Schweigen an dieser Stelle?“*

Übungen:

1. Rollenspiel:
   Die anrufende Person sucht sich eine Rolle aus, bei der sie immer mal wieder für gewisse Phasen (z. B. 10-20 Sekunden) schweigt. Der Telefonberater achtet insbesondere darauf, was diese Schweigephasen in ihm auslösen (z. B. mit Hilfe des Bewusstheitsrades – s. o.).
   Die Rollenspielteilnehmer sollten diese Übung am Telefon machen oder sich den Rücken zukehren, damit sie keinen Blickkontakt haben.
2. wie vorige Übung – zusätzlich versucht der Telefonberater, das Schweigen anzusprechen.
3. Rollenspiel (am besten in getrennten Räumen mit tatsächlicher Telefonverbindung):
   Der Telefonberater wird vorher nicht informiert, welche Art von Anruf auf ihn zukommen wird. Der Anrufer sagt nichts, macht aber seine Anwesenheit erkennbar, z. B. durch hörbares Atmen.
   Werten Sie dieses Rollenspiel anhand des Bewusstheitsrades aus.
   Experimentieren Sie damit, wie es Ihnen gelingen könnte, sowohl in einer Ja-Haltung dem Anrufer gegenüber als auch mit sich stimmig zu bleiben.

Sich selbst einbringen – sich selbst offenbaren

Sich selbst einbringen oder offenbaren ist eine wichtige Konkretion der Grundhaltungen der Stimmigkeit / Kongruenz und der Selbstwertschätzung (s. Kap. 3).
Der Berater kann seine eigenen persönlichen Reaktionen (Gefühle, Empfindungen, Impulse, Hypothesen) dem Anrufer mitteilen,

- um zu klären, was der Anrufer im aktuellen Gespräch möchte oder nicht, z. B.: *„Wenn ich Ihnen so zuhöre, habe ich einerseits den Impuls, Sie in den Arm zu nehmen, wenn das denn gehen würde, andererseits spüre ich aber auch eine deutliche Zurückhaltung, weil ich den Eindruck habe,* *dass Sie das wohl eher nicht möchten. Ich möchte Sie gerne fragen, wie Sie das momentan erleben.“*

- um zu klären, wie die Anruferin ihre eigene Situation erlebt, z. B.: *„Ich bin gerade ein bisschen verwirrt von dem, was Sie sagen. Zuerst sagten Sie, dass Sie Ihren Mann verabscheuen wegen seines Alkoholkonsums. Nun meinten Sie, dass Sie sehr an ihm hängen. Wie passt das für Sie zusammen?“*
- um dem Anrufer Feedback darüber zu geben, was er im Telefonberater auslöst, z. B.: *„Ich möchte Sie gerne fragen, ob Sie daran interessiert wären zu hören, wie Sie auf mich wirken?“ ... „Ich erlebe Sie im Moment recht aggressiv mir gegenüber, als ob ich Ihr Vater wäre, auf den Sie wütend sind, wie Sie sagen. Geht es Ihnen vielleicht mit mir irgendwie wie mit Ihrem Vater?“*
- um mit dem Anrufer in eine Meta-Kommunikation zu kommen zur Auftrags- und Beziehungsklärung, z. B.: *„Ich höre, dass Sie mir ganz viel sagen möchten. Gleichzeitig merke ich, dass ich so viel Information gar nicht aufnehmen kann und dass ich manches noch nicht recht verstehe. Ich möchte Sie daher gerne fragen, ob es denn o.k. für Sie wäre, dass ich immer wieder mal nachfrage, wenn ich etwas nicht verstehe.“* (s. dazu mehr in Kap. 9).

Gerade bei inneren Ambivalenzen dem Anrufenden gegenüber kann es hilfreich und befreiend sein, diese in angemessener Weise zum Ausdruck zu bringen.

Darüber hinaus kann es u. U. nützlich sein, als Telefonberater persönliche Erfahrungen mitzuteilen, wenn das dazu dient, dem Anderen zu vermitteln, dass seine Erfahrungen auch von anderen Menschen gemacht werden und dass sie nicht absonderlich sind (z. B. dass die Trauer nach dem Tod eines nahe stehenden Menschen eine geraume Zeit dauern kann und darf). Ein solches Einbringen unterliegt der generellen Einschränkung, dass es im Rahmen einer fachlich – helfenden Beziehung (s. o.) geschieht. Es soll also Mittel zum Zweck sein zur Lösung der Probleme des Anderen oder zur Förderung seines Wohlergehens. Damit steht das sich selbst Einbringen unter der Maxime, dass es nicht dazu dienen darf, das eigene Mitteilungsbedürfnis zu befriedigen oder eigene Lösungsideen zu transportieren und „an den Mann zu bringen“.

6. Kapitel

Wohin soll's gehen?

– Erkunden und Entwickeln des Gesprächsauftrags

Im Kapitel 1 haben wir Telefonberatung mit einem etwas ungewöhnlichen Rettungsschiff verglichen, dessen „Angebot" eine breite Palette von „Kunden" mit unterschiedlichsten Problemen und Anliegen anspricht. Die Mitarbeiter der Funkzentrale dieses Schiffes werden dabei in unterschiedlichsten Beziehungsrollen angesprochen, sei es als Retter, Lotse, Auskunft, Beistand in Seenot, Unterhalter oder Freundersatz. Wenn Sie dort Funksprüche entgegen nähmen, müssten Sie also jedes Mal klären, was der Hilfesuchende von Ihnen erwartet und welche Hilfe Sie ihm anbieten könnten und was nicht, d. h. auch in welcher Rolle Sie jeweils zur Verfügung stünden. Sollten Sie als Retter angefragt sein, würden Ihnen die genauen Angaben über den Standort des Schiffes und die Art des Notfalls genügen, um Hilfe zu schicken. Sollten Sie als Lotse angefragt sein, müssten sie mit Ihrem „Kunden" natürlich genauer darüber reden, wo er sich gerade befindet und v. a. wohin seine Fahrt gehen soll. Erst dann könnten Sie ihn dabei beraten, welche Untiefen und Gefahren ihn erwarten und wie er sie umgehen kann. Wenn er sich verirrt hat und nicht weiß wohin, würden Sie ihm dabei helfen, eine Richtung zu finden, die er einschlagen kann, bis er sich wieder selbst zurecht findet.

Was versteht man unter Auftragsklärung?

Auch wenn es in der Telefonberatung immer wieder Gespräche gibt, bei denen ein unausgesprochenes Einverständnis zwischen den Anrufern und Beratern über Gesprächsinhalte und –ziele besteht, ist es doch ratsam, wie in einer solchen Funkzentrale mit jedem Hilfesuchenden die Art der gewünschten Hilfe und das angestrebte Ziel gemeinsam zu erkunden, zu klären und die gewünschte Hilfe mit den eigenen Möglichkeiten abzustimmen. Diesen Klärungsprozess nennen wir Auftragsklärung.

Problematisch erweisen sich Gespräche meist, wenn Berater ohne ausdrückliche Klärung zu wissen glauben, was Hilfesuchende von ihnen wollen, oder wenn sie annehmen, dass Anrufer, die über ein Leid oder Problem klagen, damit automatisch über Veränderungsmöglichkeiten reden wollten.

Beraten ohne Auftragsklärung birgt die Gefahr, am Anrufer vorbei eigene oder nur vermutete Ziele für ihn zu verfolgen. „Ja, aber ...“-Reaktionen der Anrufer sind ein sicheres Zeichen dafür. Man sollte sich daher in der Regel vergewissern und Einvernehmen darüber herstellen, welche Hilfe jeweils gewünscht wird und was damit erreicht werden soll.

Wenn wir die Anrufer als gleichrangige Partner einer kooperativen Arbeitsbeziehung ansehen, gehen wir davon aus, dass sie selbst am besten beschreiben können, welche Art von Unterstützung sie sich wünschen und was mit Hilfe des Gesprächs erreicht werden soll. Berater sehen sich als deren Auftragspartner. Ihr einziges Ziel sollte sein, möglichst hilfreiche Beiträge dafür zu liefern, dass deren Bewältigungskompetenzen genutzt und gefördert werden. Die Hilfesuchenden als Auftraggeber zu behandeln stärkt bereits deren Selbstwert und lädt sie ein, ihre Ressourcen und ihre Mit-Verantwortung für das Geschehen wahrzunehmen.

Bildlich gesprochen geht es im Prozess der Auftragsklärung zunächst darum, die gemeinsame Schnittmenge der Anliegen der Beteiligten zu finden – in unserem Fall der Hilfesuchenden und der Helfer – und diese auf deren Erfüllbarkeit und Zielsetzung abzustimmen. Die Helfer müssen zusätzlich darauf achten, dass sich ihre Hilfsangebote im Rahmen der Erwartungen und Werte ihrer Einrichtungsträger bewegen.

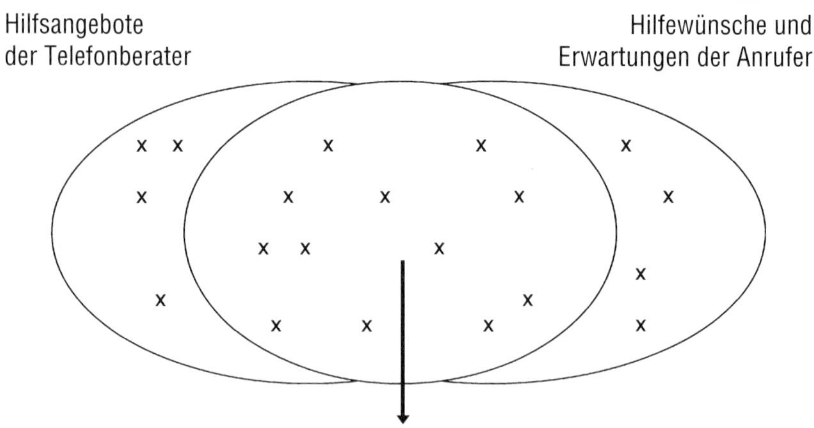

Auftragsgemäße Zusammenarbeit durch

1. Sich Verständigen auf ein oder mehrere Hilfsangebote der gemeinsamen Schnittmenge
2. Klärung der Ziele
3. Berücksichtung der eigenen Werte und Vorgaben der Einrichtungsträger

Abb.: Auftragsklärung durch Ermitteln der Schnittmenge von Hilfsangebot und Hilfewunsch

Die Kreuzchen in den beiden Ellipsen stellen mögliche Hilfsangebote bzw. Hilfeanliegen oder Erwartungen dar. Anrufer z. B. könnten erwarten, dass man ihnen zuhört, ihnen einen Rat gibt, ihnen Entlastung ermöglicht. Diese Hilfen decken sich in der Regel mit den Möglichkeiten und Wertvorstellungen der Mitarbeitenden am Telefon und ihrer Einrichtungen. Sie befinden sich also innerhalb der Schnittmenge. Anrufer könnten aber auch wünschen, dass man sie möglichst umgehend besucht, sie medizinisch oder juristisch berät oder ihnen einen Job vermittelt. Solche Hilfewünsche können außerhalb der Schnittmenge liegen: Ein Hausbesuch ist bei den meisten Telefonberatungsstellen aus Sicherheits- und organisatorischen Gründen ausgeschlossen, medizinische oder juristische Beratungen am Telefon sind rechtlich eng eingegrenzt, Telefonberatungsstellen vermitteln keine Jobs. So mag das jeweilige Anliegen der Anrufer nachvollziehbar sein, jedoch nicht erfüllbar. Auch Zuhören hat seine zeitlichen Grenzen, wenn jemand z. B. bereits mehrmals am Tag angerufen hat und sein Anruf die Erreichbarkeit für andere Hilfesuchende blockiert. Ein solches Anliegen könnten Telefonberater wegen begrenzter Zugangsmöglichkeiten und aus Gründen der Fairness anderen Anrufern gegenüber nur begrenzt erfüllen. Ebenso könnten Berater bestimmte Hilfen anbieten wollen, die vom Anrufenden derzeit nicht gefragt sind, z. B. jemandem raten, eine Entziehungskur zu machen, oder jemandem helfen wollen, seine Lage zu verändern und therapeutische Hilfe aufzusuchen. Auch solche durchaus ehrenwerten Hilfsangebote liegen außerhalb der gemeinsamen Schnittmenge, solange sie vom Anrufer nicht gewünscht sind. Anrufer reagieren darauf oft mit Widerstand („Ja, aber .....") oder vagen Absichtserklärungen aus Anpassung heraus, ohne wirklich etwas zu unternehmen („Ja, ich will's versuchen...") z. B., wenn man mit einem Alkoholabhängigen über Möglichkeiten der Alkoholsuchtbehandlung spricht, um die er gar nicht gefragt hat – weil er sich gar nicht als Suchtkranker sieht. Wenn sich trotz beraterischer Bemühungen oder Anpassungsversuchen der Anrufer kein „Erfolg" eingestellt hat, enden solche Beratungsbemühungen leicht in gegenseitigen Abwertungen oder Selbstanklagen („Mir kann keiner helfen." „Dem ist nicht zu helfen." „Das ist ein hoffnungsloser Fall." „Ich bin ein unfähiger Berater.").

Die Gespräche am Telefon beginnen häufig mit einer Klage, Beschwerde oder einem Wunsch: „Haben Sie im Moment mal Zeit?" „Mir geht's heute wieder so schlecht." „Ich will Sie nicht lange belästigen, aber..." „Kann ich mit Ihnen über alles sprechen?" „Mein Freund hat mich verlassen." Die Erwartungen an die Helfer werden dabei meist unausgesprochen oder unklar geäußert. Das heißt, Telefonberater wissen aus diesen Äußerungen weder etwas darüber, welche Art von Hilfe (zuhören, klären, Tipps geben, zum Nachdenken anregen, bestätigen o. ä.) von ihnen gewünscht ist bzw. welche Rolle ihnen zugedacht ist, noch welches Ziel mit Hilfe solcher „Interventionen" aus Sicht der Anrufenden erreicht werden soll. Das ist auch nicht zu erwarten. Auch wenn Erwartungen konkret geäußert werden, muss man häufig erst mal klären, was gemeint ist:

Beispiel:

A Ich suche Ihren Zuspruch. Sagen Sie mir ein gutes Wort.
B Gerne will ich Sie unterstützen. Was haben Sie denn in der letzten Zeit als hilfreichen Zuspruch, als gutes Wort erlebt?
A Wenn mir jemand gesagt hat: Du schaffst das schon.
B Und was hat das bei Ihnen bewirkt? ...

Auftragsorientierte Zusammenarbeit bedeutet also, sich auf eines oder mehrere Hilfsangebote in einer gemeinsamen Schnittmenge der Hilfsmöglichkeiten zu verständigen. Die Hilfe muss ausdrücklich gewünscht sein und sie muss für den Helfer möglich, erlaubt und ethisch vertretbar sein. Es sollte klar werden, was genau der Helfer tun sollte und was die gewünschte Hilfe bewirken könnte.

Ein erfüllbarer Auftrag (vgl. Michalak 1999) ist bestimmt durch

- den Kontext der Institution (Medium, Setting, Leistungsmöglichkeit, Zeit, Zuständigkeit, Richtlinien, fachliche und ethische Orientierung)
- die Ermächtigung durch den Anrufer
- die Kompetenz des Beraters zur Erfüllung des gewünschten Auftrags
- die Verhandlung zwischen Anrufer und Helfer

Übung:

Klären Sie, 1) welche Hilfen Anrufer von Ihnen am Telefon erwarten könnten, 2) welche Hilfen Sie am Telefon anbieten, 3) welche Erwartungen Ihre Träger / Leiter an das Telefonberatungsgespräch haben. Notieren Sie diese auf je ein Kärtchen mit einer bestimmten Farbe für die Gruppierungen Anrufer, Berater und Träger / Leiter. Malen Sie drei große, sich überlappende Kreise für die drei Gruppierungen. Legen Sie die Kärtchen jeder Gruppierung in den jeweiligen Kreis und finden Sie die Kärtchen innerhalb der gemeinsamen Schnittmenge aller Kreise. Entdecken Sie, welche Kärtchen außerhalb der gemeinsamen Schnittmenge liegen und diskutieren Sie darüber, wie Sie mit solchen von Ihnen nicht erfüllbaren Erwartungen umgehen.

Auftragsorientierte Zusammenarbeit bedeutet überdies Klärung der Ziele: Die angebotene Hilfe soll zieldienlich sein, auf ein gewünschtes Ziel ausgerichtet. Das Zuhören soll die gewünschte Entlastung bringen, der Rat die gewünschte Änderung, der Zuspruch die gewünschte Ermutigung. Ebenso wie die Erwartungen sind auch die Gesprächsziele für die meisten Hilfesuchenden selbst erst mal unklar oder werden nur vage formuliert.

Manche Anrufende können auf die Frage nach dem gewünschten Hilfsangebot der Helfer und ihrem Ziel zunächst keine Antwort geben. Sie reagieren mit „Weiß ich nicht" oder sie weisen gar die Frage zurück („Das müssen Sie doch wissen, dafür sind Sie doch da!") und sehen in den Beratern die Experten für geeignete Hilfsangebote, Ziele und Lösungsmöglichkeiten, so wie sie es vielleicht aus der medizinischen Behandlung kennen. Sie sagen allenfalls, dass sie wollen, dass es ihnen wieder besser gehe, oder dass das, was ihnen ein Problem macht, weggehen solle. Sie können noch nicht sagen, woran sie merken könnten, dass es ihnen wieder besser ginge oder was an Stelle des Problems treten sollte, um daran zu erkennen, dass die Hilfe per Telefon auch wirklich geholfen hat. Je besser beobachtbar, differenziert und situationsbezogen aber Ziele formuliert werden können, desto besser können die geeigneten Hilfsmittel für den Weg dorthin gefunden werden. Das „Weiß ich nicht" oder die Zuweisung der Expertenrolle könnte man geradezu als Problemanzeige nutzen, um den Anrufer darüber zu informieren, dass man hier am Beratungstelefon zur Bewältigung von Lebensproblemen seine Mithilfe braucht, um helfen zu können. Dann könnte man ihn einladen herauszufinden, woran er merken könnte, dass es ihm besser geht, z. B. *„Woran würden Sie merken, wenn es Ihnen wieder besser geht? Ich denke, das müssten wir zuerst herausfinden, um feststellen zu können, ob Ihnen unser Gespräch auch was bringt."* oder *„Sind Sie einverstanden, dass wir in unserem Gespräch immer wieder mal prüfen, was Ihnen dabei gut tut und wobei es Ihnen hilft?"*

Manchmal haben Anrufer auch schon sehr genaue Vorstellungen von der Art der erwarteten Hilfe, z. B. einen Zuhörer haben, eine Information oder einen Rat bekommen, merken aber im Laufe des Gesprächs, dass damit ihr gewünschtes Ziel nicht erreicht wird. Wenn man während des Gesprächs danach fragt, was das Zuhören, die Information oder der Rat bewirkt haben oder bewirken sollen, wird klarer, ob und wie das gewünschte Ziel dadurch auch erreicht werden könnte.

Beispiel:

B: Wie hat Ihnen mein Zuhören bisher geholfen?
A: Wenn Sie mir so zuhören, geht's mir schon ein bisschen besser.
B: Das freut mich. Und reicht Ihnen das schon?
A: Ja, jetzt kann ich wieder weiter machen...
oder: Eigentlich bräuchte ich von Ihnen noch einen Rat.

Die Hilfeerwartung kann sich also während des Gespräches verändern. Wer sich vielleicht zunächst nur wünscht, dass man ihm zuhört, merkt dadurch, dass das zwar gut ist, aber nicht ausreicht und dass er eigentlich Informationen braucht, z. B. über psychiatrische Hilfen. Und wenn er diese Informationen bekommt, merkt er auf die Rückfrage, ob er auch zum Psychiater gehen wird, dass es ihm eigentlich darum geht, die Angst zu überwinden, psychiatrische Hilfe in Anspruch zu nehmen. Oder wer zunächst nur nach einer Information fragt, merkt, wenn die Beraterin ihm aufmerksam zuhört, wie wichtig es ihm eigentlich ist, eine einfühlsame Zuhörerin zu haben.

Bei der Klärung der Ziele stellt sich oft heraus, dass diese entweder gar nicht oder nur auf Umwegen erreichbar sind. In diesem Fall muss man als Berater dafür werben, ein anderes erreichbares Ziel zu finden und für die Zusammenarbeit dafür einen neuen Auftrag zu bekommen:

14 jährige Anruferin, die von zeitweiligem Drogenkonsum sprach:

A *(erregt)* Meine Mama lässt mich einfach nicht in Ruhe. Die kommt einfach in mein Zimmer. Was soll ich machen?

B Das ist aber ärgerlich für dich. Was soll denn passieren?

A Meine Mama soll mich halt einfach in Ruhe lassen, wenn ich es will.

B Meinst du, deine Mama würde dich derzeit einfach so in Ruhe lassen, wenn sie sich so Sorgen um dich macht, weil sie dich mit Drogen erwischt hat?

A Nein, eigentlich nicht.

B Wenn du das also nicht schaffen kannst, was könntest du dann tun? Willst du das mit mir überlegen?

35 jährige Mutter:

A Unser Sohn ist in der letzten Zeit so schlecht in der Schule. Können Sie mir da einen Rat geben?

B: Wozu hätten Sie denn gern den Rat?

A: Dass der wieder mehr mitmacht. Der hängt immer nur so rum mit seinen Freunden, aber lernt nichts.

B: Das muss schlimm für Sie sein. Ich möchte Ihnen gerne behilflich sein herauszufinden, wie *Sie* damit umgehen könnten. Darf ich Ihnen dazu einige Fragen stellen? Dann könnte ich Ihnen noch gezielter Empfehlungen geben.

Ausgehend von den Hilfewünschen und Zielen der Anrufenden ist Auftragsklärung also

- ein gemeinsames Erkunden und Reflektieren, welche Hilfe gegeben werden kann und welche nicht,
- ein gemeinsames Überprüfen, ob und wie die Hilfe zum gewünschten Ziel führt,
- Präzisierung, Konkretisierung und oft Veränderung von Ziel und Art der Hilfe.

Während dieses Prozesses verändern sich meist die Erwartungen und Vorstellungen der Hilfesuchenden. Die Helfer begleiten diesen Prozess mit Erkundungs- und Erweiterungsfragen, ob und wie die gewünschte Hilfe zu welchem Ziel führt, z. B. *„Was erhoffen Sie sich davon, wenn Sie von mir den Tipp bekämen?"*, *„Was würde sich für Sie dadurch verändern?"*, *„Wie hilft Ihnen, dass Sie mir das alles so ausführlich erzählen konnten?"* Es ist oft schon viel erreicht, wenn Anrufer im Laufe des Gesprächs konkreter formulieren können, was genau sie vom Helfer erwarten, was genau sie erreichen wollen und wie sie dies erreichen könnten.

Das Schaubild zeigt diesen Prozess als Wechselwirkung zwischen dem vom Anrufer gewünschten Hilfsangebot, seinen Zielvorstellungen und den Werten und Möglichkeiten des Beraters in seiner Organisation.

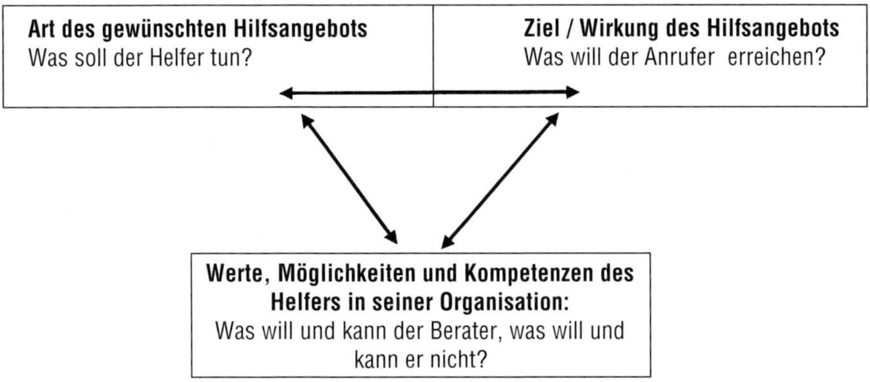

Abb.: Auftragsklärung als Wechselwirkungsprozess

Folgendes Schema erläutert diesen Klärungsprozesses anhand des Gesprächsbeispiels von Kap. 3., S. 59ff

Art der Hilfe		**Ziel / Wirkung des Hilfsangebots**
B soll „Mist abladen“ lassen	→	Viele B „können es nicht mehr hören“, A könnte sich beschämt fühlen, Mitleid erregen, für verrückt gehalten werden, sich selbst für verrückt halten?
B bietet Klärung an, was A will und worüber gesprochen werden soll	↙	
	→	A will Arbeit bekommen
	↙	
B bietet Klärung an, wie die Wahrscheinlichkeit erhöht werden kann, Arbeit zu bekommen	→	A will sich gut darstellen
	↙	
B bietet Klärung an, was dafür als erstes konkret zu tun ist	→	A will mit dem Trinken aufhören A will sich selbst mehr achten A will einerseits Entzug machen, andererseits fürchtet er ihn
	↙	
B bietet Klärung der Ambivalenz an	→	Entscheidung zum Entzug ist mit dem Thema Selbstachtung gekoppelt und bleibt noch offen

Abb.: Auftragsklärungsprozess anhand des Gesprächsbeispiels von Kap. 3

Direkte und indirekte Auftragsklärung

Zunächst ist es sinnvoll, die *Art der gewünschten Hilfe* zu klären, um herauszufinden, *welches Hilfsangebot* gewünscht wird und *wie* Anrufer sich die helfende Beziehung vorstellen. Auf diese Weise kann man sich zuerst einmal über die Form der Hilfe einigen und auf dieser Basis zusammenarbeiten. Danach empfiehlt es sich zu erkunden, welches Ziel durch das Hilfsangebot erreicht werden soll.

Zur Auftragsklärung stellen wir direkte oder indirekte Erkundungsfragen. Dabei kommt es auf den richtigen Zeitpunkt an. Fragen, besonders zu einem frühen Zeitpunkt des Gesprächs, können bei Hilfesuchenden leicht als neugieriges Ausfragen, als Überforderung, sogar als Zurückweisung oder Unverständnis erlebt werden. Sie können verunsichern, wenn Anrufer erwarten, dass die Berater alles wissen und nicht darauf eingestellt sind, dass sie selbst mitarbeiten sollen, oder wenn sie Angst davor haben, Stellung zu beziehen. Deshalb ist es wichtig,

- die Fragen nicht zu früh zu stellen – erst nach dem Aufbau einer vertrauensvollen Beziehung und der Würdigung des Problemerlebens,
- die Fragen mit Äußerungen vorzubereiten, auf die Anrufer mit großer Wahrscheinlichkeit bejahend reagieren (Aufbau der Ja-Haltung),
- zu erklären, weshalb man Mithilfe benötigt und dazu Fragen stellt.

Dann können Erkundungsfragen nach dem Auftrag sogar als wertschätzende und die innere Landkarte erweiternde Intervention erlebt werden.

Direkte Auftragsklärung

Man fragt direkt nach der Art der gewünschten Hilfe bzw. nach dem gewünschten Ergebnis der Hilfe.

Beispielhafte Fragen nach der Art der Hilfe:

„ Ich möchte Ihnen gerne helfen. Dazu brauche ich Ihre Mithilfe. ....“ oder „Sie haben ja angerufen in der Hoffnung, dass Ihnen unser Gespräch irgendwie helfen könnte... Es soll sich ja für Sie lohnen, hier angerufen zu haben... **(Äußerungen zum Aufbau der Ja-Haltung)** Um Ihnen noch besser helfen zu können, bräuchte ich Ihre Mithilfe.“ **(Erklärung)**

„Was haben Sie sich denn selbst schon gedacht, wie ich Ihnen im Moment am besten helfen könnte? Möchten Sie, dass ich Ihnen erst einmal nur aufmerksam zuhöre, oder hätten Sie gerne einen Rat oder was könnte es sonst sein?“ **(Erkundungsfrage nach der gewünschten Hilfe mit Angabe verschiedener Hilfsmöglichkeiten)**

Beispielhafte Fragen nach Ziel und Auswirkung der Hilfe:

„Woran haben Sie bisher gemerkt, dass Ihnen unser Gespräch was bringt?“ „Wobei könnte Ihnen unser Gespräch bestenfalls helfen?“

In den Äußerungen der Anrufenden dazu zeigen sich erste Hinweise nach dem erhofften Gesprächsziel. Danach könnte man weiter klären, wie diese Zielvision noch konkreter aussehen und wie sie erreicht werden könnte (mehr dazu s. Kap. 8).

Indirekte Auftragsklärung

Zieldienliche Fragen der indirekten Auftragsklärung sind offene Erkundungsfragen:

a) Fragen nach der Bedeutung des Zeitpunktes und der aktuellen Gesprächssituation für das momentane Anliegen und Ziel
b) Fragen danach, was der Hilfesuchende mit der angerufenen Institution verbindet
c) Fragen nach der Bedeutung des Helfers am Telefon für die erhoffte Hilfe
d) Fragen nach der Geschichte der Lösungsversuche, den Erwartungen an das Gespräch und den Vorstellungen über das erhoffte Ergebnis der Hilfe

Beispielhafte Fragen der indirekten Auftragsklärung:

a) Fragen nach der Bedeutung des Zeitpunktes und der aktuellen Gesprächssituation

„Was ist passiert, dass Sie gerade jetzt anrufen?" „Wie viel Zeit können wir uns nehmen?" „Wie ungestört können Sie sprechen?" „Was bedeutet es für dich, dass deine Freundin im Hintergrund mithört?"

b) Fragen danach, was der Hilfesuchende mit der angerufenen Institution verbindet

„Wie sind Sie auf die Idee gekommen, wegen Ihrer Frage nach der Pflege der Eltern nicht zur Sozialstation zu gehen, sondern hier bei uns anzurufen, was ist für Sie der Unterschied?" „Was erhoffen Sie sich gerade von der Telefonseelsorge (vom Elterntelefon etc.) in Ihrer Situation?"

c) Fragen nach der Bedeutung des Helfers am Telefon für die erhoffte Hilfe

„Was bedeutet es für Sie, dass Sie jetzt leider nicht mit einer Frau sprechen können?" „... dass ich älter / jünger bin, als Sie gedacht haben? ... dass ich keine Kinder habe, ... deine Mama sein könnte, ... nicht katholisch bin?" etc. „Wie könnte ich Ihnen / dir trotzdem hilfreich sein?"

d) Fragen nach der Geschichte der Lösungsversuche, den Erwartungen an das Gespräch und den Vorstellungen über das erhoffte Ergebnis der Hilfe

„Was haben Sie bisher versucht?" „Wie haben Sie bisher geschafft, mit Ihrem Problem fertig zu werden?" „Wie hat Ihnen das bisher geholfen?" „Wie erklären

Sie sich, dass bisher nichts geholfen hat?" „Was meinen Sie würde Ihnen jetzt helfen?" „Wie hat es Ihnen bisher geholfen, wenn Sie einfach alles mal erzählen konnten?" „Woran haben Sie das gemerkt?" „Woran würden Sie heute am ehesten merken, dass unser Gespräch gut für Sie war?"

„Haben Sie in der letzten Zeit schon öfter angerufen?" „Wie hat Ihnen das letzte Gespräch helfen können?" „Was hat mein Kollege / meine Kollegin getan, was Ihnen hilfreich war?" „Woran haben Sie gemerkt, dass es hilfreich für Sie war?"

„Was wünschen Sie sich jetzt am ehesten von mir?" „Was meinten Herr oder Frau X (Arzt, Therapeut, Freund, Kollege, Berater aus früheren Gesprächen etc.), was Sie tun sollten?" „Was meinen Sie selbst dazu?"

„Wie lange werden Sie vermutlich brauchen, bevor Sie wieder alleine (oder mit anderer Hilfe) weiterkommen?" „Wenn Sie uns mal nicht erreichen, was würde Ihnen dann helfen?" „Wollen Sie mit mir gemeinsam überlegen, wer Ihnen in diesem Fall hilfreich sein könnte?"

Jede dieser Fragen ist für die Anrufer auch eine Anregung, sich ihre eigene Situation, Sichtweise und ihr Gesprächsanliegen zu erhellen. Die Fragen liefern also schon Anregungen für Lösungsschritte. Sie stellen an Hilfesuchende aber auch den Anspruch, ein Erlebnis aus einem Zusammenhang heraus und von verschiedenen Seiten zu betrachten und an einer Lösung mitzuwirken. Es geht nicht um „richtige" Antworten und Informationen, sondern um einen kreativen Suchprozess, der durch das Fragen entsteht. Daher ist es wichtig, das Fragen nicht als Ausfragen zu verstehen, auf das Anrufer Rede und Antwort stehen müssten. Oft genug geben Anrufer keine oder überraschende Antworten, die gerade dadurch eine wichtige Information darstellen, mit der man dann weiterarbeiten kann. Alle Reaktionen, auch ein „Ich weiß nicht" oder die Abwehr solcher Fragen, sind ein sinnvoller Beitrag zum Gespräch. Egal wie sie ausfallen, können sie als wichtige Rückmeldung der Hilfesuchenden für den weiteren Reflexionsprozess der Auftragsklärung genutzt werden. Möglicherweise bringen uns Anrufer dadurch auf ein ganz anderes Problem oder sie brauchen einige Umwege, um sich manchen „heißen Fragen" wieder anzunähern. Dann kann man die gestellte Frage später wieder aufgreifen. Es kommt also darauf an, den Prozess zu berücksichtigen, in den das Fragen führt, d. h. die Reaktionen der Hilfesuchenden darauf genau wahrzunehmen und sich von diesen für das weitere Vorgehen führen zu lassen. Mit Hilfe der Auftragsklärung begeben sich Helfer und Hilfesuchende also in einen gemeinsamen kreativen Suchprozess, der nicht selten überraschende Lösungen zu Tage bringt, wie folgendes Beispiel zeigt:

Fallbeispiel „Zum Trinken verdonnert"
Gedächtnisprotokoll eines Telefonseelsorge – Gesprächs:
Frau, ca. 50, Anruf um 12.10, Dauer 20 Minuten
A = Anruferin; TS = Telefonseelsorger, männlich

TS Hier ist die Telefonseelsorge, guten Tag.

A Okay, mein Name ist P............

TS Kleinen Moment noch bitte, ich würde gerne noch die Tür schließen.

A *(erregt)* Wenn Sie jetzt keine Zeit haben, dann ist alles verloren.

TS Ich habe Zeit für Sie. Ich komme gleich zurück. Ich schließe gerade eben die Tür. Bleiben Sie dran. (*Der Mitarbeiter schließt die Tür*) Jetzt bin ich wieder da.

A Ich weiß überhaupt nicht, wo ich anfangen soll.

TS Es scheint so viel zu sein.

A (*Druckst herum und äußert sich sehr zögerlich*)
Für mich ist es viel, ich bin Alkoholikerin.

TS Das scheint nicht so leicht für Sie zu sein, das auszusprechen. **(Aufbau einer Ja-Haltung)**

A Ja, weiß Gott nicht.

TS Ich empfinde das als eine Leistung, dass Sie sich dazu bekennen. Das schaffen viele nicht. **(Kompliment als Aufbau einer Ja-Haltung)**

A Es müsste mir leichter fallen. (*Dann mit flehentlicher Stimme*) Ich will nicht mehr trinken, aber ich habe so einen Saufdruck. Ich will nicht mehr kaputt gehen. Ich will nicht mehr.

TS Ist etwas Bestimmtes gewesen? **(Erkundungsfrage zum Situationskontext)**

A Das spielt gar keine Rolle! Ich bin es, die trinkt! *(Die Anruferin erzählt dann, dass sie sich momentan als gefährdet ansieht. Sie sei 10 Jahre trokken gewesen. Danach habe sie einen Rückfall gehabt und sei noch einmal 5 Jahre trocken gewesen. Dann weiter mit flehentlicher Stimme und immer wieder:)* Ich will nicht rückfällig werden, ich will nicht mehr trinken, ich will nimmer!

TS Wie sind Sie auf die Idee gekommen, dafür die Telefonseelsorge anzurufen? **(Erkundungsfrage zur Klärung des Auftrags)**

A Ich hab gerade vorhin noch einen alten Freund von den AA *(Anonyme Alkoholiker)* angerufen. Ich habe ihn gefragt, ob er heute Zeit hat zu mir nach Hause zu kommen. Aber er hat keine Zeit. Und er will nicht kommen. Wenn man jemand braucht, wird man im Stich gelassen. Wenn ich heute von der Arbeit nach Hause komme, kann ich nicht alleine sein. Dieser Scheiss Alkohol! Entschuldigung. Ich will nimmer trinken!

TS Sie rufen aus der Arbeit an? **(Erkundungsfrage zum Situationskontext)**

A Nein, ich bin noch zu Hause. Ich gehe jetzt in die Arbeit. Aber wenn ich nach Hause komme, heute Abend um sieben Uhr, dann bin ich alleine.

TS Haben Sie Alkohol zu Hause, Bier, Wein oder Schnaps, oder so was? **(Erkundungsfrage zum Situationskontext)**

A Das ist doch egal, ich will auf jeden Fall nicht wieder trinken.

TS Wie haben Sie es denn bisher geschafft, wenn Sie so einen Saufdruck hatten? **(Erweiterungsfrage nach bisherigen Lösungsversuchen)**

A Da war jemand da. Ich kann nicht alleine sein. Mein Mann ist heute ins Krankenhaus gekommen.

TS Ist es etwas Ernsthaftes? **(Kontextklärung)**

A Ja, wie man es nimmt. Wegen einer Herzoperation. *(Die Anruferin berichtet, dass ihr Mann herzkrank sei, und wegen eines Eingriffs längere Zeit im Krankenhaus bleiben müsse. Sie mache sich auch Sorgen um ihn. Sie meint aber, dass ihr Mann sich noch mehr Angst um sie mache. Sie könne das Alleinsein zu Hause nicht aushalten.)*

TS Kennen Sie das, dass Sie alleine nach der Arbeit nach Hause kamen?

A Ja schon.

TS Wie haben Sie es da geschafft, den ersten Schluck zu vermeiden? **(Erweiterungsfrage nach bisheriger Bewältigung)**

A Ich habe angerufen, ich hab mit Leuten von den AA gesprochen.

TS Und wie hat Ihnen das geholfen? **(Erweiterungsfrage nach der Auswirkung)**

A Ich hab dann doch getrunken.

TS Dann hat Ihnen das Reden alleine am Telefon nicht geholfen.

A Nein, es hat nicht geholfen.

TS Was meinen Sie, würde Ihnen dann helfen? **(Erkundungsfrage zur Klärung des Auftrags)**

A Kennen Sie Frau S.?

TS Nein, die kenne ich nicht.

A Die habe ich schon angerufen. Die sagt mir dann: Lass den Scheiss weg! Der bin ich nicht egal. Ich brauche jemand, dem ich nicht egal bin. Die kommt sonst zu mir. Aber heute kann die auch nicht kommen. Können Sie denn kommen oder jemand schicken?

TS Nein, das kann ich leider nicht. **(Zurückweisung des Auftrags)**

A Immer, wenn man jemand braucht, ist keiner da!

TS Heißt das, dass Sie jetzt dazu verdonnert sind, heute Abend zu trinken? **(Erweiterungsfrage nach den Auswirkungen)**

A Ich will nimmer trinken, ich will nimmer trinken!

TS Da haben Sie heute eine sehr schwere Situation. Wie könnten Sie es denn trotzdem schaffen, auch wenn tatsächlich heute Abend niemand kommt? **(Erweiterungsfrage)**

A Kann ich die Telefonseelsorge anrufen?

TS *(Zögerlich)* Natürlich können Sie sie anrufen.

A Sie zögern so.

TS Ja, ich überlege gerade, ob Ihnen das was hilft, wenn Sie sagen, Sie haben schon die Erfahrung gemacht, dass Sie anrufen und dann doch hinterher trinken.

A Ja. Wenn niemand da ist. Ich bin dann so allein. Aber ich will nimmer trinken!

TS Es könnte ja auch sein, dass Sie bei der Telefonseelsorge niemand erreichen, wenn z. B. besetzt ist.

A *(Wütend)* Wenn man jemand braucht, ist niemand da!

TS Dann sind Sie also dazu verdonnert zu trinken, wenn niemand da ist? **(Erweiterungsfrage nach den Auswirkungen)**

A Nein. Ich bekomme dann so eine Wut.

TS Auf wen bekommen Sie eine Wut, auf sich selber oder auf die anderen?

A Ich bekomme so eine Wut auf die anderen.

TS Und wie wirkt sich das dann aus? Fangen Sie dann an zu trinken oder lassen Sie es? **(Erweiterungsfrage nach den Auswirkungen)**

A *(mit fester Stimme)* Dann trinke ich nicht.

TS Sie machen es dann gerade zum Trotz nicht?

A Ja, das hilft mir.

TS Da haben Sie ja eine ganz gute Lösung. Dann muss ich ja jetzt aufpassen, dass Sie auch von mir enttäuscht sind.

A *(lacht kurz)* Jetzt reicht es mir. Jetzt hören wir besser auf. Ich glaube, ich schaffe es jetzt.

TS Dann wünsche ich Ihnen alles Gute, dass Sie heute den ersten Schluck vermeiden und trocken bleiben. Auf Wiederhören.

A Auf Wiederhören.

In diesem Beispiel war für die Anruferin von Anfang an das Ziel völlig klar, die heutige Abstinenz, nur der Weg dorthin, das zieldienliche Mittel musste gesucht werden, nachdem die vertrauten Hilfen nicht möglich waren. In diesem Fall ermöglichte es der Trotz als Ressource der Anruferin, die Wahrscheinlichkeit für Abstinenz zu erhöhen.

Übung

Überlegen Sie, in welcher Situation, wie und mit welcher Hilfserwartung Sie (oder ein Mensch, den Sie gut kennen) bei einer Telefonberatung anrufen würden. Machen Sie ein Rollenspiel mit den Rollen Anrufer, Telefonberater, mehrere Beobachter. Lassen Sie das Gespräch erst einmal ca. 5 Minuten laufen, zumindest lang genug für den Aufbau der Beziehung, die Würdigung des Problemerlebens und erste Klärungen des Auftrags. Danach reflektieren die Beobachter mit Hilfe der Auswertungsfragen den bisherigen Gesprächsabschnitt ohne Beteiligung, aber im Beisein des Beraters. Den Anrufer schicken sie derweil vor die Tür.

Auswertungsfragen:

- Welche Äußerungen des Beraters waren bisher hilfreich für die Herstellung des Rapports, zum Aufbau einer wertschätzenden Kooperation?
- Welche Erwartungen äußerte der Anrufer, was der Berater für ihn tun sollte? Welche Erwartung konnte bzw. könnte der Berater erfüllen, welche nicht?
- Was wollte oder will der Anrufer mit Hilfe des Gesprächs erreichen? Wie anschaulich ist das Ziel formuliert? Ist es mit dem Hilfsangebot des Beraters und seinen institutionellen Möglichkeiten erreichbar?
- Was bewirkt(e) das jeweilige Hilfsangebot des Beraters beim Anrufer? Ist das vom Anrufer gewünscht?
- Was an der bisherigen Gesprächsführung sollte beibehalten, was geändert werden?

Anrufer und Berater setzen danach das Gespräch einige Minuten fort. Es bleibt dem Berater freigestellt, welche Anregungen er aufnimmt oder nicht. Es folgt eine weitere Reflektionsrunde der Beobachter usf.

7. Kapitel

Hilfe kennt viele Möglichkeiten

– Anpassen der Gesprächsführung an die Hilfewünsche der Anrufenden

Je niedrigschwelliger und unspezifischer Hilfseinrichtungen arbeiten, desto vielfältiger sind die Erwartungen an sie. Beratungstelefone sind deshalb mit einer breiten Vielfalt von Hilfe- und Beziehungswünschen der Anrufenden konfrontiert. Freilich können und wollen sie nicht alle diese Wünsche befriedigen. Sie sind nicht da für reinen Zeitvertreib (wie Talklines von Rundfunkanstalten) oder für die Befriedigung von Stimulationsbedürfnissen (wie etwa Sextelefone). Auch wollen und können sie kein Freundschaftsbedürfnis befriedigen (wie Telefonketten kontaktbedürftiger Einsamer).

Im Kapitel 3 haben wir fünf verschiedene Hilfe- und Beziehungswünsche von Hilfesuchenden unterschieden, mit denen Telefonberatungsstellen im Rahmen ihres Selbstverständnisses und ihrer Möglichkeiten in der Regel umzugehen haben. Diesen entsprechen dazu passende Hilfs- und Beziehungsangebote der Telefonberater sowie spezifische Vorgehensweisen in der Gesprächsführung. Die Hilfe- und Beziehungswünsche werden durch die Auftragsklärung deutlich. Es sind:

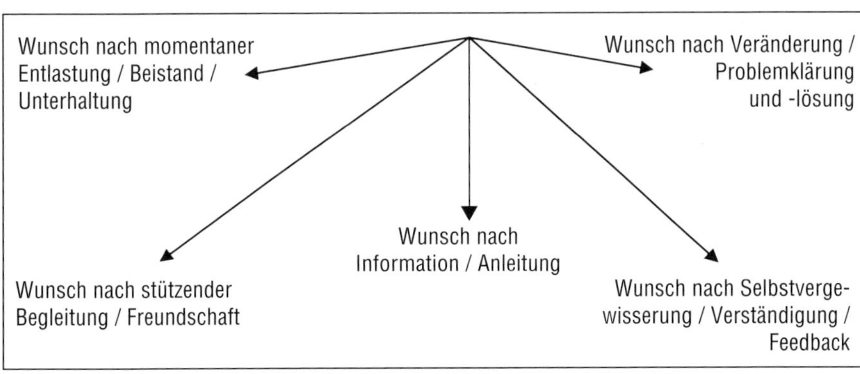

Abb.: Hilfewünsche

Dabei ist zu berücksichtigen, dass sich die gewünschte Hilfe im Laufe des Gesprächs und bei jedem neuen Kontakt ändern kann. In bestimmten Fällen sind gleich mehrere Arten der Hilfe angefragt, wie z. B. im Fall einer psychosozialen Krise momentaner Beistand, Information, Hilfe zur Selbstvergewisserung und Problemlösung und ggf. auch längerfristige Begleitung. Im Laufe eines Krisengespräches müssten also alle diese Erwartungen berücksichtigt werden.

Wunsch nach momentaner Entlastung / Beistand / Unterhaltung

Der **Wunsch nach Entlastung / Beistand** wird meist so ausgedrückt: *„Ich muss das einfach mal loswerden." „ Können Sie mir zuhören?" „Ich hab so Panik..." „Ich glaub ich werd noch verrückt ...".*
Häufig handelt es sich dabei um Menschen, die unter einer momentan belastenden Situation leiden (Einsamkeit, Angst, Panikattacken, Schmerzen, Schlaflosigkeit, depressive Verstimmungen etc.) und Entlastung durch Aussprache und Beistand erwarten, etwa in Form von Dasein, Aushalten, Zuhören, Verständnis, Zuspruch, Trost, Ermutigung.

In solchen Situation ist die Frage nach dem Auftrag zunächst unangebracht. Berater hören am besten erst mal vorwiegend zu und stehen mit Zuspruch und Ermutigung bei (s. Kap. 5). Wichtig dabei ist, sowohl das geschilderte Problem- oder Leiderleben ohne Schönung auszuhalten als auch die Aufmerksamkeit auf Stärken und sonstige Kraftquellen der Anrufer zu lenken (s. Kap. 8). Zwischendurch und gegen Ende eines solchen Entlastungsgesprächs kann man mit Fragen danach, ob sich der Anrufer nun entlasteter fühlt und woran er dies merkt, klären, inwieweit das Gespräch hilfreich war. Befinden sich Anrufer in einer akuten Krise, sollten sich die Berater nach der ersten Entlastung auf die mögliche aktuelle Gefährdung der Anrufer und nächste kurzfristige Schritte der Bewältigung konzentrieren (s. Kap. 10).

Der **Wunsch nach Unterhaltung** zeigt sich z. B. in folgenden Äußerungen: *„Ich wollt mich nur mal unterhalten." „Haben Sie schon von ... gehört?"*
Die Hilfesuchenden fangen auch oft einfach an zu erzählen. Selbst wenn sie sich dabei über bestimmte Dinge beschweren, benennen sie weder eine Erwartung noch ein Bedürfnis nach Veränderung. Den Beratern wird allenfalls der Auftrag erteilt, zuzuhören. Diese Form der Hilfe wird häufig von einsamen, kranken oder behinderten Menschen gewünscht, die in ihrem Alltag kaum Ansprache haben. Andere befriedigen auf diese Weise ihre Rede- und Mitteilungsbedürfnisse, wenn ihre Mitmenschen ihnen nicht mehr zuhören wollen. Das Angebot von Unterhaltung kann also durchaus hilfreich sein für Menschen, die sich mit Kontakt schwer tun oder als Einstieg, um Vertrauen aufzubauen, um dann ein Problem zu besprechen. In diesen Fällen ist Unterhaltung ein Mittel zum Zweck und gehört damit auch zur Aufgabe von niedrigschwelliger Telefonberatung.

Unterhaltung Suchenden sollte man nicht als Hilfesuchende behandeln, die Probleme besprechen oder lösen möchten. Angemessener wäre eher ein Small Talk. Wichtig ist dabei allerdings, auf angemessene zeitliche Rahmenbedingungen der Unterhaltung zu achten (Zeitbegrenzung, s. Kap. 9). Berater sollten darauf achten, dass sie beim Zuhören authentisch bleiben können, denn auch hier geht es um die Wertschätzung der eigenen Person *und* des Gesprächspartners. Können sie der Geschichte auch mit Interesse zuhören? Falls sie dabei selbst Probleme bekommen – z. B. wenn sie die Leitung nicht so lange belegen wollen oder den Eindruck haben, dass die Unterhaltung nur der Einstieg zu einem anderen Thema und Hilfewunsch sein könnte, sollten sie im Interesse der Wertschätzung ihr eigenes Dilemma darlegen und um eine Zeitbegrenzung oder einen anderen Auftrag werben:
„Entschuldigen Sie, dass ich Sie unterbreche, aber ich habe da ein Problem. Ich unterhalte mich gerne mit Ihnen, aber leider kann ich Ihnen nur eine begrenzte Zeit einräumen. Könnten Sie sich darauf einlassen?"
„Mir scheint, dass Sie noch ein Anliegen haben, was Sie mir noch nicht gesagt haben. Wie sehen Sie das?" „Ich glaub', du wolltest mir nicht nur was vom Fußball erzählen. Was meinst du?"

Wunsch nach stützender Begleitung / Freundschaft

Anrufer, die **längerfristige oder andauernde stützende Begleitung** erwarten, erkennen wir daran, dass sie meist keine Erwartung nennen, über eine solche Frage möglicherweise sogar befremdet sind. Manche sprudeln darauf los (*„Ich will einfach mal darüber sprechen..."*), fangen an zu klagen oder fragen nach unserem Urteil (*„Was sagen Sie dazu?"*). Sie versuchen die Telefonberatung häufig anzurufen, mehrmals wöchentlich oder gar mehrmals am Tag. Oft handelt es sich dabei um einsame Menschen mit Behinderungen, körperlichen oder psychischen Erkrankungen. Sie sehen sich als unter einer unveränderlichen Situation leidend und erwarten über längere Zeit oder dauerhaft Stabilisierung durch fremde Hilfe, z. B. durch Trost, Bestätigung, Zuhören und Zuspruch. Das gibt ihnen eine gewisse Sicherheit und Geborgenheit. Gegen ihre Beschwerden wollen oder können sie aktiv nichts unternehmen. Veränderung wird trotz Leidensdruck nicht für möglich gehalten.

Stützende Begleitung heißt, sich zur Verfügung zu stellen, Menschen in einer vielleicht unabänderlichen Problemlage vorübergehend oder auch dauerhaft zu unterstützen und an ihrem Erleben Anteil zu nehmen. Es geht dabei nicht um Veränderung, sondern um Stabilisierung des Status quo. Anrufer, die Begleitung suchen, sollte man also auf keinen Fall als Veränderung Suchende betrachten. Begleitung am Telefon bedeutet, Anrufern einen begrenzten Raum zu geben, ihre Geschichte(n) zu erzählen.

Anteilnahme geschieht durch

- interessiertes empathisches Zuhören,
- Anerkennung,
- sich selbst einbringende Aussagen („Das berührt mich, was Sie da sagen...“),
- Fragen nach kritischen Lebensereignissen („Was war für Sie besonders schwer?”) und deren Bewältigung („Wie sind Sie damals mit den Schwierigkeiten fertig geworden?” „Wie halten Sie Ihre Depressionen aus?“ „Wie schaffen Sie es, in dem Zustand hier noch anrufen zu können?”)
- und sinnstiftende Deutungsangebote, die das Verständnis für das eigene Gewordensein wecken („Es wirkt für mich so, als ob es für Sie wichtig wurde, sich so schnell nicht wieder auf eine engere Beziehung einzulassen und lieber alleine zu bleiben.“).

Wichtig bei der stützenden Begleitung ist die Klärung der eigenen und der institutionellen Möglichkeiten und Grenzen. Die häufige Inanspruchnahme *einer* Telefonberatung durch *eine* Person schmälert die Chancen anderer Hilfesuchender. Meist ist es nötig, bei Würdigung der Bedürfnisse nach Begleitung und Geborgenheit auf die engen zeitlichen Grenzen der Institution hinzuweisen (z. B. mit der Information, dass meist nur *eine* Leitung besetzt ist), um Verständnis für die Begrenzung zu werben (z. B. mit der Fairness gegenüber den Zugangsmöglichkeiten für weitere Hilfesuchende) und klare zeitliche Absprachen zu treffen. Auf keinen Fall sollte man zeitliche Begrenzungen mit erzieherischen Motiven begründen wie *„Wir glauben, dass es gut für Sie ist, wenn Sie weniger anrufen. Sie machen sich sonst von uns abhängig.“* Damit würde Hilfe zur Kontrolle (s. Kap. 3). Dadurch würde man eher einen Machtkampf darüber inszenieren, wer Recht hat.

Manche Anrufende suchen über dauerhafte Begleitung hinaus **freundschaftliche Beziehungen**. Dies finden wir in Äußerungen wie: *„Sagen Sie mir ein gutes Wort.“ „Nur Sie können mir helfen.“ „Sie können ruhig Du zu mir sagen.“ „Sie sind meine beste Freundin.“* Sie fordern Zeichen von Zuneigung und Liebesbeweise ein, die sie meist an bestimmte feste Vorstellungen knüpfen, wie Berater sich verhalten sollten, z. B. bestimmte Äußerungen, Extrazeit, bestimmte Anredeformen. Auch freundschaftliche Treffen außerhalb der Dienstzeiten können gewünscht werden.

Die Äußerung solcher Wünsche kann man als Beziehungsmuster der Kontrolle verstehen. Bei starken eigenen Selbstzweifeln möchten Freundschaft Suchende am Beratungstelefon eine freundschaftliche Beziehung erzwingen und bei sich selbst den Eindruck erzeugen, geliebt zu werden. Berater sollten aufgrund eigener Authentizität, eigener Grenzen und aus Interesse an echter Beziehungsfähigkeit diesen Wünschen *nicht* entsprechen. Wertschätzung solchen Anrufern gegenüber würde bedeuten, solche Wünsche als Ausdruck einer tiefen Beziehungssehnsucht zu würdigen, ohne sie jedoch zu befriedigen. Stattdessen könnte man

- zu einem Gespräch darüber einladen, woran Freundschaft oder Liebe zu erkennen seien und wie und mit welcher Hilfe die Person freundschaftliche Beziehungen entwickeln könnte.
- danach fragen, was sich im Leben des Anrufers verändern würde, wenn das, was er als Freundschaftserweis sucht, erfüllt würde (Frage nach hypothetischen Lösungen oder Wunderfrage, s. Kap. 8). Das regt an, darüber nachzudenken, welches Bedürfnis im Freundschaftswunsch steckt und was davon wo und wie erfüllt werden kann. Oft sind das tiefe kindliche Wünsche nach Gehaltenwerden und geliebt zu sein oder auch erotische Sehnsüchte.

Fallbeispiel

Eine ca. 40-jährige psychisch kranke Frau ruft regelmäßig an. Darüber gibt es eine zeitliche Abmachung, die sie seit Jahren genau einhält. Die Anruferin thematisiert seit einiger Zeit öfter den Wunsch nach körperlicher Nähe zu ihren Helfern. Das folgende Gespräch wurde mit einem männlichen Berater geführt.

A Hallo, hier ist K.

B Hallo K. ... Was kann ich für Sie tun?

A Mich lieb haben.

B *(stutzt)* Das ist ja mehr so' ne Einstellung. Das ist ja nicht was zum Tun....
Ich glaube schon, dass das was ganz Wichtiges ist, was Sie sagen. Nur kann ich mir noch nicht so genau vorstellen, was Sie damit meinen. Jemanden lieb haben ist ja ein ganz großes Wort. Woran würden Sie denn merken, dass jemand Sie lieb hat?

A Wenn ich respektiert werde. Wenn meine Wünsche respektiert werden.

B Was müsste bei Ihnen respektiert werden?

A Wenn ich will, dass mich jemand in den Arm nimmt, dass er das dann auch tut…

B Respektieren heißt dann für Sie, dass der Wunsch auch erfüllt wird?

A Ja das ist für mich ganz wichtig. Dass der andere die Nähe, die ich brauche, zulässt. Das habe ich ja früher nicht gehabt *(erwähnt, dass sie ohne körperliche Zuwendung aufgewachsen sei und Angst vor Nähe gehabt habe. Sie habe eine Phantasiefigur Tarzan gehabt, die für sie ein Vaterersatz gewesen sei. Komisch sei nur gewesen, dass sie die Figur immer nur dann phantasierte, wenn sie krank war.)*...
Wenn es mir bei Ihnen schlecht ginge, würden Sie mich dann in den Arm nehmen?

B Dann wäre das ja wie in diesem Bild: Ich werde nur lieb gehabt, wenn ich krank bin. Um in den Arm genommen zu werden, muss ich mich möglichst bedürftig anbieten, muss es mir schlecht gehen oder so was? Das wollt' ich nicht unterstützen.

A Was muss ich denn dann tun, damit Sie mich in den Arm nehmen?

B Das wirkt auf mich so wie Berechnung. Für mich ist jemanden respektieren oder lieb haben was anderes als ihm seine Wünsche unbedingt zu erfüllen.

A Das versteh ich nicht. Wenn ich's doch brauch'!

B Ich höre das schon, dass es für Sie ein ganz dringendes Bedürfnis ist, von mir in den Arm genommen zu werden. Angenommen ich würde es machen. Ihr sehnlicher Wunsch würde einfach erfüllt. Es ist passiert, einfach so. Was würde sich für Sie dadurch verändern?

A Ich würde mich geliebt und gewollt, froh, zufrieden und glücklich fühlen, mich freuen. Ich hätte mehr Kraft. Es ist schön.

B Was würden Sie dann tun?

A Ich würde mich nicht schneiden. Ich wäre unabhängiger. Das ist doch gut, wenn ich mich nicht mehr schneide... Ich würd' mit dem Hund spazieren gehen. Mit Freude. Ich würde die Menschen umarmen, die mir begegnen. Und wenn die das nicht wollen, würd' ich sagen: Auch recht.

B Toll. Und was wäre noch? Was würde in Ihrem Kopf herumgehen? Was würden Sie denken?

A Ich würde denken: Ich bin ein wertvoller Mensch. Ja vielleicht nicht ganz so. Aber zumindest zu 5 %. Zumeist denke ich ja, dass ich nicht wertvoll bin. Ich würde denken, ich habe ein Recht zu leben.

B Was würden Sie denn an sich wertvoll sehen?

A Dass ich lieb haben kann. Ich kann Komplimente machen *(lacht).*

B Das klingt toll, dass Sie das können, dass Sie andere lieb haben können.

A Ja das wäre, wenn ich diese Tankstelle hätte bei Ihnen, aber real, nicht nur in der Phantasie.

B ... Haben Sie denn wenigstens ein ganz klein wenig von dieser Erfahrung von der Tankstelle auch schon in der letzten Zeit gemacht?

A Ja heute Nacht. *(Sie berichtet von einer Freundin, mit der sie sich gerne knuddelt. Die sei für sie wie eine gute Mutter. Manchmal umarme diese sie. Heute Nacht habe die Freundin sie in den Arm genommen, später habe sie keine Lust mehr dazu gehabt. Das habe der Anruferin aber nichts ausgemacht, weil sie wüsste, dass sie in fünf Tagen wieder eine solche Umarmung mit ihr haben könne. Sie habe sich stattdessen selbst gebürstet und in die Wanne gelegt.)*

B fragt, wieso es so wichtig für sie sei, dass sie von ihm in den Arm genommen werde. A begründet das mit dem gewachsenen Vertrauen. Wenn sie diese Art der Nähe aber bei ihm nicht bekomme, was dann? Wie könne sie trotzdem schon ein wenig Ja zu sich sagen? Am Schluss bemerkt A, sie habe jetzt viel Stoff zum Nachdenken. B und A vereinbaren, darüber ein anderes Mal weiter zu sprechen.

Wunsch nach Information / Anleitung

Anrufer, die diesen Wunsch haben, fragen meist direkt danach, z. B. *„Wohin kann ich mich wenden?“ „Welche Rechte habe ich ...?“ „Halten Sie mich für depressiv?“ „Können Sie mir dabei helfen, wie man eine Bewerbung schreibt?“ „Ich hab da ein Problem. In unserer Beziehung klappt's sexuell nicht. Können Sie mir da was raten?“.* Sie äußern, dass es ihnen an Wissen oder bestimmten Fertigkeiten fehlt und erwarten von dem Gespräch die Zurverfügungstellung von Wissen.

Hier wird ein klarer Auftrag gegeben. Ein auftragsgemäßer Umgang damit bedeutet, präzisierende Fragen zu stellen und die gewünschte Information oder Anleitung zu geben, nicht aber Hintergründe zu problematisieren, wenn der Anrufer dem nicht ausdrücklich zustimmt. Allerdings können Berater in ein Dilemma geraten, wenn sie bestimmte Informationen nicht geben dürfen oder können. Die Weitergabe von rechtlichen und medizinischen Informationen am Telefon z. B. unterliegt gesetzlichen Bestimmungen und ist daher den dazu befugten Fachleuten zu überlassen. So weit es die Richtlinien und Kompetenzen erlauben, sollten Berater Informationen nur mit Hinweis auf die persönlichen und sachlichen Grenzen geben. Nicht selten verbirgt sich in dem Informationswunsch eine komplexere Problemstellung, die mit einer einfachen Information oder Anleitung nicht gelöst werden kann. Dann könnte man versuchen, einen Auftrag zur Klärung und Problemlösung zu bekommen, z. B.: „Am Telefon kann ich nicht beurteilen, ob Sie depressiv sind. Dazu müssten Sie zu einem Arzt oder Psychologen gehen. Mir scheint aber, dass diese Frage für Sie von großer Bedeutung ist. Ich würde gerne verstehen, was Ihnen daran so wichtig ist, dass Sie deswegen jetzt hier anrufen.“ „Wenn's beim Sex nicht so klappt, könnte das ein Zeichen für vielerlei sein. Es könnte auf ein Problem in der Beziehung hinweisen oder eine körperliche Ursache haben. Da müsste ich erst mal mehr dazu fragen, womit Sie glauben, dass es zusammenhängt. Am besten wäre es natürlich, gleich einen Fachmann aufzusuchen. Was meinen Sie?“

Wunsch nach Selbstvergewisserung / Verständigung / Feedback

Manche dieser Hilfesuchenden zeigen sich unsicher über das, was sie tun wollen oder getan haben. Sie scheinen unter einem Selbstbild zu leiden, das es ihnen schwer macht, sich selbst und die eigene Lebensgeschichte zu verstehen und anzunehmen. Manchmal wirkt das Anrufen selbst bereits mit Scham und Selbstzweifeln behaftet. Bisweilen fragen die Anrufer selbst, wie man sie erlebt: *„Was halten Sie davon?“ „Wie wirke ich auf Sie?“ „Verstehen Sie mich...?“ „Ich schäme mich so...“* Andere erzählen und inszenieren z. T. gekonnt skurrile oder unglaubliche Geschichten. Sie scheinen Reaktionen der Helfer zu testen (Testanrufe) oder Reaktionen und Handlungen bei ihnen hervorrufen zu wollen, die ihnen z.B. Macht-Befriedigung verschaffen und bei den Helfern Besorgnis, Entsetzen oder Ohnmachtsgefühle hinterlassen (sog. Fakeanrufe, von englisch fake: Betrug, Schwindel, Kniff, Fälschung).

Beim Wunsch nach Selbstvergewisserung und Verständigung geht es im Grunde nicht um Hilfe für eine Verhaltensänderung, sondern für eine andere Bewertung des eigenen Verhaltens und der eigenen Person, der eigenen Identität (Wie wirke ich auf andere? Wie denken andere über mich?). Wird man um Feedback gebeten, sollte dieses das Selbstwertgefühl der Anrufenden stärken und Sinn stiften. Dazu gehört, dass man versucht, das Verhalten der Anrufenden im Zusammenhang mit ihrer jeweiligen Lebenssituation zu verstehen. Manchmal hilft ein neuer Blick darauf, was sie unter schwierigen Lebensumständen geleistet haben. Manchmal geht es auch um schmerzhafte Einsichten in Schuld, Lebensangst, Versagen und Grenzen. Dann ist es wichtig, dass Berater dies auch zulassen und aushalten. Solches Feedback und Aushalten existentieller Betroffenheiten kann zur Erweiterung der Selbstsicht der Hilfesuchenden und zur Neuorientierung führen.

Beispiele aus der Telefonseelsorge:

Eine junge Frau ruft an und bekommt zunächst kein Wort heraus. Sie schäme sich, angerufen zu haben und sie würde sich jetzt auch schämen, wenn sie wieder auflegte. Was tun? Der Telefonseelsorger hat keine Ahnung, wie er da helfen könne und sagt das auch. Er möchte ihre Scham ernst nehmen und ihre Gefühle nicht mit dem gut gemeinten Hinweis abwerten, dass sie sich doch hier am Telefon nicht zu schämen brauche. Die Frau reagiert auf die Hilflosigkeit ein wenig empört. Der Mitarbeiter sei wie viele Menschen doch wirklich ahnungslos. Sie müsse ihn erst einmal über ihr Schicksal aufklären. Wie oft habe sie sich geschämt, wenn sie ihren Vater, den sie gleichzeitig auch liebte, betrunken aus Wirtshäusern holen musste. Ihre Scham sei ja so etwas wie eine Anstandswahrung gewesen, meint der Telefonseelsorger anerkennend. So etwas zu hören tue ihr gut, sagt die Frau und erzählt dann voller Stolz, dass sie trotz eigener Eheprobleme und dieser Familiengeschichte nicht trinke, die Wohnung sauber halte und zweimalige Patentante sei.

Eine 18-jährige schildert die Aggressivität, die in ihrer Familie gegenüber der dementen Großmutter geherrscht habe. Niemand habe die seltsamen Launen ihrer Oma in den letzten Jahren verstanden. Man habe die Oma abgelehnt. Jetzt nach ihrem Tod macht die Anruferin sich schwere Vorwürfe, ihre Oma auch so behandelt zu haben. Der Berater versucht ihre Schuldgefühle damit zu relativieren, sie hätte halt zu wenig Sachkenntnis über Demenz gehabt. Das sei richtig, aber helfe ihr wenig, meint die Anruferin. Sich zu ihrem Versagen zu bekennen sei ihr wichtig, betont sie mit Betroffenheit am Ende des Gesprächs.

Den Inszenierungen von Test- und Fakeanrufern könnte man mit einem So-tun-als-ob und mit Fragen nach dem Auftrag begegnen. Man tut so, als ob die Erzählung des Anrufers wahr wäre, fragt danach, welche Hilfe er sich wünscht, welches Ergebnis er sich vom Gespräch erhofft und betont dabei die eigenen Begrenzungen. Anrufer haben dabei wie in einem Rollenspiel die Möglichkeit, neue Erkenntnisse über sich selbst und die Reaktionen anderer zu gewinnen, ohne dass das Spiel aufgedeckt werden muss.[12]

Wunsch nach Veränderung / Problemklärung und -lösung

Der Wunsch nach Änderung einer als unerträglich erlebten Situation bedeutet nicht unbedingt, dass Anrufer eine Änderung generell für möglich halten, noch dass sie glauben, selbst etwas zur Änderung eines Problems beitragen zu können. Die Berater werden häufig von Anrufern in Anspruch genommen, die sich selbst als Opfer anderer oder der Umstände ansehen und erwarten, dass man ihre Sichtweise übernimmt und wenn möglich bei der Änderung anderer hilft. Der Wunsch nach Veränderung kann sich somit äußern in dem **Wunsch nach Bestätigung**, nach **Veränderung *anderer*** oder nach **Veränderung eigener Verstehens- und Verhaltensmöglichkeiten**.

Wunsch nach Bestätigung

Die Anrufer suchen Bundesgenossen gegen eine dritte Person oder einen Sachverhalt, der negativ bewertet wird. Berater bekommen den Auftrag, sich mit dem Anrufer zu verbünden, um seine Sichtweise zu bestätigen, Recht zu sprechen oder gar für ihn Partei zu ergreifen: z. B.: *„Finden Sie nicht auch...?" „Was sagen Sie dazu?"*

Damit geraten Berater in ein Dilemma. Eine einseitige Parteinahme missachtet, dass man immer nur von einer Seite einer Problemdarstellung erfährt und gefährdet die beraterische Neutralität (s. Kap. 3). Auf einseitige Parteinahmen reagieren Hilfesuchende zwar einerseits geschmeichelt, andererseits lösen sie nicht den Konflikt. Manchmal bewirken sie sogar Gegenreaktionen beim Anrufer, bei denen der vorher Gescholtene plötzlich verteidigt wird. Berater könnten mit dem Hilfesuchenden erörtern, welche Folgen es hätte, wenn man sich verbünden würde und wie dies zu den Zielvorstellungen des Anrufers und zu dem eigenen Selbstverständnis des Beraters passen würde. Dabei sollte man auf die Bedeutung der eigenen Unparteilichkeit hinweisen.

Es gibt aber auch Situationen, in denen eine klare Positionsbeziehung vom Berater gefordert ist, insbesondere gegenüber Tätern und Opfern von psychischer, physischer und sexueller Gewalt sowie sonstigen Straftaten. Diese Stellungnahme dient der Klärung und Orientierung. In solchen Fällen

[12] Ausführliche Artikel dazu in Evangelisch-Katholische Kommission für Telefonseelsorge und Offene Tür (Hrsg.) „Auf Draht" Nr. 60/Dez. 2005

sollten Berater eindeutig wertend gegen das beklagte Verhalten Position beziehen, nicht aber gegen die Person und ihre Motive selbst, z. B. bei einem sexuellen Übergriff: „Dein Onkel hätte dich nicht so berühren dürfen.“, oder wenn ein Kind meint, es wäre besser nicht am Leben, weil es der Mama nur Stress mache: „Wenn deine Mama zu dir sagt, wenn du nicht wärst, ging's ihr viel besser, hat das nichts mit dir zu tun. Kinder dürfen auch stressig für die Eltern sein. Vielleicht hat deine Mama selber wegen irgendetwas Kummer oder Stress und sagt zu dir deshalb, es wäre besser, wenn du nicht da wärst. Was meinst du?“

Wunsch nach Veränderung anderer oder der Lebensumstände als Sehnsuchtsziel

Die Hilfesuchenden beklagen sich über das Verhalten von Anderen oder die Lebensumstände. Sie sehen sich als Opfer von Ursachen, die sie selbst nicht zu verantworten haben. Sie glauben zunächst, selbst nichts zu einer Lösung beitragen zu können. Die Umstände oder die Anderen sollen sich ändern: *„Wenn man mir doch wieder Arbeit geben würde...“ „Wenn ich nicht diese Krankheit hätte...“ „Wenn mein Mann nicht mehr trinken würde. Aber er will ja nicht hören. Können Sie meinem Mann helfen?“* Damit haben die Berater ein Problem. Berater haben nicht die Macht, die Umstände oder am Gespräch unbeteiligte Menschen zu verändern. Generell kann man niemanden gegen seinen Willen in eine bestimmte Richtung lenken (s. Kap. 2). Man muss also Anrufer genau da enttäuschen, wo sie Änderung suchen.

Das Sich-Beklagen kann aber auch durchaus nützlich sein, wenn es dazu dient, sich einen Kummer von der Seele zu reden. Wichtig ist also zunächst einmal, die missliche Lage der Klagenden zu verstehen und deren Leid, Zielvorstellungen und bisherige Lösungsversuche zu würdigen. Erst wenn sich Klagende darin wertgeschätzt erleben, ist die Zeit gekommen, ihre Erwartungen zu enttäuschen. Dies kann man direkt machen. Dazu noch einmal das Beispiel von Kapitel 6, S. 96.

14-jährige Anruferin, die von zeitweiligem Drogenkonsum sprach:

A Meine Mama lässt mich einfach nicht in Ruhe. Die kommt einfach in mein Zimmer. Was soll ich machen?

B Das ist aber ärgerlich für dich. Was soll denn passieren?

A Meine Mama soll mich halt einfach in Ruhe lassen.

B Das wäre sicher schön für dich. Leider kannst du das aber deiner Mutter nicht einfach so befehlen. Das kann niemand – ich auch nicht, wenn deine Mama glaubt, gute Gründe dafür zu haben. Meinst du, du könntest selbst was dazu tun?

Eine indirekte Form der Erwartungsenttäuschung ist, über die Wahrscheinlichkeit der Einflussnahmemöglichkeit des Anrufers oder anderer Personen auf die beklagte Person zu sprechen. Meist fragt man dann, wie wahrscheinlich Hilfesuchende eine Änderung einschätzen.

B Meinst du, deine Mama würde dich derzeit einfach so in Ruhe lassen, wenn sie sich so Sorgen um dich macht, weil sie dich mit Drogen erwischt hat? Würde sie sich das von jemand ausreden lassen?

A Nein, eigentlich nicht.

B Wenn du das also nicht schaffen kannst, was könntest du dann tun? Willst du das mit mir überlegen?

Wird von den Anrufenden zumindest eine gewisse Wahrscheinlichkeit der Einflussnahme gesehen, sollte man daran anknüpfend fragen, an welchen Beobachtungen sie das festmachen, dass in bestimmten Situationen oder bei einem bestimmten Umgang mit der beklagten Person durchaus Verbesserungen auftraten (Fragen nach Ausnahmen des Problems, s. Kap. 8). Wenn Anrufer solche Ausnahmen aus der Vergangenheit berichten, könnte man in einem weiteren Schritt anregen, darüber nachzudenken, was sie vermutlich selbst zu einer Änderung oder Entspannung beigetragen haben, und was davon sie in Zukunft nutzen und vermehrt machen könnten.

B Du hast eben gesagt, dass deine Mama dich mehr in Ruhe lässt, wenn du nicht gleich auf dein Zimmer verschwindest, wenn du von der Schule kommst, sondern ihr auch mal irgendwie zeigst, dass sie dir vertrauen kann. Wie machst du das? ... Wie könntest du das noch mehr machen?

Bei sehr geringer Wahrscheinlichkeit der Einflussnahme ist es besser für einen anderen Auftrag werben, nämlich ein Gespräch über das, was Anrufer selbst direkt beeinflussen können. Dabei geht es immer darum, dass Hilfesuchende ihren eigenen Spielraum erweitern. Die Beklagten, unter denen sie leiden, kann man dabei wie eine erschwerende unbeeinflussbare Umweltbedingung – so wie schlechtes Wetter – beschreiben, das wir nicht ändern, mit dem wir aber unterschiedlich umgehen können. So begeben sich die Hilfesuchenden auf die Suche nach Möglichkeiten eines besseren Umgangs mit dem Unbeeinflussbaren (z. B. mehr Abstand halten, es besser aushalten, sich selbst anders verhalten). Um die Anrufenden zur Mitarbeit dazu zu gewinnen, sollten Berater jedoch immer deren Sehnsucht wertschätzen, dass es am besten wäre, wenn die Andern sich ändern würden, auch wenn diese nicht erfüllt werden kann.

Beratungsbeispiel:

Eine Frau beginnt mit Klagen über ihre gegenwärtige Lebenssituation. Die 16-jährige Tochter Sabrina habe nun schon zum wiederholten Mal die Familie geschädigt. Nachdem sie vor einigen Wochen schon Geld aus ihrer Geldbörse gestohlen habe, habe sie nun für über 500 Euro telefoniert. Sie sei zur Rede gestellt worden. Sie sehe jedoch nicht ein, dass die Familie nicht so viel Geld habe. Die Anruferin habe die Rechung durch Geld von ihrem Sparkonto beglichen. Sie klagt weiter über ihre Erkrankungen und dass sie einen großen Teil ihrer Arztrechnungen selber begleichen müsse und auch ihre Medikamente nicht mehr wie früher übernommen würden. Sie klagt und klagt.

B *(unterbricht, als sie kurz innehält)* Sie haben's ja wirklich sehr schwer. Das ist ja kaum auszuhalten, was da alles zusammenkommt.

A Das stimmt.

B Sie hören sich ja auch total erschöpft an ... Gibt es etwas, was wir tun könnten oder Sie? Sie haben ja sicher angerufen, damit Ihnen unser Gespräch irgendwie hilft.

A Ja, wie kann die Situation leichter werden? ...
Ich hab immer gedacht, wenn Sabrina groß ist, dann wird alles besser. Und dann haben wir mehr Geld. Und mit meiner Krankheit wird es besser. Aber es wird alles immer schlimmer. Es ist so viel. Ich verlier' den Überblick. Und das wollt' ich Ihnen sagen. Es ist wirklich so. Die Leute glauben mir nicht. Glauben Sie mir denn?

B Ich habe keinen Anlass an dem, was Sie sagen, zu zweifeln. Ich kann das schon einigermaßen nachvollziehen. Ich weiß, wie das ist, wenn man Kinder hat und Geldsorgen. Aber bei Ihnen kommen ja noch die Krankheiten dazu. Da kann ich nur erahnen, wie es Ihnen gehen mag. Was ich verstanden habe ist, dass es Ihnen wichtig ist, dass man Ihnen glaubt.

A Ja, dass man an *mich* glaubt. Das erlebe ich nur hier bei Ihnen. Die meisten Menschen tun es ab. Da sag ich es lieber gar nicht. Da hab ich Angst, dass die einen nur verachten oder darüber herziehen ...

B Und Ihnen hilft schon allein das Erzählen?

A Ja dann denk ich, ich kann es wenigstens mal sagen. Und dann geht es mir wieder besser. ... Das hilft mir schon ein wenig ... Wenn ich das so erzählen kann, dann hab ich wieder mehr Raum zu merken, was mir am meisten zu schaffen macht.

B Und wie merken Sie jetzt schon durch unser bisheriges Gespräch, was Ihnen am meisten zu schaffen macht und worauf wir uns jetzt konzentrieren sollten?

A Das ist Sabrina. Das ist so grotesk. Wir halten das Geld zusammen, und sie gibt es mit vollen Händen aus. Und ich hab den Zugang zu ihr verloren. Sie lässt keinen an sich ran.

B Keinen, auch nicht ihren Vater oder ihren Bruder?

A Nein, sie lässt sich nichts sagen und hält uns für altmodisch.

B Und wie kann die Situation da leichter werden?

A Sabrina soll zurückstecken lernen. Alles im Leben hat seinen Preis. *(Beklagt sich über das Unverständnis Ihrer Tochter)*

B Wenn Sie mir das jetzt sagen, verstehe ich Sie sehr wohl und kann Ihnen zustimmen. Aber würde Sabrina zustimmen und sich von diesem Appell überzeugen lassen? Wie wahrscheinlich ist das?

A Nein, sie denkt, alles ist da. Wir haben ein schönes Haus. Aber sie sieht nicht, dass wir woanders zurückstecken müssen.

B Und sie ist von niemandem zu beeinflussen?

A Nein. Vielleicht höchstens von dem Berater in der Jugendberatungsstelle. Da hab ich einen Termin ausgemacht. Da muss sie mit.

B *(erkundigt sich nach diesem Termin, den er in einem früheren Gespräch wegen des Verdachts des Drogenmissbrauchs von Sabrina angeregt hatte. Die Anruferin will zunächst alleine dorthin, dann zusammen mit ihrer Tochter)*
Vielleicht haben Sie ja Glück und sie findet da einen Erwachsenen, von dem sie sich was sagen lässt. Aber bis dahin und für unser Gespräch heute, wie könnte es da für Sie leichter werden? Das haben Sie sich doch gewünscht? Oder geht das gar nicht?

A Mein Mann erträgt das besser als ich. Der hat so eine stoische Ruhe. Aber ich kann das nicht.

B Ja, das geht bei Ihnen nicht. Dafür fühlen Sie sich viel zu sehr mit ihr als Mutter verbunden? Dass Sie keine stoische Ruhe empfinden können zeigt ja, wie nah Ihnen Ihre Tochter steht.

A Das stimmt.

B Welche Möglichkeiten haben Sie noch, dass es Ihnen leichter wird, wenn Ihre Tochter sich einfach nichts sagen lässt und sich zu Hause wie eine Kriminelle, wie ein Dieb verhält?

A Ja wir haben schon unser Geld versteckt. Und was sie gestohlen hat, muss sie abarbeiten. Und wenn die wieder was über's Internet bestellt, ruf ich da an und sage, dass meine Tochter nicht berechtigt ist, solche Käufe zu machen. Da habe ich jetzt keine Hemmungen mehr.

B Und wie sieht das Ihr Mann?

A Der denkt genauso und unterstützt mich da.

B Das ist also kein Problem. Ich sehe im Moment zwei Möglichkeiten der Erleichterung. Sie kontrollieren Ihre Tochter und verhindern, dass sie Sie bestiehlt und das Geld zum Fenster hinauswirft. Und da haben Sie mit Ihrem Mann ja schon angefangen und ganz gute Ideen. Das andere ist, was Sie für sich selbst tun können, dass Sie das überhaupt aushalten, wie schwer es mit ihr ist und wie wenig Einfluss Sie haben, damit sie sich wieder gut entwikkelt. Worauf sollen wir uns jetzt konzentrieren? Möchten Sie, dass ich Ihnen dabei helfe, wie Sie ihre Tochter noch besser kontrollieren können oder wie Sie es besser aushalten können?

A Das zweite. Ich möchte es aushalten können. Aber das ist nicht das richtige Wort.

B Ja was wäre es denn, was Sie sich wünschen?

A Das weiß ich nicht so recht.

B Wollen Sie das mit mir überlegen?

Dieses Gesprächsbeispiel wird in Kap. 8, S. 141f fortgesetzt

Wenn andere sich ändern sollen –
Hilfreiche Schritte im Umgang mit Klagenden und deren Sehnsuchtszielen
(nach Ideen von G. Schmidt und A. Retzer)

1. **Zuhören – Leid, Zielvorstellungen und bisherige Lösungsversuche würdigen – Auswirkungen der Lösungsversuche erkunden**
„Sie haben's ja wirklich sehr schwer." „Das ist ja kaum auszuhalten..." „Stoische Ruhe bewahren geht bei Ihnen nicht. Als Mutter geht Ihnen schon unter die Haut, wie Ihre Tochter sich verhält. Das zeigt ja Ihre liebevolle Verbundenheit." „Was haben Sie bereits unternommen? ... Was hat das gebracht? ... Wie sieht das Ihr Mann?"

2. **Zielvorstellungen des Gesprächs erkunden**
„Gibt es etwas, was Sie tun könnten? Sie haben ja sicher angerufen, damit Ihnen unser Gespräch hilft?" „Wie hilft Ihnen das, wenn Sie mir das erzählen?" „Was erhoffen Sie sich von unserem Gespräch?" „Wobei möchten Sie, dass ich Ihnen helfe?" „Wie kann es für Sie leichter werden... Oder geht das gar nicht?"

3. **a) Eigenes Dilemma darlegen, dass eine Änderung anderer in eine bestimmte Richtung ohne deren Mitwirkung nicht möglich ist, und dass der Vorschlag, etwas anderes zu machen als bisher, die bisherigen Bemühungen des Hilfesuchenden entwerten könnte (direkte Erwartungsenttäuschung)**
„Ich würde Ihnen gern dabei helfen, dass Ihre Mutter sich ändert. Das wäre sicher schön für Sie. Nur muss ich Sie dabei leider enttäuschen. Keine Macht der Welt bringt Ihre Mutter dazu, das zu tun, was Sie gerne hätten, wenn sie selbst nicht bereit dazu ist." „Das Beste wäre sicherlich, wenn Ihr Partner mit zur Eheberatung ginge. Wenn wir jetzt nach weiteren Möglichkeiten suchen, befürchte ich, dass Sie sich dann sehr enttäuscht fühlen. Würden Sie sich dennoch darauf einlassen, das mit mir zu überlegen?"

   oder b) die Wahrscheinlichkeit der Einflussnahme erkunden (indirekte Erwartungsenttäuschung)
„Würde Sabrina zustimmen und sich von dem Appell von Ihnen überzeugen lassen? Wie wahrscheinlich ist das?" „Für wie wahrscheinlich halten Sie es, dass Ihr Mann derzeit bereit ist, mit zur Eheberatung zu gehen - für hoch, also einiges über 50%, oder eher für unwahrscheinlich?" „Woran machen Sie Ihre Einschätzung fest?" „Was haben Sie beobachtet, dass Sie zu dieser Einschätzung kommen?"

4. **a) Bei hoher Wahrscheinlichkeit des Einflussnahme beim Hilfesuchenden dafür werben, darüber nachzudenken, was er selbst zu einer gewünschten Änderung oder zur Entspannung beitragen könnte durch einen anderen Umgang mit der beklagten Person bzw. Situation**
„An welche Situation denken Sie, in der Sie den Eindruck hatten, Ihr Mann gehe wieder mehr auf Ihre Wünsche ein?" „Wie erklären Sie sich das? ... Was war da anders? .... Was haben Sie da möglicherweise anders gemacht als sonst?" „Wie könnten Sie dafür werben, dass Ihr Mann mit zur Beratung kommt? ... Wodurch würde er sich überzeugen lassen?" „Wie geht der Jugendberater mit Sabrina um, dass sie eher auf ihn hört? ... Was davon könnten Sie übernehmen?"

   oder b) bei geringer Wahrscheinlichkeit der Einflussnahme Erlaubnis zur Arbeit mit der zweitbesten Lösung einholen (eigene Gestaltungsmöglichkeiten erweitern) und Aufmerksamkeit auf diese lenken unter Wertschätzung des ursprünglichen Sehnsuchtszieles der Veränderung anderer
„Ich kann Ihren Wunsch sehr gut nachvollziehen, dass Ihr Vater einwilligt, freiwillig in ein Pflegeheim zu gehen, weil Sie sich außerstande sehen ihn zu Hause zu pflegen. Leider ist das ja sehr unwahrscheinlich, weil er lieber nach Hause will. Da würde ich am liebsten zaubern können, damit Ihr Wunsch erfüllt wird. Wie wär's da wenigstens mit einer zweit- oder drittbesten Lösung, wenn die beste doch momentan nicht möglich ist. Möchten Sie mit mir nach dieser zweit- oder drittbesten Lösung suchen?" „Möchten Sie, dass ich Ihnen dabei helfe, wie Sie es besser aushalten können?" „Es ist so, wie wenn Sie unter einem andauernden Unwetter leben. Möchten Sie mit mir da überlegen, wie Sie auch trotz schlechten Wetters bestehen können?"
„Wann in der letzten Zeit haben Sie es besser aushalten können? ... Was haben Sie da möglicherweise anders gemacht?" „Wann in der letzten Zeit haben Sie gemerkt, dass etwas Ihnen in der momentanen Situation gut tut, ohne dass sie sich verändert hat? ... Was war das?"

Wunsch nach Veränderung eigener Verstehens- und Verhaltensmöglichkeiten

Diese Anrufer leiden unter einem Problem und erwarten Förderung ihrer Möglichkeiten zu dessen Verständnis und Lösung. Sie wünschen entweder einen Rat (*„Können Sie mir sagen, was ich tun soll?" „Was würden Sie an meiner Stelle tun?"*) oder suchen nach Klärung bzw. Lösung eines Problems und sehen dabei Möglichkeiten, selbst etwas zu ändern (*„Ich möchte das gerne besser verstehen...", „Was kann ich tun, dass mein Sohn nicht mehr trinkt?", „Wie kann ich anders darauf reagieren, wenn mein Sohn trinkt?", „Ich möchte mich mehr abgrenzen."*). In der Regel besteht jedoch eine Ambivalenz hinsichtlich Veränderung und Nicht-Veränderung.

Der Wunsch nach einem Rat

Häufig besteht die Vorstellung, mit einem Ratschlag entscheidende Änderungen erreichen zu können. Damit geraten Berater oft in eine schwierige Situation, denn das menschliche Verhalten und seine Auswirkungen sind eine sehr komplexe Realität (s. Kap. 2). Wir können nicht einfach Verhältnisse einer Lebenssituation auf eine andere übertragen. Man muss Lösungen finden, die zur inneren Landkarte und spezifischen Situation der jeweiligen Person passen. Ratschläge funktionieren daher in der Regel nicht. Das merkt man spätestens dann, wenn Anrufer beginnen, gut gemeinte Ratschläge mit einem „Ja – aber" zu entwerten, oder wenn sie die Helfer für den „guten Rat" loben, ihn aber hinterher nicht umsetzen. Ratschläge bergen die Gefahr, dass man damit unausgesprochen zugleich die Botschaft vermittelt, der Ratsuchende sei in Bezug auf seine Problemlösefähigkeiten inkompetent. Das kann Selbstunsicherheit und Scham hinterlassen. Andererseits gibt es Ratschläge, in denen Erfahrungswerte stecken, die Anrufern neue Verhaltensmöglichkeiten eröffnen, auf die sie nicht gekommen sind, wenn ihnen z. B. wichtige Informationen fehlen. Geben wir also einen Rat, erhalten wir möglicherweise ein Problem weiter aufrecht, forcieren gar Abhängigkeit. Verweigern wir einen Rat, lassen wir die Anrufer möglicherweise ohne die Unterstützung stehen, die sie brauchen, um sich selbst klarer entscheiden zu können.
Wir sollten also weder einfach Ratschläge geben noch sie einfach verweigern.

Möglichkeiten, auf den Wunsch nach einem Rat zu reagieren

- Die eigene Schwierigkeit darlegen und besprechen: *„Wenn ich Ihnen jetzt einen Rat gebe, dann passt der vielleicht nicht ganz zu Ihrer Situation. Wenn ich Ihnen keinen Rat gebe, dann fühlen Sie sich von mir allein gelassen. Wie sollten wir damit umgehen?"*
- Erkunden, wen der Anrufer bereits um Rat gefragt hat und welche Ratschläge er erhalten hat. Meist erfahren wir dann von sich wider-

sprechenden Ratschlägen. Dann könnte man erkunden, wobei und wie diese Ratschläge geholfen haben und ob der Hilfesuchende glaubt, ob weitere Ratschläge anders oder noch besser wirken als die bereits erhaltenen.

- Zugeben, dass man auch keinen Rat weiß, aber bereit sei, gemeinsam nach Lösungen zu suchen.
- Lösungsmöglichkeiten in Form von hypothetischen Fragen anbieten und deren Auswirkungen durchspielen: *„Angenommen, Sie würden das und das tun, wie würde sich das auswirken?“ „Wie würde dann Ihr Mann reagieren, wie würde sich das Verhältnis zu Ihren Kindern ändern?”*
- Aus der eigenen Lebenserfahrung Hinweise oder Verhaltensempfehlungen geben und gleichzeitig zu bedenken geben, ob der Anrufer diese befolgen sollte: *„Ich würde das und das tun, aber ich hätte da auch Bedenken: Sie sind ja in einer ganz anderen Situation...“.* Damit streut man u. U. hilfreiche Anregungen ein, sowohl über Alternativen als auch deren mögliche Auswirkungen. Der Anrufer bekommt mehr Informationen und behält die Freiheit, Alternativen abzuwägen und sich selbst zu entscheiden.

Problemklärung und -lösung

Hilfestellung zur Klärung und Problemlösung am Beratungstelefon zu geben bedeutet, in einer begrenzten Zeit und meist einem einzigen Gespräch Anregungen zur Aufweichung oder Lösung des Problems zu geben und die eigenen Möglichkeiten der Anrufer dazu zu fördern. Daher besteht bei Beratern am Telefon die Gefahr, zu schnell zuzupacken und zu viel erreichen zu wollen. Nach ein paar Sätzen glaubt man zu wissen, wo der Schuh drückt, und ist auch schon bereit, nach Lösungen zu suchen oder gar schon Lösungsvorschläge zu machen. Das Problemerleben der Hilfesuchenden hat aber mit deren innerer Landkarte und ihrer eingeengten Sichtweise zu tun (dazu Kap. 2). Daher liegt die Aufgabe der Berater zunächst darin, mehr über die Situation, die Problemsicht und die bisherigen Lösungsversuche zu erfahren. Wichtig ist v. a. die Klärung: *Was genau sieht jemand als sein Problem? Für welches Problem sucht jemand eine Lösung?*

Beispiel: Ein Anrufer sagt, er habe ein Problem damit, dass sein Freund unehrlich zu seiner Partnerin sei und sie betrüge. Er möge sie beide und komme mit der Situation nicht klar. Er könnte eine Lösung dafür suchen

a) wie er seinem Freund vermitteln könnte, ehrlich zu sein;
b) wie er im Kontakt mit der Frau des Freundes damit zurecht kommt, dass er etwas über sie bzw. ihren Partner weiß, was sie selbst nicht weiß; oder
c) dass ihn die Situation an eine eigene Thematik in seiner Partnerschaft erinnert und ihn deshalb das Problem nicht loslässt.

Klären und Nachfragen hilft, sich ein möglichst klares und plastisches Bild der aktuellen Situation des Anrufers zu machen und dabei Zusammenhänge des Problems (nicht Ursachen!) zu finden. Außerdem erfährt man dadurch mehr über die subjektive Bedeutung, die der Anrufer der geschilderten Situation gibt. So kann man sich allein aus der Bemerkung „Es wäre sehr schlimm für mich, wenn meine Frau sich von mir trennen würde." sehr verschiedene Vorstellungen darüber machen, was dies für den Anrufer bedeutet, z. B.:

„Das wird mir monatelang nachgehen, aber ich werde darüber hinwegkommen."
„Ich bin mir nicht sicher, ob ich darüber hinwegkommen werde."
„Wenn das geschieht, werde ich nie mehr heiraten."
„Dann sehe ich keine Perspektive mehr für mein Leben, dann werde ich mich umbringen."
Daher liefert diese Bemerkung alleine keine ausreichende Basis für die weitere Verständigung.

Die in Kap. 5 beschriebenen Erkundungsfragen helfen, die innere Landkarte des Anrufers und seine Problemsicht kennen zu lernen. Sie dienen auch dazu, dem Anrufer selbst seine eigene Situation zu erhellen und diese von verschiedenen Seiten zu betrachten. Ein plastisches Bild bekommt man nur bei möglichst konkreten, aber offenen Fragen. Am besten stellt man sich vor, man müsste anhand der Beschreibung des Anrufers genaue Regieanweisungen für ein Drehbuch geben können, das seine Situation darstellt. Bereits einige der im Folgenden aufgelisteten Fragen können helfen, die Situation und das Problemerleben des Anrufers besser zu verstehen.

Erkundungsfragen zur Problemklärung

Fragen danach, was man als Problem wahrnimmt:
„Was sehen Sie als Ihr Problem?" „Worin besteht für Sie genau das Problem?" „Wer tut dabei was? ...in welcher Situation?" „Wozu führt das?" „Woran merken Sie das Problem?" „Woran merken es andere?" „Was sagen die dazu?"

Fragen nach Zusammenhängen des Problems
„Wann tritt das Problem auf, wann nicht oder weniger?" „... in welcher Lebenssituation?"

Fragen nach der Bedeutung des Problems
„Was denken Sie, wenn das Problem auftritt?" „Was fühlen Sie dabei?" „Was würden Sie dann am liebsten tun?" „Wie verhalten Sie sich dann?"

Fragen nach Auswirkungen des Problems
„Wie reagieren andere auf das Problem?" „Was bedeutet deren Reaktion für Sie?" „Welche Folgen erwarten Sie, wenn es so weiter geht?" „Welche Folgen sehen andere?"

Fragen nach Erklärungen des Problems
„Wie erklären Sie sich das Problem?“ „Wie erklären es andere?“ „Welche unterschiedlichen Auswirkungen haben die jeweiligen Erklärungen?“

Fragen nach möglichen Auswegen aus dem Problem und deren Folgen
„Welche Auswege schweben Ihnen vor?“ „Welche Bedeutung haben diese Auswege?“ „Was denken Sie, müsste getan werden? ... von wem? ... mit welchem Ziel?“ „Was haben Sie bereits getan?“ „Was haben die bisherigen Lösungsversuche gebracht?“

Fallbeispiel:

Eine Anruferin beklagt sich über ihren Sohn und möchte einen Rat:

A Mein Sohn ist immer so aggressiv.

B Was tut er, dass Sie ihn so erleben? ... Wann und in welchen Situationen tritt das vor allem auf? ... Könnten Sie mir ein Beispiel dazu erzählen? ... Wann tritt es weniger auf? ...

B Wie erklären Sie sich das Verhalten Ihres Sohnes?

A Das kommt daher, dass ich ihm nicht genug Liebe gegeben habe.

B Wenn Sie das so sehen, was würde das dann für Sie bedeuten? Was denken Sie, müssten Sie dann tun? ...

B Wie könnten Sie es sich noch erklären? ... Angenommen, der reagiert zurzeit seine Wut über den geschiedenen Vater an Ihnen aus, was würde das dann für Sie bedeuten? ... Angenommen, der braucht derzeit einfach mehr klare Grenzen von Ihnen, was müssten Sie dann tun?

Ressourcenorientierte Telefonberatung überlässt den Anrufern die Verantwortung für die Lösung ihrer Probleme und entmündigt sie nicht mit eigenen Lösungsvorschlägen. Stattdessen will sie Anregungen dazu geben, dass die Hilfesuchenden die Sichtweisen ihrer schwierigen Situationen erweitern. Es sollte ein *Unterschied* zur bisherigen Problemsicht erreicht werden. Es geht auch nicht um das Erarbeiten von fertigen Lösungen. Das stetige Anregen, das „Ausstreuen von Samenkörnern” genügt. Der Ausgang bleibt offen. Aha – Erlebnisse oder Lösungen („Jetzt weiß ich, was ich tu...") sind eher selten. Langfristig nützlicher sind oft viele kleine Anstöße, die wie ein kreativer Prozess weiter die Selbstorganisation der Hilfesuchenden anregen. Bei der Problemklärung sollte man sich auch nicht unnötig in Einzelheiten verlieren. Nach einer ersten Verständigung über das Problem und der Würdigung des Problemerlebens lenkt man die Aufmerksamkeit der Hilfesuchenden kontinuierlich auf deren Kompetenzen und Bewältigungspotentiale, um Lösungen zu (er-)finden (s. Kap. 8).

8. Kapitel

Oh, wie schön ist Panama!

– Die Aufmerksamkeit gezielt auf Lösungspotentiale lenken

In einer Kinderbuchgeschichte (Janosch 1978) suchen der kleine Bär und der kleine Tiger ihr Traumland Panama. Seitdem sie von seiner Existenz erfahren haben, stellen sie es sich viel schöner vor als ihr Zuhause. Nach langer Suche glauben sie von einem Baumwipfel aus schließlich das ersehnte Land entdeckt zu haben. In Wirklichkeit sehen sie aber nur ihr Zuhause von oben, ohne es zu wissen. Der Perspektivenwechsel verändert gründlich ihren Blick auf das Altbekannte. Weil sie glauben, in Panama zu sein, finden sie das Haus und dessen Umgebung, wo sie bisher auch gelebt hatten, viel schöner als vorher. Ihre Aktivitäten bleiben die gleichen. Sie gehen fischen, finden Pilze, aber sie tun es mit mehr Zufriedenheit – und sie gönnen sich darüber hinaus ein Sofa aus Plüsch. Ihre Bewertung der alltäglichen Dinge und ihrer Aktivitäten ändert sich zum Positiven – und das regt sie an, wieder zufriedener zu leben.

Wie in dieser Geschichte geht es beim ressourcenorientierten Arbeiten um einen Perspektivenwechsel, die Erweiterung des Blickwinkels. Wir lenken die auf „das Problem" fixierte Aufmerksamkeit auf die Suche nach Ressourcen, also auf mit positiven Empfindungen verbundene Visionen, Erfahrungen und Lösungspotentiale. Wir bewegen uns weg von der Problemtrance hin zu einer Lösungstrance, d. h. zu inneren Bildern über erwünschte Veränderungen. Die Lösungstrance bewirkt ganz von selbst die Weitung der inneren Landkarte, also neues Denken, Fühlen und Verhalten bezüglich der beklagten Situation. Dies ermöglicht Lösungen (vgl. Kap. 2).

Unter Lösung verstehen wir dabei den Prozess, von einem negativ bewerteten Ist-Zustand zu einem positiv bewerteten Soll-Zustand zu gelangen.

Negativer Ist-Zustand ⟶ Positiver Soll-Zustand

Es gibt folgende Lösungsmöglichkeiten:

- Man entwickelt erreichbare Soll-Zustände und strebt Schritt für Schritt die erwünschten Soll-Zustände an.
- Man bewertet die bisherigen Ist-Zustände positiver, indem man sie in einen sinnvollen Zusammenhang stellt oder darin enthaltene wichtige Anliegen / Sehnsüchte (er-)findet.

- Man praktiziert einfach wie bei einem Experiment das erwünschte Verhalten oder einen Teil davon, oder tut so, als ob das Gewünschte bereits präsent wäre, und macht dadurch neue Erfahrungen.
- Man akzeptiert die Unveränderbarkeit eines Ist-Zustandes und findet Wege, wie man am Besten damit zurechtkommt.

Im Bereich der Psychotherapie und Beratung gibt es eine Reihe von Möglichkeiten, die Aufmerksamkeit der Klienten auf die Suche nach Lösungspotentialen zu lenken und sie so in eine Lösungstrance einzuladen. Nicht alle sind für Gespräche am Telefon geeignet. Spezifisch für die Telefonberatung halten wir folgende Möglichkeiten lösungsorientiert zu arbeiten für sehr effektiv und möchten sie hier ausführlicher darstellen.

Möglichkeiten lösungsorientierten Arbeitens am Beratungstelefon

- Den Blick auf bereits vorhandene Lösungstendenzen und -kompetenzen richten
- Probleme positiv umdeuten oder in einen sinnstiftenden Zusammenhang setzen
- Zeitreisen in die Zukunft anbieten und den Blickwinkel auf die zukünftigen Auswirkungen des Problems erweitern
- Lösungsvisionen entwickeln
- Ausnahmen vom Problem entdecken und nutzen
- Unterstützung im Umfeld in Anspruch nehmen

Zunächst müssen wir die „Türen" zur jeweiligen Lösungstrance öffnen. Dazu gibt es wieder verschiedene Möglichkeiten. Wir können die „Türen" eher beiläufig öffnen durch Umdeutungsangebote und Umetikettierungen, durch Spiegeln von in den Anruferäußerungen enthaltenen Lösungsideen oder durch anerkennende Rückmeldungen (Komplimente) an die Anrufer. Wir können die „Türen" aber auch gezielt durch entsprechende Schlüssel- oder Einstiegsfragen öffnen. Dies sind Erweiterungsfragen, die die Aufmerksamkeit auf bestimmte Lösungspotentiale lenken. Nach einer Einstiegsfrage ermöglichen weitere Fragen dann dem Anrufer, seine Erzählung möglichst konkret und anschaulich zu präzisieren.

Den Blick auf bereits vorhandene Lösungstendenzen und -kompetenzen richten

Empathische Äußerungen können sich entweder auf das Problemerleben und die damit verbundenen Gefühle, Affekte und Bewertungen beziehen oder auf die in den Äußerungen enthaltenen Wünsche und Ziele (Weber 2005, 69f, 77), z. B.

A Ich bin nimmer normal. Die Betreuerin habe ich auch mit rein gerissen. Wann werd ich endlich gescheit?

B1 Sie zweifeln an Ihrem Verstand und das macht Ihnen Sorge?

oder

B2 Sie würden gerne in Zukunft klüger reagieren?

Das Spiegeln des Problemerlebens (B1) richtet die Aufmerksamkeit auf das Problem, während wir mit dem Spiegeln der Wünsche und Ziele (B2) die Aufmerksamkeit eher auf die Lösungspotentiale ausrichten. Problemorientiertes Spiegeln ist immer dann von Bedeutung, wenn es zum Aufbau der Kooperation mit dem Anrufer darum geht, dessen innere Landkarte besser zu verstehen und auch zu würdigen. Den Blick auf bereits vorhandene Lösungstendenzen und -kompetenzen öffnen wir jedoch durch das **konsequente Spiegeln der in den Anruferäußerungen enthaltenen Wünsche und Ziele** (an den Ressourcen ausgerichtete Empathie). Am besten fährt man mit einer ausgewogenen Balance von problem- und lösungsorientiertem Spiegeln (s. Kap. 2).

Die Tür zu Lösungstendenzen können wir auch öffnen durch **direkte Fragen nach Lösungsideen** oder durch **Fragen nach der Herausforderung**, die im Problemerleben liegt, z. B.
„Welche Lehre würden Sie denn aus Ihrer Erfahrung ziehen?“
„Was bedeutet diese Erfahrung für Sie, wozu fordert sie Sie heraus?“

Solche Fragen helfen, mehr als bisher auf die bereits gezeigten Stärken und Lösungspotentiale zu achten. Dies ermöglicht, bereits nach kurzer Zeit den Gesprächsinhalt vom Problemerleben weg und hin zu Bewältigungskompetenzen zu lenken.

Fallbeispiel:

Eine Frau, ca. 65, allein lebend, berichtet sehr aufgeregt, dass sie einer psychisch kranken Bekannten sehr viel Geld versprochen und bereits überwiesen habe, dies aber nach einem Zerwürfnis bedaure. Sie könne es zwar wieder zurückerhalten, aber sie zweifle an ihrer eigenen Zurechnungsfähigkeit, dieser Frau überhaupt so viel Geld versprochen zu haben.

A *(gehetzte Stimme)* Ich müsst' Ihnen einen ganzen Roman erzählen... Mir graut vor mir selber... Ich habe mich da zu was hinreißen lassen... Ich bin nimmer normal. Die Betreuerin habe ich auch mit rein gerissen. Wann werd ich endlich gescheit?

B Sie würden gerne in Zukunft klüger reagieren?

A Ich hab Angst vor mir selbst. Ich bin ja gefährdet, wenn ich so was wieder mache.

B Was bedeutet das für Sie, wenn Sie das jetzt so sehen?

A Ich muss bei Zusagen besser aufpassen. Jetzt bin ich total unruhig. Das ist wie eine Strafe für mich. Das ist mir so peinlich besonders wegen der Betreuerin, dass ich so unbedacht gehandelt habe.

B Das verstehe ich, dass Ihnen das besonders unangenehm ist. Glauben Sie denn, dass Sie in Zukunft besser aufpassen werden?

A Da bin ich mir so unsicher. Ich traue mir da nicht recht. Ich bräucht' schon jemand, der da auf mich aufpasst.

B Meinen Sie so jemand, mit dem Sie solche weit reichenden Entscheidungen vorher gründlich durchsprechen?

A Ja, ich glaub, ich bin jetzt geheilt. Da bin ich richtig erschrocken über mich selbst... Ja, und da hab ich jetzt mein Lehrgeld bezahlt.

B Welche Lehre würden Sie denn für die Zukunft daraus ziehen?

A Ja, ich kann mir da selbst nicht trauen.

B Heißt das, dass Sie sich da Unterstützung gönnen, dass Sie mit mehr Bedacht entscheiden?

A Ja, ich muss vorsichtiger sein. Ich bin ein bisschen leichtsinnig. Vielleicht brauche ich jemanden, der auf mich aufpasst, bevor ich wieder mein Geld irgendwo leichtsinnig ausgebe.

B Ja, das könnte eine gute Idee sein, dass Sie jede weit reichende Entscheidung vorher mit jemandem besprechen, zu dem Sie Vertrauen haben und sich dabei beraten lassen. Was denken Sie über die Idee?

A Ja das wäre wohl gut. Ich hab sowieso schon daran gedacht, Ende des Jahres in ein Heim zu gehen...

Eine weitere Möglichkeit ist die Arbeit mit sog. **Bewältigungsfragen**, z. B.
„Wie haben Sie es geschafft, dass Sie trotz Ihrer quälenden depressiven Gedanken jetzt hier doch anrufen konnten?"
„Wie kommt es, dass Sie noch am Leben sind? Was hat Sie bisher davon abgehalten, sich das Leben zu nehmen?"
„Wie konntest du die vielen Schläge aushalten, die du erdulden musstest?"
„Wie haben Sie es geschafft, mit der Trennung von Ihrer Frau fertig zu werden?"

Wichtig ist wie immer die Einstellung, mit der man solche Fragen stellt. Sie kommen dann positiv an, wenn man sie mit dem nötigen Respekt vor der Schwere des Leids stellt und wenn dabei auch die Bewunderung vor der Leistung der Hilfesuchenden mitschwingt, dass sie es geschafft haben, angesichts ihrer Leiden und Schwierigkeiten nicht noch schlimmer dran zu sein. Es kommt also darauf an, *wie* man diese Fragen stellt und wie man sie einleitet. Die Fragen laden Hilfesuchende dazu ein, sich an hilfreiche Bewältigungsmuster zu erinnern, auf denen sie jetzt aufbauen können. Das kann bereits die Tatsache des Anrufs sein, die man würdigen kann als Fähigkeit, aktiv Hilfe zu suchen. Manchmal sagen Anrufer, sie hätten sich auch schon gefragt, wie sie bisher zurecht gekommen sind. Daran könnte sich ein Gespräch über Lösungspotentiale anknüpfen.

Fallbeispiel:

Eine 75-jährige Witwe ruft an. Sie habe noch nie eine Telefonberatung angerufen. Ihr Mann sei vor vier Jahren gestorben. Seitdem sei sie alleine. Die Söhne meldeten sich kaum. Aber über ihre Söhne zu klagen helfe ihr auch nicht. Ihr einziger Trost sei, dass sie täglich zum Friedhof gehe. Dort könne sie mit ihrem Mann reden. Das Leben erscheine ihr nur noch als ein Muss. Manchmal denke sie, ihr Mann habe es gut, dass er zuerst gestorben sei.

B ... Wie schaffen Sie es denn, dass Sie trotz der Schwere nach dem Tod Ihres Mannes weiterleben?

A Ja das hab ich mich auch schon gefragt.

B Wenn Sie so mit Ihrem Mann am Grab reden, was sagt der Ihnen denn dann?

A Da hab ich neulich einen Traum gehabt. Da saß der auf einem Stuhl und hat zu mir gesagt: „Das hast du gut gemacht." Da denk ich immer drüber nach, was der damit meint. Das weiß ich nicht.

B Meint der damit eher, dass Sie gut machen, wie Sie jetzt leben, oder mehr etwas in Ihrer Vergangenheit?

A Ich glaub eher jetzt. *(Sie erzählt dann, dass sie nette Nachbarn und auch Freunde habe, die nähmen sie öfter mal mit oder sie spielten zusammen. Und dann gehe es ihr auch gut.)* Ich könnt' doch auch mal alleine bummeln gehen. Ich mein' immer, ich müsst' jemand dabei haben, der mich berät. Wenn ich so weg gewesen bin, denk ich: „Du müsstest das öfter machen." Aber ich tu's nicht.

B So ein guter Vorsatz genügt nicht?

A Ja das reicht nicht.

B Ist es denn immer so, dass Sie nur rumstarren, wenn Sie alleine sind? Gibt es denn auch mal Zeiten, wo Sie sich ein wenig besser fühlen, auch wenn Sie alleine sind?

A *(erzählt daraufhin, dass Sie gerne Kreuzworträtsel löse, lese, dass sie Brieffreundinnen habe, dass sie an Ausflugsfahrten teilnehme, dass sie sehr gerne Fotoalben ansehe und am liebsten einen Videofilm, den ihr Mann gedreht habe. Da blühe sie auf. Leider könne sie das Videogerät nicht selbst bedienen, das müsse ihr Sohn machen. Sie erzählt dann weiter, dass sie am besten mit der Brieffreundin reden könne, die habe auch vor kurzem ihren Mann verloren.)* Die andern können einen nicht richtig verstehen. Das muss man selbst erlebt haben.

B Ja. Ein Außenstehender wie ich kann das ja nur erahnen, wie es Ihnen geht. Wie haben Sie denn jetzt unser Gespräch erlebt? Wie hat es Ihnen bis jetzt geholfen?

A Ja jetzt fühl ich mich schon leichter. Wenn man mit jemand reden kann...

Probleme positiv umdeuten oder in einen sinnstiftenden Zusammenhang setzen

Oft interpretieren Menschen eine Sache nur aus einer ganz bestimmten Sichtweise, während andere Auffassungen genau so gut zutreffen können. Das klassische Beispiel ist das halb volle oder halb leere Glas Wasser. Schon der Anruf bei einer Telefonberatung kann für manche mit der Selbstbewertung verbunden sein, dass sie nicht so ganz in Ordnung seien. Dagegen können Fragen nach Fähigkeiten oder die Bemerkung, dass es ganz normal sei, wichtige Angelegenheiten mit neutralen anderen zu besprechen, die **Hilfesuche in einen neuen Rahmen stellen**. Aus dem „lebensuntüchtigen Hilfsbedürftigen“ wird ein „Mensch, der sich Anregungen von außen zur Erweiterung seiner Kompetenzen gönnt”.

Probleme positiv umdeuten bedeutet v. a. **bisherige negative Bewertungen zugunsten positiver zu verändern**, z. B.: „Sie sind ent-täuscht. Sie lebten mit einer Täuschung und sehen jetzt klarer.” Genauso kann man Suizidwünsche als Suche nach Ruhe (ein häufiges Motiv) oder einem anderen Leben umdeuten: „Sie wollen *so* nicht mehr weiterleben.” Man kann die **Aufmerksamkeit auf die positiven Anliegen richten, die in der Äußerung von Problemen liegen**. Eine Anruferin z. B., die am Telefon ihren Suizid ankündigt, hat nach diesem ‚endgültigen Beschluss' die Kraft gefunden, mit einem wildfremden Menschen Kontakt aufzunehmen, um wenigstens noch jemandem zu sagen, was sie vorhat – ein aktiver Schritt. Man könnte dieses aktive Sorgen-um-sich-selbst unterstützen, indem man ihr Anerkennung dafür gibt, dass sie nicht einfach so aus dem Leben scheidet, sondern vorher noch mal mit jemandem reden will. Oder eine Jugendliche sagt mit vehementer Stimme: „Auch Sie können mich nicht davon abbringen, dass ich mich umbringe!” Die Energie der Anruferin steckt in der aggressiven Selbstbehauptung. Diese Energie könnte man nutzbar machen, indem man z. B. darauf anerkennend erwidert: „Da spricht ja ein starker Selbstbehauptungswillen aus dir!” So erweitert man die Selbstwahrnehmung, die besonders in Krisenzeiten oft eingeengt ist.

Auch einzelne negativ besetzte Eigenschaften oder Widerfahrnisse lassen sich von der positiven Seite bewerten (**Umetikettieren**). Man kann vorsichtig problembesetzte Wörter umformulieren, z. B. Bedrohung als Herausforderung, sich von jemandem nicht trennen können als Treue, Aggressivität als aktiver Einsatz für die eigene Position, z. B.: „Dass Sie sich so aggressiv verhalten – könnte man das auch so sehen, dass Sie sich wirklich einsetzen für das, was Ihnen wichtig ist?“ Durch positive Umdeutungen erweitert man die Wahrnehmung für positive Aspekte in einem bislang nur als problematisch bewerteten Verhalten.

Positive Umdeutung geschieht auch dadurch, dass man dazu einlädt, das **beklagte „Problem“ in einen sinnstiftenden Zusammenhang zu setzen**, quasi das „Gute” am vermeintlich Schlechten zu (er-)finden und zu würdigen. Gerade wenn jemand lang und hartnäckig an einem Problem festhält, könnte das Problem für die betreffende Person und / oder die Menschen im ihrem Beziehungsumfeld einen verborgenen Sinn haben. Das Problem wird sozusagen aufrechterhalten, um damit ein unbewusstes positives Anliegen zu erfüllen. So kann man sich z. B. durch chronische Suizidandrohungen

Aufmerksamkeit verschaffen, um zu erfahren, dazugehören zu dürfen. Sog. lebensuntüchtige „Sorgenkinder", um die sich Eltern intensiv kümmern müssen, auch wenn sie bereits erwachsen sind, könnten – ohne es bewusst zu wollen – ihren Eltern eine Aufgabe geben, die deren Ehe zusammenhält. Möglicherweise liegt im problematischen Verhalten auch ein unbewusster Liebesdienst für andere. Wenn Anrufer ihre Anliegen erkennen und andere Möglichkeiten finden, damit umzugehen, werden sie das Problem loslassen können.

Übung:

Falls Sie es noch nicht gemacht haben, können Sie die Wirkungen des Umetikettierens und Umdeutens anhand eigener Erfahrungen durch die Übungen „Umetikettieren – Bedeutungsgebungen erweitern" und „Probleme umdeuten – Das Gute im Schlechten (er-) finden" aus Kapitel 2 testen.

Fragen zum „Guten" im „Schlechten" erscheinen in der Regel zunächst sehr befremdlich. Damit Hilfesuchende sich überhaupt auf diese neue Perspektive einlassen, ist es nötig, die Fragen entsprechend einzuführen:
„Ich stelle Ihnen jetzt mal eine ziemlich verrückte Frage. Die könnte Sie aber vielleicht auf eine neue Idee bringen. Angenommen, irgendetwas wäre gut daran, dass Ihr Problem noch besteht. Was könnte das sein?"
„Jedes Ding hat zwei Seiten. Man kann es so und so sehen. Was könnte die andere, vielleicht sogar gute Seite Ihres Problems sein?"
„Wozu könnte Sie Ihr Problem herausfordern? Was könnten Sie durch das Problem lernen?"
„Für wen in Ihrer Umgebung wäre es vielleicht sogar nützlich, dass das Problem besteht? Wer hätte was davon?"
Bei der Antwort sollte man sich nicht nur mit einer einzigen begnügen, sondern eine ganze Reihe von Möglichkeiten nennen lassen. Anrufer und Berater können dadurch verstehen, welches unbewusste positive Anliegen mit dem problematischem Verhalten befriedigt werden soll.

Fallbeispiel:

Eine Anruferin sucht eine Erklärung für ihre Situation. Ihr Mann sei schwer erkrankt. Die Ehe sei für sie schon seit vielen Jahren unerträglich. Dennoch bleibe sie. Sie klemme zwischen Bleiben und Gehen. Sie sagt, sie suche ein Konzept, damit es ihr besser geht.

B Ich hab da mal eine Frage, die für Sie vielleicht verrückt klingen mag. Sie leben ja immerhin mit diesem Mann über 30 Jahre zusammen. Was könnte denn gut daran sein, ihm so lange die Treue gehalten zu haben?

A Ja vielleicht ... er ist mein Typ. Er sieht gut aus.

B Was noch?

A Gewohnheit. Auch eine Sicherheit.

B Was noch?

A Ja, dass ich Verantwortung für ihn trage. Ich hab immer das Gefühl gehabt: Was kommen mag, wir packen das. Wir schmeißen den Laden.

B Da ist also auch was gut für Ihren Mann?

A Ja, der ist versorgt, nicht allein.

B Und für Sie?

A Ich will es einfach hinkriegen, dass es 'ne Klarheit gibt. Ich kämpfe. Ich will endlich wahrgenommen werden!

B Sie kämpfen ums Wahrgenommen werden. Werden Sie diesen Kampf gewinnen?

A Ich glaube nicht.

B Dennoch kämpfen Sie – für etwas, was man eigentlich nur geschenkt bekommen kann.

A Das ist wahr. Das stimmt. Das hab ich so noch gar nicht gesehen. Ich glaubte, ich müsste immer darum kämpfen.

B Angenommen, Sie würden den Kampf ums Wahrgenommen werden aufgeben?

A *(gehetzt)* Dann geht es an mein Leben!

B Was meinen Sie damit?

A Dann würde ich mir total leer vorkommen.

B Dann hätten Sie das Gefühl, es gäbe nichts, was Ihr Leben füllt? Der Kampf war und ist für Sie also sehr wichtig?

A Ja, da hab ich mich immer auch sehr vital gefühlt.

B Ich habe den Eindruck, dass dieser Kampf ums Wahrgenommen werden was ist, was Sie sehr lange kennen.

A Ja. Vielleicht wiederhole ich da was aus meiner Kindheit. Ich habe immer um die Liebe meiner Mutter gekämpft. Meine Mutter war ein absoluter Egoist. Sie hat mich nie wahrgenommen...

B Sie sagten, Sie suchen nach einem brauchbaren Konzept. Haben Sie den Eindruck, Sie sind mit Hilfe des Gesprächs dem ein Stückchen näher gekommen?

A Ich denke schon. Das hat was mit dem Kämpfen zu tun. Das mit dem Kämpfen ums Gesehen werden macht mich nachdenklich, wenn man das nur geschenkt bekommen kann...

Wie das Beispiel zeigt, wird der Sinnzusammenhang nicht durch den Berater vorgegeben, sondern angeregt durch seine Fragen im Nachhinein von der Anruferin selbst gefunden oder auch erfunden. Die Sinngebung ist eine sehr persönliche Konstruktion, die es Menschen ermöglicht, ihr Leben unter den ihnen gegebenen Möglichkeiten und Begrenzungen zu bewältigen oder vielleicht auch nur auszuhalten. Dies ist besonders gegenüber Menschen in Krisensituationen zu beachten. Bei Krisen geht es neben der Angstreduktion um die Umwandlung der Warum-Frage („Warum musste mir das passieren?") in ein Wozu. Die Warum-Frage eröffnet keine Zukunftsperspektive, ein Wozu dagegen kann die Suche nach einem existentiellen Sinn für das weitere Leben eröffnen: Wozu fordert mich das Problem / die Krise heraus? Was könnte ich dadurch Neues im Leben entdecken oder entwickeln?

Fallbeispiele:

Eine Frau klagt, dass sie, obwohl sie mittlerweile die Trennung bejaht, dauernd an ihren Mann denken muss, der sie verlassen hat. „Warum?", fragt sie, und kämpft dagegen an. Ein konstruktiver Umgang mit diesen sich aufdrängenden Gedanken wäre, mit ihr zusammen aufzuspüren, was dieser Mann für sie bedeutet hat oder noch bedeutet: Was hat er an Positivem in ihr Leben gebracht? Welche Sehnsüchte hat sie in ihn hineingelegt? Was hat sie ihm gegenüber noch nicht ausgesprochen?

Eine andere Frau kommt mit ihren Gefühlen nicht zurecht. Sie hat sich in einen anderen Mann verliebt, obwohl sie verheiratet ist und zu ihrem Ehemann stehen will. Die Frage: „Was hat dieser neue Mann in Ihrem Leben belebt, geweckt?" könnte sie anregen zu entdecken, was in ihrer Ehe brachliegt. Diese Sicht ihrer Gefühle könnte ihr helfen, ihr Problem im Zusammenhang mit einem anstehenden Entwicklungsschritt zu sehen (z. B. in ihrer Ehe wieder gefühlvoller werden oder Trennendes in der Partnerschaft zuzulassen). Damit erhält die Krise einen möglichen Sinn und kann bereichern.

Zeitreisen in die Zukunft anbieten und den Blickwinkel auf die zukünftigen Auswirkungen des Problems erweitern

Bei diesen Zeitreisen nimmt man Zukunftsentwicklungen gedanklich voraus. Das ist besonders für Anrufer wichtig, die die Auswirkungen eines momentanen Problemverhaltens ausblenden. Einen Alkoholiker z. B. könnte die Frage anregen: *„Wie lange werden Sie noch ihren Arbeitsplatz behalten?" „Wann wird sich Ihre Frau von Ihnen trennen, wenn es so weiter geht?"* Damit lenken wir die Aufmerksamkeit auf mögliche Folgen.

Arbeiten wir ressourcenorientiert, so verbinden wir mit der Zukunftsperspektive zugleich Bewältigungsideen. Schlüsselfragen dazu könnten z. B. sein:
„Stellen Sie sich einmal vor, Sie würden das nächste Jahr so weiter machen wie bisher. Wie wahrscheinlich wird es sein, dass Sie in einem Jahr Ihren Arbeitsplatz noch haben?" „Wie könnten Sie es schaffen, ihn möglichst zu behalten?"
„Stellen Sie sich vor, von heute ab ist ein Jahr vergangen und alles bleibt so, wie es jetzt ist. Wie wird Ihre Situation dann sein? Wie werden Sie es schaffen das auszuhalten?"
„Angenommen Sie sind zehn Jahre älter und schauen mit noch mehr Lebenserfahrung auf heute zurück. Was würden Sie sich selbst raten, was Sie jetzt tun sollten?" „Woran würden Sie merken, dass dieser Rat gut war?"

Ähnlich wie bei den Bewältigungsfragen öffnen diese Fragen den Raum für das Gespräch über Herausforderungen und Lösungspotentiale der Hilfesuchenden, die man dann auf die momentane Situation anwenden kann.

Lösungsvisionen entwickeln

Lösungsvisionen sind eine spezielle Form der Zeitreise in die Zukunft. Man lenkt die Aufmerksamkeit auf die gewünschte Erfahrung und präzisiert sie. Dazu lädt man die Hilfesuchenden ein, sich auf ihre Veränderungsziele zu konzentrieren. Die Berater helfen v. a. durch offene Erweiterungsfragen, aus diesen meist erst vagen Wunschbildern konkrete wohldefinierte Ziele (de Jong und Kim Berg 2003) zu entwickeln. Schon die rein gedankliche Beschäftigung mit der Lösungsvision setzt automatisch neurophysiologische Veränderungen in Gang mit entsprechenden Auswirkungen auf das Fühlen und Verhalten (s. Kap. 2).

Der Einstieg zur Entwicklung von Lösungsvisionen geschieht über die **Frage nach Veränderungswünschen** (*„Was würden Sie gerne ändern?“*) oder über die **Frage nach hypothetischen Lösungen**[13] (*„Was wäre für Sie anders, wenn unser Gespräch Ihnen geholfen hat?“*). Im Kasten „Hilfen für die Entwicklung von Lösungsvisionen“ (S. 135) finden Sie dazu einige Fragebeispiele.

Manchmal äußern Anrufer auch von sich aus beiläufig ihre Lösungsvision, die man aufgreifen kann, um wie im unten dargestellten Beispiel damit zu arbeiten:

A: *„Wenn ich doch wieder einen Freund hätte ...“ „Wenn ich ruhiger sein könnte ...“ „Wenn ich nicht mehr so dick wäre ...“ „Wenn mein Mann sich wieder mehr Zeit für die Familie nehmen würde ...“*

B: *„Was wäre dann anders?“ „Woran würde man Ihnen dann sonst noch anmerken, dass sich etwas verändert hat?“ „Was würden Sie dann wieder mehr tun als bisher?“* etc.

Die Aufgabe der Berater besteht darin, mit Hilfe solcher Erweiterungsfragen zusammen mit den Hilfesuchenden aus den meist vagen Wünschen und Visionen erreichbare und konkret vorstellbare Ziele zu entwickeln. Am besten beginnt man damit, sich die Vision an einem Beispiel oder mit dem Bild einer Metapher beschreiben zu lassen, je anschaulicher und konkreter, desto besser. Dazu helfen Fragen nach Verhaltensweisen, die man auch konkret beobachten kann. Man könnte sich die Lösungsvision wie eine Filmszene vorstellen. Mit der Vorstellung, man sähe einen Film, ermöglicht man

[13] In der Literatur für lösungsorientierte Therapie und Beratung ist dieser Einstieg als sog. Wunderfrage bekannt (de Jong und Kim Berg 2003, Bamberger 2001).

leichter die Beschreibung der Vision aus einer Außenperspektive. Wie im Film könnte die Szene eine Überschrift haben, z. B. *„Ich werde Ruhe bewahren, wenn ich mit meiner Chefin über die Kündigung spreche.“ „Ich werde mir mehr Zeit für meine Familie nehmen.“ „Ich finde einen neuen Freund.“ „Ich werde selbstbewusster.“.*

Visionen sollten gemeinsam mit den Hilfesuchenden **in ihrer Sprache** formuliert werden. Dazu gleicht man sich an die Wortwahl, den Sprachgebrauch, wenn möglich gar an das Repräsentationssystem der Anrufer an (s. Kap. 5). Mit Anrufern, die in Metaphern sprechen, z. B. *„Ich möchte wieder mehr Luft bekommen“, „...dann fühle ich wieder Boden unter den Füßen“, „... dann komme ich wieder aus meinem Loch heraus“,* bietet es sich an, im Bild dieser Metaphern zu bleiben und darin die Lösungsvision weiter zu entwickeln.

Häufig benennen Hilfesuchende Ziele, die nicht direkt erreichbar sind wie z. B. *„Ich werde dann ruhiger...“ „Ich möchte meinen Arbeitsplatz behalten“ „Mein Sohn soll wieder zugänglicher werden.“.* Ziele sind aber nur erreichbar, wenn sie **von den Hilfesuchenden direkt beeinflussbar** sind, also ihrer Kontrolle unterliegen und sich auf ihr *eigenes* Handeln und Denken beziehen. Weder Gefühlszustände noch körperliche Empfindungen, weder Lebensumstände noch andere Personen lassen sich direkt beeinflussen. Man kann nur sein Denken darüber und sein Verhalten dazu verändern. Dadurch können sich indirekt Gefühle, Empfindungen und Beziehungen verändern. Es muss also deutlich werden, was man *selbst* tun kann oder was die Veränderung eines anderen oder der Lebensumstände für einen *selbst* bedeutet, für das *eigene* Denken und Verhalten.

Man kann sich nur etwas anschaulich vorstellen, wenn man es auch **positiv formuliert**. Meist werden Veränderungswünsche als eine Verneinung von etwas beschrieben. Ein Problem soll weg sein oder nicht mehr sein. Das aber ergibt keine Vision der Alternative. Im Gegenteil: Wenn man sich intensiv vorstellt, *nicht* an die saure Zitrone oder den rosa Elefanten zu denken, weckt man den Geschmack oder das Bild bereits. Das, was man *nicht* will, entsteht bereits im Kopf. Um jedoch Lösungsvisionen entstehen zu lassen, benötigt man Vorstellungen von dem dann alternativ Anwesenden, z. B. sich statt der Zitrone den Geschmack einer süßen Pampelmuse sinnlich vorstellen. So entsteht bereits das innere Bild des Gewünschten. Bei negativen Formulierungen helfen Umformulierungen wie *„stattdessen“* oder *„Was soll an die Stelle dessen treten, was Sie nicht mehr wollen?“*, z.B. *„Ich werde mir in meiner Arbeit die Zeit nicht mehr so voll packen, sondern stattdessen darauf achten, wenn mein Körper signalisiert, dass ich eine kurze Pause machen soll.“*

Ziele sind um so eher erreichbar, je kleiner sie sind. Es geht um **kleine Schritte**. Große – und damit utopische – Visionen sollte man auf konkrete

Veränderungen des Verhaltens und Denkens herunterbrechen, die man in nächster Zeit auch erreichen kann. Kleine und kleinste Änderungen, minimale Unterschiede genügen auf dem Weg des Lösungsprozesses, denn kleine Änderungen bewirken große Veränderungen (Kap. 2). Wenn Anrufer große Ziele angeben, wäre es also günstig, nach dem nächsten kleinen Schritt darauf hin zu fragen. .

Ziele sind um so eher erreichbar, je kleiner sie sind. Es geht um **kleine Schritte**. Große – und damit utopische – Visionen sollte man auf konkrete Veränderungen des Verhaltens und Denkens herunterbrechen, die man in nächster Zeit auch erreichen kann. Kleine und kleinste Änderungen, minimale Unterschiede genügen auf dem Weg des Lösungsprozesses, denn kleine Änderungen bewirken große Veränderungen (Kap. 2). Wenn Anrufer große Ziele angeben, wäre es also günstig, nach dem nächsten kleinen Schritt darauf hin zu fragen.

Erreichbare Ziele müssen überdies auf eine **möglichst konkrete Situation bezogen** sein und **anschaulich beschrieben** werden können. „Ruhig sein können" in allen Lebenssituationen macht z. B. keinen Sinn, wenn man schnell reagieren muss, oder „sich mehr Zeit für die Familie nehmen" müsste noch genauer beschrieben werden in Bezug auf den Zeitpunkt, die Situation, die Häufigkeit oder Intensität etc. Wie in einem Film muss die Szene in einer bestimmten Situation bzw. bei bestimmten äußeren Gegebenheiten stattfinden und anhand von Mimik, Gestik, Handlungen und Dialogen (äußeren wie inneren, etwa in Form von Denkblasen) genau beobachtet werden können. Ausgehend von der Überschrift der Vision lädt man also mit Hilfe von Fragen zu einer detaillierteren Beschreibung ein, so als ob man das Gewünschte von außen beobachten könnte. Man erkundet z. B., woran als erstes eine gewünschte Veränderung erkennbar ist oder was man als erstes tun will, wer die Ko-Akteure sind, wie es dann weitergeht, wie die anderen darauf reagieren etc. Darüber hinaus kann man die Szene wie im Film mit einer bestimmten Hintergrundmusik oder -farbgebung belegen. Dadurch bleibt sie noch besser im Gedächtnis.

Veränderungen finden immer auch in einem Beziehungssystem statt und rufen erwünschte oder auch unerwünschte Reaktionen anderer hervor. Nicht selten ziehen Veränderungen Folgen nach sich, die man vorher gar nicht bedacht hat. Solche mutmaßlichen Reaktionen, Interaktionen und Folgen erkunden wir durch weitere hypothetische **Fragen nach Auswirkungen der gewünschten Veränderung in den relevanten Beziehungen.** Eventuell merken Hilfesuchende durch das konkrete Nachdenken über ihre Lösungsvisionen, dass durch die gewünschte Änderung neue Probleme und Herausforderungen auftauchen könnten, die eine Lösung wieder vereiteln oder die Situation möglicherweise sogar verschlimmern könnten. Dies hätte zur Folge, dass man sich konkret auf die Bewältigung der neuen Herausfor-

Anhaltspunkte	**Beispielhafte Fragen des Beraters**
Schlüsselfragen nach dem erwünschten Ziel des Hilfesuchenden	Was würden Sie gerne für sich durch das Gespräch mitnehmen? Was sollte / was könnte bestenfalls für Sie herauskommen? Angenommen unser Gespräch würde Ihnen weiter helfen, was wäre dann die erste kleine Veränderung, an der Sie es morgen erkennen könnten? Angenommen über Nacht würde ein Wunder passieren, während Sie schlafen. Und das Problem wäre einfach so verschwunden. Und Sie wüssten gar nicht, dass dieses Wunder stattgefunden hat. Woran würden Sie als erstes merken, dass es passiert ist? Ich möchte Sie mal einladen von Ihrer Zukunft zu träumen, wie sie aussieht, wenn die Schwierigkeiten Vergangenheit sind.
Beeinflussbarkeit und Erreichbarkeit des Ziels	Was werden *Sie* dafür *tun*? Wie können *Sie* das beeinflussen? Was werden *Sie* dann anderes als bisher *machen*, wenn das passiert ist? Was werden *Sie* dann denken? Ist das zu schaffen? Wie könnten *Sie* das schaffen? Wenn das nicht geht, was könnten Sie *stattdessen* schaffen?
Positiv vorstellbare Formulierung bei Verneinungen	Was werden Sie *stattdessen* tun? Was könnten Sie dagegen setzen?
Kleinschrittigkeit	Angenommen, Sie sind *auf dem Weg* zu Ihrem Ziel, woran in den nächsten Tagen würden Sie *als erstes* eine Veränderung merken? Was wäre der *nächste kleine Schritt*? Was werden Sie *als erstes* umsetzen?
Situationsbezogene und aus einer Außenperspektive beobachtbare und anschauliche Beschreibung der Interaktionen oder der Metaphern	An *welche Situation* denken Sie? Wer gehört zu dieser Situation dazu? Was genau würden Sie *tun*? Was würden Sie sagen? Wer würde in Ihrer Vorstellung was vermutlich *tun*? Woran würde Ihre beste Freundin merken, dass Sie in dieser Situation dabei sind sich zu verändern? Wie kann ich mir das vorstellen? Mit welcher Änderung würden Sie beginnen? Was würden Sie beibehalten und nicht ändern? Wie wird Ihr Mann vermutlich reagieren, wenn Sie ihm nicht mehr jeden Abend das Essen kochen? Wie würden Sie darauf reagieren, wenn er dann noch länger in der Arbeit bleibt? Was würden Ihre Freunde sagen? Wem wäre Ihre Änderung vielleicht gar nicht so recht? Wenn Sie sich so ändern, wie Sie es sich vorstellen, was denken Sie dann über sich, über die anderen? Welche Bilder würden Ihnen durch den Kopf gehen? Wie sieht der Boden unter Ihren Füßen aus? Wie fühlt der sich an? Wie sieht die Landschaft aus, wenn Sie aus Ihrem Loch heraus kommen? Welche Musik oder welche Farbe fällt Ihnen zu Ihrem Bild ein?
Folgen und Preis der Veränderung	Welche Folgen hätte Ihre Änderung für Sie? Was würde besser, was eventuell schwieriger werden? Welche neuen Herausforderungen kämen auf Sie zu, wenn Sie sich so verhalten würden? Was werden Sie heute Abend tun, wenn Sie heute nicht mehr trinken wollen? Was wären Sie bereit aufzugeben, wenn Sie das tun, was Sie vorhaben?

Abb.: Hilfen für die Entwicklung von Lösungsvisionen

derung einstellen muss oder aber seine Ziele ändert. Bei einer Änderung des Bisherigen muss man also immer auch bedenken, welchen Preis man für eine Änderung zu bezahlen bereit ist. Diese Klärung ist wesentlicher Bestandteil der Arbeit mit Lösungsvisionen. Anrufer und Helfer beginnen zu verstehen, weshalb jemand, obwohl er unter etwas leidet, sich manchmal lieber entscheidet, jetzt noch nichts daran zu ändern. Gerade das kann eine wichtige neue Erkenntnis sein, die das Problem auflöst, denn ohne einen Änderungswunsch gibt es auch kein Problem. (Siehe Kasten: Innere Landkarte des Problemerlebens und -verhaltens S. 40f)

Das Ziel bei der Entwicklung von Lösungsvisionen ist also nicht unbedingt, dass die angestrebten Veränderungen tatsächlich umgesetzt werden. Es handelt sich vielmehr um einen offenen Prozess der Klärung und Präzisierung eigener Veränderungswünsche, der u. U. eine ganz neue Sicht auf das Problem und auf gänzlich andere Lösungsperspektiven eröffnet.
Beispiel: Wenn eine allein erziehende Mutter ihr erwachsenes ‚Sorgenkind' weniger bemuttert und dieses dann vielleicht auszieht, wird sie möglicherweise mit Einsamkeit konfrontiert, mit der sie vorher nicht gerechnet hat. Dann könnte es für sie darum gehen, erst mal eigene Beziehungen neu zu knüpfen.

Übung

Stellen Sie sich vor, Sie seien Drehbuchautor und müssten eine genaue Vorlage für eine Filmszene geben. Suchen Sie sich eine Person, die bereit ist, sich über eine Lösungsvision von Ihnen interviewen zu lassen. Beginnen Sie zunächst mit der Frage, was diese Person gerne *bei sich selbst* verändern würde und halten Sie den Titel der Szene fest. Anschließend beginnen Sie mit Ihrem Interview. Achten Sie dabei darauf, dass Sie so genau nachfragen müssen, dass Sie danach auch einen Filmstreifen mit genauen Regie- und Handlungsanweisungen und Dialogen zu der sich entwickelnden Szene schreiben können, also auch Gefühle beobachtbar zeigen können. Fragen Sie im Laufe des Interviews unbedingt auch nach den mutmaßlichen Reaktionen anderer, den Folgen und dem Preis der phantasierten Veränderung. Stellen Sie in dieser Übung im Unterschied zu einem Beratungsgespräch möglichst nur Fragen. Wenn Ihnen die Ideen ausgehen, orientieren Sie sich an den Anhaltspunkten und Fragen im Kasten „Hilfen für die Entwicklung von Lösungsvisionen". Werten Sie anschließend Ihre Erfahrungen gemeinsam aus.

Am Telefon reicht es oft schon, einfach ein paar dieser konkretisierenden Fragen zu stellen, um Lösungsvisionen zu entwickeln bzw. über die Reflexion möglicher Folgen die Suche nach neuen Zielen zu ermöglichen.

Fallbeispiel:

Die Anruferin hat Sorge um ihre 13-jährige Tochter. Die Tochter schlafe seit einiger Zeit schlecht und habe unerklärbare Ängste vor einer Krankheit oder träume, ein böses Tier zu werden. Die Anruferin habe bereits Gespräche mit einer Psychologin geführt, aber das würde auch nichts helfen. Die Frau glaubt, dass die Symptome der Tochter mit ihrer angespannten Ehe zu tun hätten. Ihr Mann und Vater des Kindes verhalte sich unberechenbar und gering schätzend ihr und ihrer Tochter gegenüber. Mit dem gemeinsamen Sohn gebe es keine Probleme. Aus Rücksicht auf ihre Kinder wolle sie auf keinen Fall etwas an ihrer Ehesituation ändern.

B Sie sagten, Sie wollten an Ihrer Ehe momentan nichts ändern. Was würde das für Ihre Tochter bedeuten?

A Die leidet wohl doch sehr darunter.

B Sie sagten vorhin, Ihnen sei die Rücksicht auf die Kinder sehr wichtig. Da zeigen Sie sich ja als verantwortungsbewusste Mutter, der v. a. das Wohl ihrer Kinder am Herzen liegt. Wenn wir mal nur an das Wohl Ihrer Tochter denken, was wäre dann für Sie selbst in der jetzigen Situation zu entwickeln zu deren Wohl?

A Mehr Selbstbewusstsein glaube ich.

B Das hört sich gut an. Das könnte so etwas sein wie eine Überschrift. Woran wäre denn Selbstbewusstsein bei Ihnen ganz konkret zu merken?

A *(schweigt kurz)* Das ist gar nicht so leicht.

B Woran würde beispielsweise Ihre beste Freundin im Laufe der nächsten Woche erkennen, dass Sie bereits ansatzweise ein klein wenig mehr Selbstbewusstsein gezeigt haben, in welchen Situationen?

A Ja ich könnte alleine weggehen.

B Woran noch?

A Ich könnte die Prahlerei meines Mannes übergehen, mehr auf mich selbst gucken. Ich würde nur mit ihm schlafen, wenn ich es auch möchte.

B Angenommen Sie würden beginnen, ein wenig mehr Selbstbewusstsein zu zeigen, so wie Sie das geschildert haben, wie würde das auf Ihre Tochter wirken?

A Ich glaube das würde ihr gut tun.

B Wie meinen Sie das, würde ihr das gut tun?

A Ich glaube die hält sich sehr an mich und ist verunsichert.

B Dann hätte sie so etwas wie ein Vorbild, wie man sich schützt?

A Ja ich glaube, die braucht eine stärkere Mutter.

B Was wäre der Preis, wenn Sie so mehr Selbstbewusstsein Ihrem Mann gegenüber zeigen?

A Dann würde ich bald alleine dastehen.

B Sie denken dann auch an eine mögliche Trennung.

A Ja, und davor habe ich Angst.

Das Gespräch geht weiter über ihre nachvollziehbare Angst und den Preis einer jeden Veränderung. Wenn sie eine starke Frau sein wolle, müsse sie auch damit rechnen, ohne ihren Mann leben zu müssen. Wenn sie also zum Wohl ihrer Tochter mehr Selbstbewusstsein entwickeln möchte, bedeute das auch Vorsorge zu treffen, z. B. für finanzielle Absicherung zu sorgen und sich auf einen mühsamen und unangenehmen Weg einzulassen. Ob sie das wirklich wolle?

Die Anruferin hat nun ein neues Thema für weitere Gespräche mit ihrer Psychologin.

Manchmal können Anrufer sich nicht auf *eine* Vision festlegen. Sie möchten sowohl das eine als auch das andere, z. B. aus der Problemsituation flüchten, aber auch ihr standhalten. Sie befinden sich in einem **Ambivalenzkonflikt über ihre Veränderungswünsche**. Solche Ambivalenzen gilt es wertzuschätzen. Beide Seiten haben ihre Berechtigung. Es ist, wie wenn man mit mehreren Personen in einer Familie oder einem Team spricht, die zusammenarbeiten müssen, um als Ganzes zu überleben. Bei solchen inneren Konflikten ist es ratsam, sich sowohl mit dem einen als auch dem anderen Veränderungsanliegen der jeweiligen Teilpersönlichkeit des „inneren Teams" zu beschäftigen, um danach Kompromisse oder Kooperationsmöglichkeiten auszuloten.[14]

Ausnahmen des Problems entdecken und nutzen

Falls Anrufer tatsächlich eine Änderung anstreben, wäre ein weiterer Schritt die Verknüpfung der Lösungsvision mit Erfahrungen, in denen das in der Lösungsvision vorgestellte erwünschte Verhalten in der Vergangenheit schon ansatzweise verwirklicht worden ist. Meist haben Anrufer bereits Erfahrungen gemacht, die ihren Lösungsvisionen zumindest sehr nahe kommen. Solche Ausnahmen des Problems gilt es für den Lösungsprozess zu nutzen. Das können kleinste Unterschiede zum Problemerleben sein, die willkürlich herbeigeführt wurden oder auch unwillkürlich aufgetreten sind, z. B. mal eine etwas bessere Stimmung (bei Depressionen) oder etwas weniger gegenseitige Vorwürfe als sonst (in der Partnerschaft). Ausnahmen sind unbewusst funktionierende oder nicht erinnerte Lösungen. Diese gilt es bewusst zu machen, damit sie als Ressource für das willkürliche Verhalten genutzt werden können.

Die Frage nach der Ausnahme bietet sich an,

- wenn der Hilfesuchende schon ein Ziel für sich selbst formulieren kann (im Anschluss an das Erarbeiten einer Lösungsvision),
- oder wenn man davon ausgeht, dass ein Problem nicht immer auftritt und

[14] Mehr zur Arbeit mit dem „inneren Team" oder der „inneren Konferenz" siehe Schulz von Thun 1999 oder G. Schmidt 2004.

der Anrufer sich schwer tut, eine Lösungsvision, ein Ziel für sich zu formulieren.

Schlüsselfragen im Anschluss an eine Lösungsvision, z. B.:

„Wann haben Sie ein klein wenig schon die Erfahrung gemacht, dass es so ähnlich war, wie Sie es sich gerade vorgestellt haben?“
„Wann in der letzten Zeit ist schon ein klein wenig geschehen von dem, was Sie sich vorgenommen haben?“
„Wann tun Sie bereits etwas von dem, was Sie erreichen wollen?“

Schlüsselfragen, wenn ein Problem nicht immer auftritt:

„Wann in den letzten Wochen waren Sie mal weniger bedrückt, vielleicht nur ein kleines bisschen weniger?“
„Sie sagen, meist sind Sie in solchen Situation ängstlich. Was ist anders, wenn Sie etwas weniger ängstlich sind?“
„Manchmal geht es Ihnen ein wenig besser. Was ist da anders?“

Durch solche Fragen wird ein Suchprozess eingeleitet, der meist zu einer konkreten Erzählung über ein Ausnahmeerlebnis führt. Nur selten findet jemand nichts. Wenn es jemandem nach seinen Worten immer gleich schlecht geht, lohnt es sich, trotzdem nach feinsten Unterschieden im Problemdunkel zu suchen. Auch diese können für das Anstoßen einer Lösungstrance genutzt werden.

Die **Leistung der Ausnahme sollte gewürdigt werden**, z. B.:

„Das find' ich toll. Obwohl Ihre Situation ja wirklich sehr schwierig ist, verstehen Sie es doch, sich hin und wieder aufzuraffen.“
„Obwohl es für Sie erst mal so schien, als ob es Ihnen immer gleich schlecht ginge, gab es doch kurze Momente, wo es Ihnen ein klein wenig besser ging.“

Hat man eine vielleicht auch nur winzigste Ausnahme gefunden, arbeitet man damit weiter wie mit den Lösungsvisionen. Man versucht sich die **Ausnahmesituation möglichst plastisch und konkret veranschaulichen** zu lassen, und streicht dabei **Unterschiede zum Problemerleben** heraus durch

- Fragen nach der Situation und den Handlungen der Beteiligten
  „An welche Situation denken Sie?“ „Was war da genau anders als sonst?“ „Was haben Sie getan, was Sie sonst so nicht tun?“ „Wie haben andere Sie wahrgenommen?“ „Woran haben Sie / haben andere gemerkt, dass etwas anders war?“ „Wer hat nichts gemerkt?“
- Fragen nach den Auswirkungen der Ausnahme
  „Wie hat Ihr Mann darauf reagiert?“ „Wie hat Ihnen das genützt?“ „Was mussten Sie in Kauf nehmen?“ „Wie hat sich das für Sie zuhause ausgewirkt?“

- Fragen nach (unterschiedlichen) Bewertungen dieser Ausnahme
  „Wie haben Sie das empfunden?" „Wie hat Ihr Mann das empfunden, dass Sie an diesem Abend mit Ihrer Freundin ausgegangen sind, als Fortschritt oder eher als Gefahr oder noch anders?"
- Fragen nach der Erklärung der Ausnahme
  „Wie erklären Sie sich, dass es Ihnen vorgestern besser ging? Lag es an Ihren Medikamenten, haben Sie den Tag irgendwie anders begonnen als sonst, lag's an Ihrer Frau oder war es einfach Zufall?"

Im letzten Schritt geht es darum, die in der Vergangenheit gefundene **Ausnahme zur Bewältigung der momentanen Problemsituation zu nutzen**. Wie, hängt von der jeweiligen Erklärung der Ausnahme ab.

Meint jemand, er habe *selbst* etwas dazu getan, dass die Ausnahme eingetreten ist, so sollte man ihn einladen, diese Fähigkeit auszubauen:
„Wie könnten Sie es schaffen, solche Erfahrungen auch in der Zukunft zu wiederholen?"
„Was davon, was Sie bereits im Kleinen angefangen haben, könnten Sie vielleicht sogar noch ausbauen?"

Erklärt der Anrufer sich die Ausnahme jedoch eher als Zufall oder Glück, so sollte man ihn einladen, sich in den nächsten Tagen selbst zu beobachten:
„Achten Sie in den nächsten Tagen einfach einmal genau darauf, wann eine solche Ausnahme wieder auftritt. In welcher Situation tritt sie auf? Was ist sonst noch anders? Vielleicht entdecken Sie dabei, was Sie möglicherweise selbst dazu beitragen, dass eine solche Ausnahme erneut auftritt."

Eine modellhafte Veranschaulichung lösungsorientierter Gesprächsführung, wie sie in den Abschnitten „Lösungsvisionen entwickeln" und „Ausnahmen des Problems entdecken und nutzen" dargestellt ist, finden Sie auf den Seiten 190-191 dieses Buches.

Übung

In einem Rollenspiel schildert die Hilfe suchende Person kurz eine Problemsituation. Die beratende Person hört zunächst einfach zu und versucht sich in die Problemsituation empathisch hineinzufühlen (ca. 5-10 Minuten). Danach versucht die Beratende die Hilfesuchende einzuladen, die Aufmerksamkeit auf eine Ausnahme des Problems zu lenken und diese wie oben genau zu erkunden (ca. 5-10 Minuten).
Tauschen Sie sich im Anschluss gemeinsam über die unterschiedlichen Wirkungen beider Vorgehensweisen aus.

Wie bei der Arbeit mit Lösungsvisionen genügen im Beratungsgespräch am Telefon bereits ein paar dieser Fragen nach der Ausnahme, um den Lösungsprozess in Gang zu bringen, wie folgendes Beispiel zeigt:

Fortsetzung des Beratungsbeispiels aus Kapitel 7. S. 115ff

Die Anruferin hat noch keine Idee, wie sie besser mit der belastenden Situation zuhause umgehen könnte.

B ... Möchten Sie, dass ich Ihnen dabei helfe, wie Sie Ihre Tochter noch besser kontrollieren können, oder wie Sie es besser aushalten können?

A Das zweite. Ich möchte es aushalten können. Aber das ist nicht das richtige Wort.

B Ja was wäre es denn, was Sie sich wünschen?

A Das weiß ich nicht so recht.

B Gab's da mal schon was, wo Sie gemerkt haben, dass Ihnen was in der momentanen Situation gut tut, es Ihnen leichter macht?

A Ich hab da vor einiger Zeit angefangen, in ein Fitness-Studio zu gehen. Erst hab ich gedacht, ich bin nur ein Wrack. Aber dann habe ich mich körperlich richtig gut gefühlt.

B Sie haben sich körperlich gut gefühlt. Und wie hat sich das zuhause ausgewirkt, wenn Sie wieder in den Schlamassel zurückkamen?

A Ich hab mich gefühlt, wie wenn ich einen Moment abgehoben habe. Das war wie so ein Lichtblick: Ich mach' was für mich und das nützt nur mir. Das hab' ich bisher nie so gemacht. Immer nur was für andere.

B Und wie hat das Ihnen geholfen, dass es Ihnen leichter wurde?

A Ich hab mich nicht mehr so ausgeliefert gefühlt.

B Was war stattdessen da?

A Ja ich hab' das Gefühl gehabt, selbst was kontrollieren zu können *(Stimme klingt innerlich berührt)*. Die Probleme haben mich nicht mehr so heruntergezogen. Ich hab' einfach dazu Abstand gehabt.

B Das freut mich richtig für Sie, dass Sie das geschafft haben.

A Ja. Aber dann hab' ich Probleme mit dem Rücken gekriegt und jetzt weiß ich gar nicht, ob ich das fortsetzen kann.

Auch wenn der Höhenflug der gefundenen Lösung in diesem Beispiel durch unerwartete Folgen ein jähes Ende fand, so ist doch zumindest klar geworden, dass es der Anruferin hilft, einen Abstand zum familiären Problemfeld zu bekommen, und dass sie dadurch das Gefühl bekommt, *selbst* etwas kontrollieren zu können. Da die gefundene Ausnahme einen Haken hat (Rückenprobleme), könnte man die Anruferin nun einladen, auf die Suche nach weiteren Möglichkeiten der äußeren wie inneren Distanz zu gehen. Damit würden weitere Lösungsmöglichkeiten eröffnet.

Unterstützung im Umfeld in Anspruch nehmen

Vielen Anrufern reicht ein einmaliges Telefongespräch, um mit Hilfe von neuen Anregungen wieder alleine zurechtzukommen. Manchmal ist es jedoch auch ratsam, auf weitergehende Hilfen hinzuweisen und dafür zu werben, diese in Anspruch zu nehmen. Dann ist das Gespräch am Telefon nur der Einstieg zu weiterer Hilfe, z. B. für den Gang zur Beratungsstelle, zur Selbsthilfegruppe, zum Arzt oder zum Gespräch mit einer Vertrauensperson im persönlichen Umfeld. In solchen Fällen ist es wichtig, auf geeignete Einrichtungen und Personen möglichst detailliert hinzuweisen und deutlich zu machen, was dort realistisch erwartet werden kann. Anrufer, die sagen: „Ich könnte da ja mal hingehen...", gehen erfahrungsgemäß nicht hin. Auf solche vagen Äußerungen könnte man eingehen, indem man die darin stekkenden Bedenken anspricht: „Vielleicht gibt es etwas, was Sie zögern lässt...?" Indem man die Bedenken ernst nimmt (etwa die Ängste, die damit verbunden sind, aus der Anonymität zu treten, oder die Scham als verrückt zu gelten), sachgerechte Informationen gibt und das Gespräch darüber anbietet, wie die Blockaden vermindert werden könnten, motiviert man die Anrufer, notwendige Hilfe auch in Anspruch zu nehmen. Der Hinweis auf ein weiteres Gesprächsangebot der Telefonberatung ist nur dann sinnvoll, wenn andere Einrichtungen nicht besser geeignet sind, dem Anrufer (jetzt) zu helfen, und wenn der Berater die Anrufer nicht braucht, um durch ‚Gesprächserfolge' sein eigenes Selbstwertgefühl zu heben.

Die konkrete Zukunft im Blick behalten

Wichtig ist, dass beim Gespräch immer die Frage im Blick bleibt: Wie hilft das Besprochene dem Anrufer konkret, anstehende Herausforderungen in der Zukunft (vielleicht schon in den nächsten Stunden, Tagen) zu bewältigen? Gespräche über Vergangenes, Kindheitserlebnisse usw. ohne diesen Bezug machen keinen Sinn.

Bevor man das Gespräch beendet, sollte man über die konkreten Konsequenzen des Besprochenen reden bzw. die Frage weiterer Unterstützung von sich aus ansprechen. Eine (wenn auch nur kleine) Verhaltensänderung zieht u. U. Folgen nach sich, die Anrufer nicht übersehen (s. o.). Wenn man Anrufer einlädt, die Ereignisse der folgenden Stunden oder Tage konkret zu phantasieren, kann es ihnen helfen, sich einen Plan zu machen, wie sie sich verhalten werden (eine Art Krücke).

> Fallbeispiel:
>
> Ein Alkoholiker entscheidet sich z. B., heute nichts zu trinken. Man könnte ihn fragen: „Wie werden Sie den heutigen Abend ohne Alkohol verbringen?" „Was müsste passieren, damit Sie wieder in Versuchung geraten?" „Was würden Sie dann tun?"

Besonders wichtig ist die Planung der allernächsten Zukunft bei Suizidgefährdeten (näheres dazu in Kap. 10).

9. Kapitel

„Haben Sie Zeit für mich?“

– Gespräche strukturieren und beenden können

„Die Anruferin eben hat mir eine Stunde lang das Ohr voll gejammert. Dann hab' ich mir eine Zeitgrenze gesetzt – und ihr, und das ging dann ganz gut. Eine Stunde hat ja auch gereicht, finde ich.“ So der Kommentar einer Telefonseelsorgerin über ein kurz zuvor geführtes Gespräch.
Wenn Sie Telefonberater sind, haben Sie sicher schon Ähnliches erlebt und zu einer solchen Notlösung gegriffen: Eine Anruferin jammerte Ihnen das Ohr voll, ein Anrufer „nervte Sie ab“, und Sie fanden keinen Weg, um entweder in einen für den Anrufenden hilfreichen und gleichzeitig für Sie annehmbaren Kontakt zu kommen oder wenigstens das Gespräch eher zu beenden.

Bei jedem Gespräch ist es Telefonberatern aufgegeben, die inhaltlichen und zeitlichen Grenzen ihrer Möglichkeiten im Blick zu haben. Die spezifische Situation von Telefonberatung – meist einmalige Kontakte ohne vereinbarte Fortsetzung – erfordert es, in einer dafür passenden Art und Weise Gespräche inhaltlich und zeitlich zu strukturieren. Dafür wollen wir in einem ersten Abschnitt Hinweise geben. In einem zweiten Abschnitt wenden wir uns dem Beenden von Gesprächen zu.

Für die inhaltliche und zeitliche Strukturierung eines Gesprächs können durch die Auftragsklärung (Kap. 6) wichtige Weichen gestellt werden, indem Aufträge eingegrenzt werden auf das in diesem einen Gespräch Mögliche. Denn jeder Auftrag – und damit jedes Angebot von Telefonberatern an Anrufer – kann nur begrenzt sein. Dabei ist es Aufgabe der Telefonberater, nicht mehr als Auftrag anzunehmen, als man tun kann und will. Die Arbeit an der Beziehungsgestaltung, Auftragsklärung und inhaltlicher Schwerpunktsetzung gehen oft Hand in Hand, wie folgendes Fallbeispiel zeigt:

> Die Anruferin, allein lebend und sozial isoliert, erzählt über enttäuschende Erfahrungen bei ihrer Suche nach Arbeit, nach Kontakt und Freundschaften. Von den meisten Menschen fühle sie sich manipuliert und bevormundet. Davon aber wolle sie sich befreien. In ihrem Redeschwall lässt sie sich ca. 20 Minuten kaum unterbrechen. Bis dahin bleibt dem Berater der Gesprächsauftrag unklar und er fühlt sich beim Zuhören zunehmend unwohl.

B Darf ich Sie kurz unterbrechen? Ich merke sehr deutlich, wie wichtig es Ihnen ist sich selbst zu bestimmen. Da möcht' ich Sie gerne unterstützen. Mir scheint, dass es wichtig für Sie ist, mir das alles so zu erzählen. Wobei hilft das Ihnen denn, wenn wir so reden wie bisher?

A Das hilft mir, mich von dem Druck zu befreien. Ich möchte das abschütteln.

B *definiert dem gemäß das Gespräch als „Druckbefreiungsgespräch“. A klagt eine weitere Runde über Enttäuschungen und dass es ihr von Jugend an schon so gegangen sei, dass ihr meist etwas nicht gefallen habe. Positive Erfahrungen seien für sie eher Zufall gewesen. A schweift immer wieder in Klagen aus. Sobald B sich unwohl dabei fühlt und Zweifel hegt, ob die A damit wirklich Druck abschüttelt, erkundigt er sich immer wieder, ob das Gespräch, so wie es momentan geführt wird, der Druckbefreiung dient. A bestätigt, dass es ihr gut damit gehe, v. a. weil sie nicht manipuliert werde. Nach weiteren 20 Minuten:*

B Wenn wir jetzt mal ans Ende unseres Gesprächs denken, was würden Sie denn aus dem Gespräch für sich mitnehmen?

A Ich würde wieder sehen, dass ich ein freier Mensch bin, ich würde selbstbestimmt sein wollen.

B Und woran würden Sie Ihre Befreiung merken? Wie würde man Ihnen das ansehen, wenn Sie Ihre Bewerbungen schreiben oder auf der Suche nach Kontakt sind?

A An meinem erhobenen Kopf. Und ich könnte die Menschen ja auch wieder anlächeln. Ich will ja Freunde finden. ... Ich könnte das wieder mit erhobenem Kopf tun. Und ich muss ja in meinen Bewerbungen auch die Wahrheit schreiben, und da war einiges nicht so gut in meiner Vergangenheit, das lag auch an mir.

B *lobt, dass es ihr jetzt wieder gelingt, mit erhobenem Kopf auch zu eigenen Schwachstellen zu stehen und dass sie trotz Enttäuschungen weiter nach neuen Beziehungen sucht. Zum Schluss nach insgesamt 60 Minuten empfiehlt er ihr, in den nächsten Tagen auf die für sie zufälligen Erfahrungen zu achten, bei denen ihr etwas gefällt und darüber mal nachzudenken, womit das zu tun haben könnte. A meint, das wolle sie tun.*

Strukturieren durch Meta-Kommunikation

Gesprächsstrukturierung kann durch die sog. „Meta-Kommunikation“ geschehen. Darunter versteht man die Kommunikation der Gesprächspartner über ihre miteinander stattfindende Kommunikation. Wenn die Gesprächsbeziehung das zulässt, kann dies offen und direkt erfolgen: *„Sie sagten zu Beginn Ihres Anrufs, dass Sie gerne mal mit jemandem Neutralen sprechen möchten, um dessen Meinung zu hören. Jetzt habe ich den Eindruck, dass Sie ganz viel loswerden wollen und ich gar nicht zu Wort komme. Wie erleben Sie das?“* In anderen Gesprächen ist eine solche direkte Offenheit mitunter nicht angebracht. So ist im dargestellten Fallbeispiel zu berücksichtigen, dass die Anruferin sich von den meisten Menschen manipuliert und bevormundet fühlt. Also sollte man nicht formulieren: *„Ich kann Ihnen nicht mehr folgen, das ist mir einfach alles zu viel. Meinen Sie nicht auch, dass wir uns jetzt mal auf den einen oder anderen Punkt beschränken sollten?“*, sondern: *„Ich höre, dass Sie mir ganz viel sagen möchten. Gleichzeitig merke ich, dass ich so viel Information gar nicht aufnehmen kann und dass ich manches noch nicht recht verstehe. Ich möchte Sie daher gerne fragen, ob es denn o.k. für Sie wäre, dass ich immer wieder mal nachfrage, wenn ich etwas nicht verstehe.“ .... „Ist es denn so, dass es Ihnen ausreicht, wenn Sie Ihre Sorgen loswerden können, oder möchten Sie auch von mir irgendetwas dazu hören?“*

Wenn man sich in einem Gespräch gelangweilt oder genervt fühlt, kann man sich quasi als Faustregel folgenden Dreischritt für das Vorgehen merken:

- einhaken / unterbrechen (*„Darf ich Sie kurz unterbrechen?“*)
- positives Feedback geben (*„Ich merke sehr deutlich, wie wichtig es Ihnen ist, sich selbst zu bestimmen.“*) und ggf. zur Meta-Kommunikation einladen
- Auftrag und Zielsetzung des Gespräches überprüfen (*„Wobei hilft das Ihnen denn, wenn wir so reden wie bisher?“*) und ggf. konkretisieren oder ändern.

Übung:

Machen Sie ein Rollenspiel und experimentieren Sie als Telefonberater mit verschiedenen Einladungen zur Meta-Kommunikation.

Strukturieren durch Zusammenfassen

Eine andere wichtige Möglichkeit des Strukturierens ist das Zusammenfassen dessen, was man gehört und verstanden hat: *„Ich möchte an der Stelle mal zusammenfassen, was ich bisher von Ihnen gehört und verstanden habe ...“* Daran lässt sich leicht ein weiterer Schritt der Auftragsklärung anschließen:

„Wenn Sie das jetzt so hören, was ich zusammengefasst habe,
- *womit sollten wir uns im weiteren Gesprächsverlauf beschäftigen?“*
- *wie weit sind wir bisher gekommen?“*
- *wie viel von Ihrem Anliegen ist in diesem Gespräch erfüllt worden?“*

Für die Einschätzung bei den letzten beiden Fragen kann man auch die Skalierungs- oder Prozentform verwenden:

„Wenn Sie das jetzt so hören, was ich zusammengefasst habe,
- *wie weit sind wir bisher gekommen, wenn Sie das auf einer Skala von 0-10 einschätzen würden? 0 bedeutet dabei ‚kein Schritt weiter‘, 10 bedeutet dabei ‚alles erreicht, was ich mir vorgestellt habe‘.“*

– *wie viele Prozent von Ihrem Anliegen sind in diesem Gespräch erfüllt worden?“*

Das Zusammenfassen bietet auch einen guten Ansatz, in eine Metakommunikation und/oder eine Überprüfung des Auftrages zu kommen:

B *Ich möchte Sie an dieser Stelle mal fragen, ob dieses Gespräch mit mir so ist, wie Sie sich's vorgestellt haben, ob es Ihnen hilft – oder ob's gerade das Gegenteil bewirkt.*

A *Sie versuchen Verständnis für mich zu haben und hören mir zu. Ich hab's auch schon anders erlebt, da gab es eine Frau, die meinte, ich sollte mich ändern, oder ein anderer sagte, ich solle in eine psychosomatische Klinik gehen.*

B *Höre ich das richtig so, dass unser Gespräch für Sie in Ordnung ist?*

A *Ja.*

Auch für die Beendigung des Gesprächs (s. u.) bietet das Zusammenfassen einen hilfreichen Ansatzpunkt: *„Ich habe jetzt zusammengefasst, was wir miteinander besprochen haben. Sie haben für sich einen Schritt gefunden, was Sie als nächstes tun könnten. Ich würde an dieser Stelle unser Gespräch gerne beenden. Ist das in Ordnung für Sie?“*

Ein Gespräch beenden

Nicht immer fällt es leicht, ein Gespräch zu beenden. Diesbezüglich möchten wir Sie zunächst zu einer Selbstreflexion einladen.

Selbstreflexion:

Erinnern Sie sich an eines oder mehrere Gespräche, wo es Ihnen (eher) leicht fiel, das Gespräch zu beenden.
Erinnern Sie sich nun an eines oder mehrere Gespräche, wo es Ihnen (eher) schwer fiel, das Gespräch zu beenden.

Welche Unterschiede erkennen Sie beim Vergleich dieser Gespräche:
- im Verhalten der Anrufer?
- in den Rahmenbedingungen der Anrufer (persönliche Verfassung – z. B. krisenhafte Situation oder eingegrenztes Problem, Alkoholeinfluss o. ä., Störung des Anrufs durch andere Personen, ...)?
- in Ihrem Denken, Ihren Gefühlen, Ihren Handlungsimpulsen, Ihrem Verhalten?
- in Ihren Rahmenbedingungen (persönliche Verfassung, Auswirkungen vorhergehender Anrufe, Tageszeit, Störung durch äußere Einflüsse, ...)?

Wie erklären Sie sich diese Unterschiede?

Wie könnten Sie diese Unterschiede für Ihre Gesprächsführung – insbesondere für das Strukturieren und Beenden von Gesprächen – nutzbar machen?

In vielen Fällen ergibt sich zwischen Anrufer und Berater eine ausgesprochene oder unausgesprochene Übereinkunft zur Beendigung des Gesprächs. Schon wenn der Berater mit dem Anrufer die zukünftigen Schritte und Lösungen in den Blick nimmt und damit über dieses gerade geführte Gespräch hinausschaut, lenkt er implizit auf das Ende dieses Gespräches hin. Wenn die Zukunft besprochen ist, ist dieses Gespräch zu Ende.

Es gibt jedoch auch Situationen, in denen der Telefonberater auch aus dem einen oder anderen Grund von sich aus das Gespräch beenden möchte:

- Der Berater spürt eine persönliche Betroffenheit oder Befangenheit, die eine hilfreiche Distanz gegenüber diesem Anrufer und seinem Anliegen und damit Loslassen und Abschied erschweren. Da könnte man die eigene Betroffenheit benennen: *„Wenn Sie so vom Tod Ihrer Mutter berichten, merke ich, wie mich das sehr betroffen macht. Das hängt damit zusammen, dass meine eigene Mutter erst im vorigen Jahr gestorben ist. Ich merke, dass ich mich gar nicht richtig auf Sie und Ihre Trauer einstellen kann. Daher möchte ich Ihnen vorschlagen, zu einem anderen Zeitpunkt bei einem anderen Telefonberater oder vielleicht auch bei einer anderen Beratungsstelle anzurufen.“*
- Der Telefonberater entwickelt gegenüber dem Anrufenden und/oder dem Gesprächsthema starke Gefühle von Desinteresse oder Antipathie, die er momentan nicht in den Griff bekommt. Er könnte versuchen, sich diese Gefühle nicht anmerken zu lassen. Wir halten für eher fraglich, ob das wirklich möglich ist, da unserer Erfahrung nach solche starken Gefühle auch unausgesprochen beim Anderen ankommen. Der Berater könnte auch sein Erleben utilisieren und zur Meta-Kommunikation einladen: *„Ich würde Ihnen gerne eine Rückmeldung darüber geben, wie es mir in diesem Gespräch mit Ihnen geht. Wären Sie damit einverstanden?“ ... „Ich erlebe Sie in unserem Gespräch recht aggressiv gegen mich. Dabei denke ich mir, dass Sie wahrscheinlich keinen Grund haben, sich mir gegenüber aggressiv zu verhalten. Ich denke aber auch, dass Sie sicher einen guten Grund dafür haben, sich so zu verhalten. Da nehme ich auch eine Menge Energie bei Ihnen wahr. Wie sehen Sie das?“* Oder der Berater könnte das Gespräch beenden: *„Ich habe versucht, Ihr Anliegen zu verstehen, aber es gelingt mir leider nicht, es nachvollziehen. Daher glaube ich, dass ich wohl für Ihr Anliegen nicht der richtige Gesprächspartner bin, denn es ist ja wichtig, dass Sie mit jemandem sprechen können, der sich da auf Sie einlassen kann. Deswegen möchte ich Ihnen vorschlagen, mit einem anderen Telefonberater zu sprechen oder vielleicht bei*

einer anderen Beratungsstelle anzurufen.“ Aber auch an dieser Stelle ist ggf. noch ein Einstieg in die Meta-Kommunikation möglich.

- Wenn Aufmerksamkeit und Konzentration nachlassen (was bei vielen Menschen nach etwa einer dreiviertel bis einer Stunde der Fall ist), kann man das ggf. ansprechen: *„Wir sprechen nun fast eine Dreiviertelstunde miteinander. Da möchte ich gerne mal mit Ihnen auf unser Gespräch schauen und Sie fragen, wie weit Sie bisher mit Ihrem Anliegen gekommen sind.“* Oder: *„Wir haben nun ungefähr eine Stunde miteinander gesprochen. Ich merke, dass meine Konzentration nachlässt. Ich möchte daher das Ende dieses Gesprächs in den Blick nehmen, und möchte Ihnen vorschlagen, dass wir noch maximal zehn Minuten miteinander sprechen. Worüber sollen wir in dieser Zeit noch sprechen?”* Dabei schwingt auch die Erfahrung und Einstellung mit, dass ein Gespräch nicht „rund“ werden muss, dass nicht alles gesagt und/oder behandelt werden muss. Es geht ja vielmehr „nur“ um den nächsten konkreten (und vielleicht sehr kleinen) Schritt oder um Anregungen. Ein offenes Ende beinhaltet überdies die Chance zur inneren Weiterverarbeitung durch den Anrufer: *„Wir haben nun verschiedenes miteinander durchgesprochen, Sie haben einige Anregungen bekommen. Was halten Sie davon, wenn wir dieses Gespräch jetzt beenden und Sie es auf sich wirken lassen?”*

- Wenn der Anrufende noch Gesprächsbedarf hat, kann man auch ein weiteres Gespräch zu einem späteren Zeitpunkt anbieten: *„Wenn sich unser Gespräch etwas gesetzt hat, können Sie gerne nochmals anrufen.“* Oder: *„Ich möchte das Gespräch jetzt gerne beenden, weil ... Ich biete Ihnen aber an, dass Sie zu einem späteren Zeitpunkt wieder hier anrufen können, wenn Sie das möchten.“*

- Der Telefonberater muss sich anderen Anrufern widmen oder meint, sich diesen widmen zu sollen. In manchen Telefonberatungsdiensten wird wegen der hohen Zahl an Anrufen und vergeblichen Anrufversuchen an die Berater appelliert, die Gesprächsdauer nicht ausufern zu lassen oder gar generell auf 15-20 Minuten zu begrenzen. Als generelle Vorgabe scheint uns dies den Bedürfnissen und Nöten der Anrufenden nicht angemessen. Wenn sich der Telefonberater entscheidet, aus diesem Grund ein Gespräch zu beenden, könnte er das folgendermaßen tun: *„Ich möchte das Gespräch gerne zu Ende bringen, weil auch noch andere Leute mit mir sprechen möchten. Ich schlage vor, dass wir uns noch fünf Minuten Zeit nehmen. Was möchten Sie in dieser Zeit noch mit mir besprechen?“*

- Der Berater hat nur noch wenig Zeit, weil er Dienstende hat und anschließend zum Bus oder Zug muss oder einen wichtigen Termin hat. Falls eine solche Situation absehbar ist, sollte eine offene Mitteilung darüber am besten schon zu Beginn des Gespräches erfolgen, da dies dem Anrufer eine größere Wahlfreiheit ermöglicht und eventuelle Enttäuschungen vermeiden hilft: *„Ich habe jetzt nur noch zehn Minuten Zeit, weil dann Dienstwechsel ist und ich zum Zug muss. Möchten Sie diese zehn Minuten mit mir sprechen, oder möchten Sie lieber dann nochmals anrufen, wenn meine Ablösung da ist?“*

- Der Telefonberater fühlt sich unsicher, wie der Zustand des Anrufers einzuschätzen ist, z. B. wenn ein Anrufer mehr oder minder angetrunken erscheint. Vorrangig sollte versucht werden, dies durch Fragen oder eine Meta-Kommunikation zu klären: *„Ich kann Sie schlecht verstehen. Haben Sie eine Erklärung dafür?“* oder *„Ich kann Sie akustisch schlecht verstehen; haben Sie möglicherweise etwas eingenommen, was dies verursacht haben könnte?“* Wenn man ein Gespräch nicht für sinnvoll hält, weil einem der Anrufer eindeutig zu stark betrunken erscheint, kann man das Gespräch beenden und eine Verschiebung anbieten: *„Sie scheinen mir so stark alkoholisiert, dass ich im Moment kein Gespräch mit Ihnen führen möchte. Bitte gehen Sie ins Bett und schlafen Sie sich aus. Sie können mich wieder anrufen, wenn Sie nüchtern sind.“* Freilich sollte man sich dabei auch bewusst sein, dass eine so klare Etikettierung des Anderen (*„Sie scheinen mir so stark alkoholisiert“*) auch entsprechendes Abwehrverhalten bei diesem provozieren kann. Wenn man hingegen von sich spricht: *„Ich kann Sie akustisch so schlecht verstehen, daher möchte ich diesen Anruf jetzt beenden.“*, gibt man dem Anderen keinen oder weniger Anlass zu solchem Verhalten.

- Der Berater erlebt einen Anruf oder ein Anliegen als unzumutbar. Dann sollte er das Gespräch einseitig und klar beenden und dabei den Grund nennen: *„Ich werde jetzt nicht weiter mit Ihnen sprechen. Ich möchte Ihnen nicht zu einer sexuellen Stimulierung verhelfen. Guten Tag.“* Oder gegenüber Kindern, die nur Schimpfworte loslassen: *„Ich möchte mich nicht von Euch beschimpfen lassen. Ich lege daher auf. Tschüss.“* Im letzten Fall könnte eine mögliche Alternative auch sein, einfach nur wortlos aufzulegen, weil jede Form von Beachtung oder Reaktion möglicherweise nur zu neuen Beschimpfungen anstachelt.

- Bei Anrufen von regelmäßigen Anrufern kann man eventuell – und das sollte freilich zum Anliegen und der Verfassung der Anrufer passen – schon früh im Gesprächsverlauf einen zeitlichen Rahmen ansprechen: *„Jetzt habe ich einen ersten Eindruck bekommen, was Ihr Anliegen ist. Ich habe das so wahrgenommen, dass es Ihnen bei diesem Gespräch vor allem darum geht, dass Sie das mal loswerden können, indem Sie es jemandem mitteilen können. Was glauben Sie, wie viel Zeit Sie dafür benötigen würden?“* Ggf. lässt sich auch ein Zeitrahmen vorschlagen und vereinbaren: *„Wären da zwanzig Minuten eine angemessene Zeit für*

Sie?“ Stimmt der Anrufer zu, hat man eine Vereinbarung miteinander, auf die man zu gegebener Zeit zurückkommen kann. Stimmt er nicht zu, ist weitere Klärung und Neuverhandlung notwendig: *„Ich höre Ihr Bedürfnis, dass Sie am Liebsten viel länger mit mir sprechen möchten. Das finde ich verständlich nach dem, was Sie mir schon gesagt haben. Doch ist es andererseits so, dass es auch noch andere Menschen gibt, die Nöte haben und hier anrufen und ein Gespräch führen möchten. Daher kann ich Ihnen Ihren Wunsch leider nicht erfüllen. Wie könnten wir denn da zu einer Vereinbarung miteinander kommen?“* oder als Alternative zum letzten Satz: *„Deswegen schlage ich Ihnen vor, dass wir eine Viertelstunde miteinander sprechen könnten.“*

Übung:

Machen Sie ein Rollenspiel.
Der Telefonberater hat die Aufgabe, das Gespräch von sich aus zu beenden und dabei verschiedene der dargestellten Möglichkeiten auszuprobieren.
Tauschen Sie sich anschließend über Ihre Erfahrungen aus.

10. Kapitel

„SOS! Hilfe, rette mich!“

– Beratende und kontrollierende Krisenintervention

Lebende Systeme unterliegen laufend Veränderungen und erzeugen sich immer wieder neu, um ihre Identität zu wahren (sog. Fließgleichgewicht von Systemen). Jeder Mensch ist selbst als Teil vieler Systeme anzusehen (s. Kap. 2); daher ist er permanentem Wandel und Veränderungen ausgesetzt, die er bewältigen muss. Dies gelingt nicht immer gleich gut – und das kann zur Krise führen. Insofern sind Krisen ein allgemein menschliches Phänomen, vor dem niemand gefeit ist.

Definition von Krise

Unter Krise verstehen wir hier in Anlehnung an die Definition von G. Caplan (1964) ein zeitlich begrenztes, innerlich erfahrenes seelisches Ungleichgewicht in einer Person, welche mit bedrohlichen Umständen konfrontiert ist, die für sie ein wichtiges Problem darstellen; diesem Problem kann die Person im Moment weder ausweichen noch kann sie es mit ihren gewöhnlichen Problemlösefähigkeiten lösen.
Diese hier verwendete Definition ist – entsprechend der Situation in der Telefonberatung – individuumszentriert, und das in einem doppelten Sinne: Zum einen bezieht sie sich nur auf Krisen einer Person bzw. in einer Person; d. h., dass Krisen von Systemen mit zwei oder mehr beteiligten Personen, also beispielsweise Partnerbeziehungen, Familien, Gruppen wie Schulklassen oder Firmenbelegschaften etc., damit nicht gemeint bzw. erfasst sind, außer insofern sie krisenhafte Vorgänge in dem Individuum auslösen. Zum anderen macht sie die Abhängigkeit einer Krise vom Bewusstseinssystem, der „inneren Landkarte“ des Individuums (s. Kap. 2) deutlich: denn welche Umstände für eine Person bedrohlich sind und ein wichtiges Problem für sie darstellen, ist in allgemeiner, „objektiver“ Weise überhaupt nicht zu definieren. Dies hängt vielmehr ab von der Lebensgeschichte der Person (z. B. Kränkungen, Entwürdigungen, nicht verarbeitete Trennungen und Todesfälle etc.), von angeborenen oder erworbenen Dispositionen (z. B. psychopathologische Dispositionen wie eine depressive Veranlagung oder eine Persönlichkeitsstörung aufgrund sexuellen Missbrauchs), von vorhandenen und genutzten Ressourcen, vom Kontext und von den letztlich aus all die-

sen Faktoren resultierenden Bewertungen. So mögen z. B. Stress oder entwicklungsbedingte Ablösungs- und Reifungssituationen in vielen, aber nicht in allen betroffenen Personen eine Krise auslösen; andererseits kann ein für viele Menschen eher geringfügiges Ereignis wie der Tod eines Wellensittichs in dem einen oder anderen eine Krise auslösen, ebenso wie ein gemeinhin erfreulich erlebtes Ereignis wie die Geburt eines Kindes oder die Pensionierung.

Phasen des Krisenprozesses

Eine Krise ist beschreibbar als eine Folge sich aneinander reihender, z. T. überlappender Phasen vom Zustand des vorher bestehenden seelischen Gleichgewichts über den des Ungleichgewichts in der Krise bis hin zu einem neuen Gleichgewicht auf einem niedrigeren oder höheren Niveau nach der Krise.

Widerfährt der Person ein Ereignis, das von dieser als bedrohlich erlebt wird, nämlich als Verlust, als drohender Verlust oder als Herausforderung hinsichtlich der bisherigen (Über-)Lebensbasis im biologischen, psychischen oder sozialen Sinn, entsteht in ihr ein Zustand der Angespanntheit und Verletzlichkeit mit seelischen und oft auch körperlichen Missempfindungen. Die Person setzt daraufhin vertraute Bewältigungsmaßnahmen nach bisher gelernten Mustern ein, meist nach dem Motto „mehr desselben“. Versagen diese vertrauten Bewältigungsmaßnahmen, so erhöht sich der innere Stress und Druck: In der Regel werden dadurch starke Gefühle wie Trauer, Schmerz, Angst, Wut, etc. ausgelöst, es kann aber auch eine gefühlsmäßige Lähmung eintreten. Die betroffene Person greift nun zu sog. „Notfallmaßnahmen“ wie z. B. starkem Rückzug, aggressivem Verhalten, verstärktem Alkoholkonsum. Dies kann zu beginnender sozialer Isolierung führen oder zu Polarisierung im sozialen Umfeld.

Sofern auch diese Notfallmaßnahmen das innere Gleichgewicht nicht wieder herstellen können, kommt es zum Stadium der akuten Krise: Die innere Spannung steigt, verbunden mit starkem Erleben von Verzweiflung und Hilflosigkeit. In dieser Phase erlebt sich die Person als ausgeliefert, ihre Situation als ausweglos. Ihre Wahrnehmung, ihr Denken und Gefühlserleben engen sich drastisch ein – das sog. „Tunnelphänomen“; hier handelt es sich um einen Trance-Prozess im Sinne einer unwillkürlich fokussierten Aufmerksamkeitsausrichtung. Die Einengung gilt auch für die angewandten Problemlösestrategien: Die schon benannten Notfallmaßnahmen im Sinne einer Aktivierung früher lebensgeschichtlicher Bewältigungsmaßnahmen werden vermehrt und eher agierend eingesetzt. In ihren sozialen Systemen verhält sich die Person starr und nach eingeengten Mustern, wie z. B. „Der ... ist an allem schuld!“, es kann zu Frontenbildung und feindseligem Agieren kommen. Psychosomatische Symptome verschiedenster Art können auftreten. Falls eine Lösung in diesem Stadium nicht gelingt, kann es zu einem Zusammenbruch kommen, der sich z. B. als akute Erkrankung, Nervenzusammenbruch, Suizidversuch oder auch als Gewalteskalation manifestieren kann.

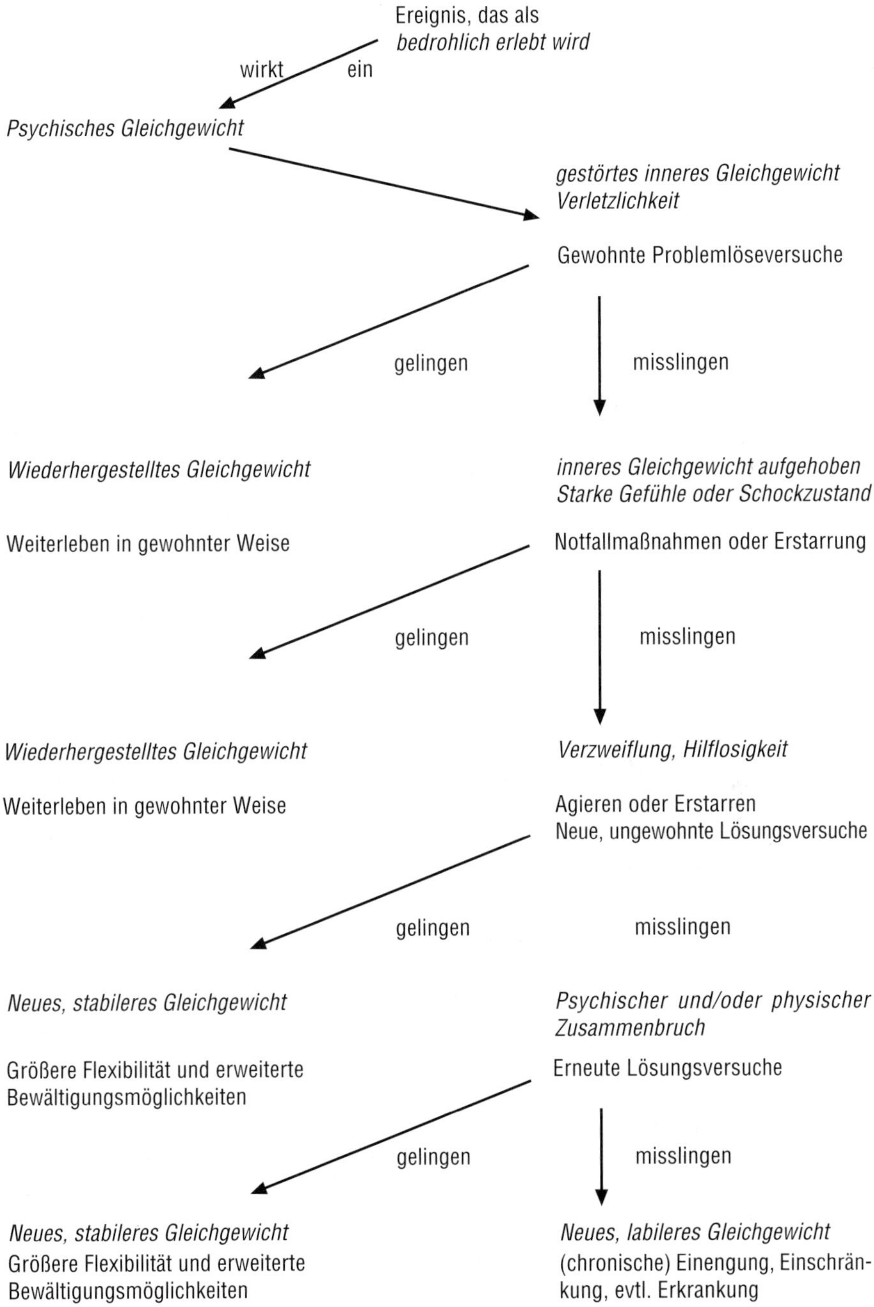

Die ressourcenorientierte Sichtweise betrachtet das Krisenverhalten und -erleben als Problemlöseversuch unter widrigen Umständen. Sie geht davon aus, dass der Mensch auch in einer Krise über alle die Kompetenzen und Ressourcen verfügt, die er zu der ihm adäquaten Lösung seines Problems benötigt. Allerdings sind ihm diese Ressourcen zurzeit nicht bewusst zugänglich und werden bislang noch nicht von ihm genutzt.
Der beschriebene Prozess einer Krise ist somit kein zwangsläufiges Geschehen. In jeder Phase können Bewältigungsmaßnahmen greifen, auch nach dem Zusammenbruch. Gelingt es durch Bewältigungsmaßnahmen, die als bedrohlich erlebte Situation zu meistern und die darin enthaltene Herausforderung zu integrieren, so kann ein neues, stabileres Gleichgewicht erreicht werden, das gekennzeichnet ist durch mehr Flexibilität und Entfaltung von Bewältigungsmöglichkeiten. Gelingt dies nicht, führt das zu einem labileren Gleichgewicht, oft auf der Basis einer chronischen Einschränkung in den Lebensmöglichkeiten oder einer Erkrankung.
Insofern hat das Wort Krise sein Recht: Es kommt vom griechischen krinein, was „scheiden, entscheiden“ bedeutet – in einer Krise entscheidet sich, wie das Leben weitergehen wird.

Auswirkungen auf die sozialen Beziehungs- und Hilfesysteme

Manche Menschen ziehen sich in einer Krise zeitweise oder gänzlich zurück, andere wenden sich in und mit ihrer Not an andere; beide Reaktionsmöglichkeiten können auch im zeitlichen Nacheinander bei einer Person vorkommen. So geben viele Betroffene den Druck, den sie in einer Krise für sich erleben, an die Menschen in ihrem Umfeld weiter, also an Partner oder Partnerin, Familienangehörige, Freunde – und eben auch an potentielle Helferinnen und Helfer, z. B. in der Telefonberatung. Die ausgesprochene oder unausgesprochene Botschaft heißt dann: „Hilfe, ich weiß nicht mehr weiter! Ich kann mir selbst nicht mehr helfen! Hilf mir! Rette Du mich! Jetzt sofort!“

In den meisten Ansprechpartnern – und so sicher auch in vielen Telefonberatern – wird durch einen solchen Hilfeappell der Impuls geweckt, möglichst unmittelbar einzugreifen und zu helfen gemäß dem vorherrschenden Bild von Notfall- und Krisenintervention in unserer Gesellschaft. Dieses ist geprägt von Rettungsdiensten, Polizei und Feuerwehr, die so schnell wie möglich angesaust kommen, um Verkehrsopfer zu befreien, Verletzte zu versorgen oder Suizidwillige von der Selbsttötung abzuhalten. Für diesen Bereich der Notfallhilfe gibt es viel Personal und staatliche Vorschriften bis dahin, wie viele Minuten von der Alarmierung der Feuerwehr bis zu ihrem Eintreffen am Einsatzort maximal vergehen dürfen. Und das ist gut so in Situationen, in denen Menschen ohne oder gegen ihren Willen gefährdet sind und in denen es auf Minuten ankommt.

Kontrollierende und beratende Krisenintervention

Diese Art der Hilfe bezeichnen wir als **kontrollierende Krisenintervention**: Die Helfer machen es sich zur Aufgabe, die gefährdete Person mit kontrollierenden Maßnahmen vor der Fremd- oder Selbstgefährdung zu schützen. Sie übernehmen die Verantwortung für Leben und Wohlergehen des Anderen.
In Abgrenzung dazu unterscheiden wir die **beratende Krisenintervention**: Die Helfer verstehen sich als kritisch wohlwollender Begleiter der Hilfe suchenden Person, damit diese die ihr gemäße Lebensentscheidung treffen kann. Sie übernehmen die Verantwortung für die eigenen Handlungen, nicht aber für Leben und Wohlergehen des Anderen.

Ziele der Krisenintervention in der Telefonberatung

Es stellt sich die Frage, in welchen Situationen bzw. Fällen welche Art der Krisenintervention in der Telefonberatung notwendig bzw. sinnvoll und hilfreich ist. Solche Entscheidungen sind für den Telefonberater keine einfache Sache, und sie sind in einigen Fällen nicht allein ihm selbst oder der Einrichtung überlassen, da auch rechtliche und ethische Vorgaben zu berücksichtigen sind. Eine Vielzahl von Möglichkeiten ist zu bedenken – auf der Grundlage von recht eingeschränkten Informationen und Beurteilungsmöglichkeiten bei Telefonberatungsgesprächen. Der Telefonberater muss für sich klären, ob und unter welchen Bedingungen er sein Angebot als Beratung oder als Kontrolle verstehen möchte – und tatsächlich verstehen kann. Denn die Spezifika der Telefonberatung führen auch dazu, dass der Berater in vielen Fällen keine große Wahl hat, ob und welche Maßnahmen er ggf. gerne veranlassen möchte: Er hat in der Regel keine Angaben über die anrufende Person wie Namen, Wohnort, Telefonnummer, etc., so dass ihm eine kontrollierende Krisenintervention nicht möglich ist. In solchen Fällen wird ihm nur bleiben, sein Handwerkszeug der Gesprächsführung zu nutzen, um die Möglichkeiten einer beratenden Krisenintervention auszuloten. Dies sehen wir aber nicht nur als Einschränkung, sondern ausdrücklich auch als Chance. Denn die Niedrigschwellligkeit der Telefonberatung – vor allem die Anonymität – ermöglicht vielen Anrufern und Anruferinnen überhaupt erst ein Aussprechen von heiklen und anderswo verschwiegenen Punkten.

Zur Notwendigkeit und den Möglichkeiten der kontrollierenden Krisenintervention

Gemäß § 138 des Strafgesetzbuches (StGB) der Bundesrepublik Deutschland ist jeder Bürger – somit auch jeder Telefonberater – dazu verpflichtet, wenn er von bestimmten schwerwiegenden geplanten Verbrechen erfährt, alles zu tun, um diese zu verhindern. Dabei handelt es sich um Mord, Tot-

schlag, Entführung und Menschenhandel, Raub, Geldfälschung, u. a. m. Im Kontext der Krisenintervention in der Telefonberatung könnte das insbesondere Situationen betreffen, in denen jemand beabsichtigt, nicht nur sich selbst zu töten, sondern in Verbindung damit auch weitere Personen, z. B. Familienangehörige (sog. erweiterter Suizid); aber auch Totschlags- und Mordankündigungen sind denkbar.
Weiterhin ist jeder Bürger gemäß § 323c StGB zur Hilfeleistung verpflichtet, sofern eine andere Person sich in einer Notlage befindet und sie sich nicht selbst helfen kann. So sind Telefonberater verpflichtet, einem Suizidenten den Rettungswagen zu schicken, wenn dieser darum bittet und selbst nicht mehr dazu in der Lage zu sein scheint. Wie aber soll sich der Berater entscheiden und was soll er tun, wenn der Suizident dies nicht erbittet, ja vielmehr sich ausdrücklich dagegen ausspricht? Das ist sicher eine der schwersten Situationen für Telefonberaterinnen und Telefonberater. Aber auch, wenn z. B. ein 9-jähriger Junge wegen einer miserablen Schulnote in einer Klassenarbeit sich nicht nach Hause traut, weil er Prügel oder sogar Misshandlung befürchtet, ist die Lage möglicherweise nicht einfach zu klären und einzuordnen: Inwiefern ist die Angst des Jungen vor seinen Eltern begründet? Erlebt sich der Junge als gefährdet? Teilt der Berater diese Sicht? Handelt es sich dabei um eine Gefährdung, die ein Eingreifen notwendig macht? Welche Maßnahmen könnten sinnvollerweise ergriffen werden? Maßnahmen im Sinne einer kontrollierenden Intervention wie z. B. Begleitung durch eine Person des Vertrauens oder Einschaltung des Jugendamtes? Oder eher Maßnahmen im Sinne einer beratenden Intervention wie z. B. mit dem Jungen zu überlegen, ob er sich von beiden Eltern gleichermaßen gefährdet erlebt, wie er vorgehen könnte, wer aus seinem Umfeld ihn vielleicht unterstützen könnte?

Wie auch immer man vorgehen möchte bzw. kann, kontrollierend oder beratend, beim Anruf eines Menschen in einer Krise ist es sozusagen das oberste Gebot, ruhig zu bleiben, nicht selbst in Panik zu geraten und kopflos zu werden. Am besten können wir helfen, wenn wir uns nicht selbst unter Druck setzen oder setzen lassen, wenn wir uns selbst – und damit auch dem Anderen – Zeit geben und Zeit lassen für dieses Gespräch.

Die beratende Krisenintervention

Sie hat zum Ziel, durch eine unterschiedliche Sicht von „Wirklichkeit“ neue Perspektiven zu eröffnen; diese können die Wahrnehmung erweitern und das Bild des Anderen von „Wirklichkeit“ verändern, damit aus der Krise eine Chance der Integration und Entwicklung werden kann. Dieses Ziel kann am ehesten erreicht werden, wenn sich der Telefonberater – im Unterschied zur kontrollierenden Krisenintervention – nicht als Retter versteht, der im eigenen oder im institutionellen Auftrag handelt, sondern als kritisch wohlwollender Begleiter der Hilfe suchenden Person, der sich an deren Auftrag orientiert, damit diese die ihr gemäße Lebensentscheidung trifft.

Aspekte des beratenden Gesprächs bei Krisengesprächen sind im Einzelnen:

- Beziehung schaffen und Vertrauen aufbauen
- Einengung erweitern
- Ressourcenorientierung und Einbeziehung von Hilfesystemen
- Zeit gewinnen und Entscheidungsmöglichkeiten offen halten
- Selbstverantwortung stärken

Beziehung schaffen und Vertrauen aufbauen

Für Gespräche mit Menschen in einer krisenhaften Situation gilt wie für alle anderen das in den Kapiteln 3 und 5 Ausgeführte zu den Grundhaltungen und zum Beziehungsaufbau.

Darüber hinaus ist es wichtig

- auf jeden Fall die bedrohlich erlebte Situation und die dazugehörigen Gefühle und Impulse anzusprechen
- die Verzweiflung, in der sich der Anrufer befindet, anzuerkennen und zu bestätigen, sie zu würdigen und zu teilen
- sich von Aufmunterungen zu enthalten, weil diese von verzweifelten Personen leicht als Verspottung aufgefasst werden
- keine Warum-Fragen zu stellen, denn diese fordern eine Rechtfertigungsposition heraus
- Aggressionen, Skepsis und Zurückweisungen des Anrufenden als Mittel der Beziehungsaufnahme und als Wahrung seiner Autonomie zu utilisieren, z. B. bei dem 9-jährigen Jungen: *„Dass jemand mit Dir zusammen nach Hause zu Deinen Eltern geht, findest Du nicht gut. Da hast Du Angst, dass die Eltern hinterher noch wütender werden könnten. Das ist gut, dass Du das so klar sagst. Du weißt selbst am besten, wie Deine Eltern sind. Welche Ideen hast Du denn selber noch?“*

Einengung erweitern

Wir können Ideen anbieten, welche sich in angemessener Weise von denen des Hilfe Suchenden unterscheiden, um dazu einzuladen, festgefahrene Sicht- und Denkweisen zu erweitern und zusätzliche Handlungsmöglichkeiten zu erschließen. So können wir beispielsweise nach Ansätzen suchen, die alternative Interpretationsmöglichkeiten erschließen könnten: *„Das versteh' ich sehr gut, dass du jetzt Angst hast, nach Hause zu gehen. Wie war das denn beim letzten Mal, als du mit so einer schlechten Note nach Hause kamst?“ ... „Reagieren deine Eltern immer so, oder ist es schon auch mal anders?“ ... „Wie ist es denn, wenn du in der einen Arbeit eine schlechte Note nach Hause bringst und in einer anderen Arbeit eine bessere?“ ... „Ich*

möchte mit dir mal gemeinsam überlegen, wie du es deinen Eltern am besten beibringen könntest mit deiner Note.“
Mit dem Anrufenden gemeinsam zu überlegen, welche Herausforderungen, welche Entwicklungsaufgaben für ihn in der Krise verborgen sein könnten, ist in der aktuellen Krisensituation meist noch nicht möglich, sondern oft erst nach einer gewissen Zeit: *„Für mich ist sehr nachvollziehbar, dass es ein großer Schock für Sie ist, dass Ihre Frau Sie so plötzlich verlassen hat. Das war für Sie ganz unerwartet und überraschend. Wenn Sie sich vorstellen, wir würden in sechs Monaten oder einem Jahr wieder über Ihre Situation sprechen: Wie würden Sie dann über diese Trennung denken? Welche anderen Aspekte für Ihr Leben könnten dann eher in den Blick kommen?“*

Ressourcenorientierung und Einbeziehung von Hilfesystemen

Wir gehen davon aus, dass der sich in einer Krise befindliche Mensch die Fähigkeit zu konstruktiver Veränderung und zur Lösung der Krise hat. Er selbst nimmt das oft gar nicht wahr. Als Berater müssen wir deshalb darauf achten, diesen Aspekt so einzubringen, dass der Andere ihn für sich akzeptieren kann. Bringen wir diesen Aspekt zu früh, zu aufdringlich oder zu platt ein, wird der Andere sich in seiner Not und Verzweiflung nicht hinreichend gewürdigt erleben und unsere Angebote ablehnen.
Selbstverständlich müssen wir auch erfragen, welche Krisen der Anrufer schon erlebt und wie er sie bewältigt hat, um an den darin enthaltenen Ressourcen anknüpfen und sie dem Anderen bewusst machen zu können.
In vielen Fällen sind auch in den sozialen Beziehungssystemen des Anrufers wichtige Ressourcen in Form von hilfreichen Personen vorhanden. Das kann in unmittelbarer Nähe sein, z. B. in der Herkunftsfamilie, nicht selten sind solche Personen aber auch im weiteren Umfeld zu finden, z. B. entferntere Verwandte, Nachbarn, Kollegen. Weiterhin können wir gemeinsam Ausschau halten nach anderen hilfreichen Personen und Institutionen, die einbezogen werden könnten, wie beispielsweise eine Schuldnerberatungsstelle bei Überschuldung oder ein Frauenhaus bei Misshandlung durch den Ehemann.

Zeit gewinnen und Entscheidungsmöglichkeiten offen halten

Wegen des oben dargestellten „Tunnelphänomens“ sollten wir bei dem Betroffenen dafür werben, dass er in der aktuellen Situation keine – möglicherweise endgültigen – Entscheidungen trifft, sondern sich Entscheidungsmöglichkeiten offen hält und dafür Zeit gibt und lässt. Da die innere Anspannung oft enorm groß und schwer auszuhalten ist, empfiehlt es sich, kurze Zeiträume in den Blick zu nehmen. So könnte man z. B. anbieten *„Morgen Vormittag können Sie sich an Herrn … in der Beratungsstelle … wenden für ein persönliches Gespräch.“* Häufig ist es hilfreich und notwendig, diesen kurz bemessenen Zeitraum miteinander durchzudenken, wie der Andere diese

Nacht oder den nächsten Tag für sich gestalten kann, ohne wieder in Verzweiflung zu versinken. Wichtig ist es, möglichst konkrete Zeit- und Haltepunkte und Hilfeangebote anzubieten bzw. zu benennen, an denen sich der Andere festhalten und ggf. „entlang hangeln“ kann. Dabei ist die Zuverlässigkeit dieser Haltepunkte und Angebote oberstes Gebot; wir sollten nicht versprechen, was nicht einzuhalten ist, und keine Hoffnungen wecken, die nicht zu erfüllen sind.

Die Selbstverantwortung stärken

können wir durch all das, was wir tun hinsichtlich Erweiterung der Einengung, Ressourcenorientierung und Offenhalten von Entscheidungen. Auch sollten wir nichts für die anrufende Person übernehmen, wozu diese selbst in der Lage ist.

Fallbeispiel

Anruf eines Mannes am Abend mit einem männlichen Berater.

A Guten Abend, ich habe verschiedene Anliegen, Sie werden sich vielleicht wundern: Ich habe Arbeit, ein Haus, ich bin verheiratet seit einem Jahr. Ich müsste eigentlich glücklich sein, ich bin's aber nicht. Wie gesagt, ich habe vor einem Jahr geheiratet, eine Frau aus Russland. Ich habe gedacht, für die Frauen von dort wären Bindung und Treue noch wichtiger als für die Frauen hier, aber da habe ich mich wohl getäuscht. Ich habe die Scheidung eingereicht. Ich überlege, für immer in eine geschlossene Anstalt zu gehen. Oder vielleicht könnte ich auch tagsüber arbeiten und anschließend in betreutes Wohnen gehen.

B Das hört sich ja sehr massiv an, was Sie da sagen. Ich möchte Sie bitten, dass Sie noch ein bisschen mehr über Ihre Situation erzählen.

A Ja wissen Sie, meine Frau ist jetzt unterwegs, allein. Ich weiß gar nicht, ob sie allein ist, oder ob sie sich mit jemandem trifft. Wenn eine Frau ihre Handtasche mitnimmt, dann bedeutet das eher, dass sie für sich alleine geht, hat mir jemand gesagt. Stimmt das?

B Wie das für Ihre Frau einzuschätzen ist, kann ich Ihnen nicht sagen. Ich höre jedenfalls, dass Sie sich Sorgen darum machen, ob Ihre Frau alleine unterwegs ist, oder ob sie sich mit jemandem trifft.

A Ja. Sie geht eigentlich jeden Abend weg, oft bis spät in die Nacht, und ich weiß gar nicht, was sie macht und wohin sie geht.

B Können Sie mit Ihrer Frau über die Sorgen sprechen, die Sie sich um sie machen?

A Das hab ich ihr schon gesagt, aber wir schreien uns nur noch an. Das geht schon seit Wochen so.

B Da kommen Sie mir sehr belastet vor. Zu Beginn des Gespräches haben Sie ja auch gesagt, dass Sie die Scheidung eingereicht hätten.

A Ja, ich halt' das einfach nicht mehr aus, und deswegen hab' ich die Scheidung eingereicht.

B Das ist wirklich schwer für Sie. Was erwarten Sie denn da von mir, von diesem Gespräch?

A Ich weiß es selbst nicht. Ich weiß nur, dass mein Leben ziemlich kaputt ist – eine handfeste Krise.

Weiteres Gespräch über die aktuelle Krisensituation, insbesondere über die Beziehung zu seiner Frau; es wird deutlich, dass der A gerne „Garantien fürs Geliebtwerden“ hätte.

B Haben Sie denn früher schon ähnlich schwere Situationen erlebt?

A Ja. *A berichtet über frühere Situationen.*

B Was hat Ihnen damals geholfen, diese schweren Situationen zu überstehen?

A Wenn ich mir sagen konnte, „Du musst!“, „Du musst das machen!“, das hat mir geholfen.

B Wie ist das heute, wenn Sie sich jetzt sagen würden: „Du musst!“, „Du musst das durchstehen!“, hilft Ihnen das?

Im weiteren Gesprächsverlauf wird immer klarer, dass der A sehr nach Halt und Stabilität sucht. In diesem Zusammenhang kommt A nochmals auf seine eingangs erwähnte Idee zu sprechen, für immer in die Psychiatrie zu gehen. Dabei stellt sich heraus, dass A keine klare Vorstellung von einer psychiatrischen Klinik hatte, er sich so etwas wie Behütetsein davon versprach. B gibt Information über die Situation in psychiatrischen Kliniken, das lässt A Abstand von dieser Idee nehmen.

B Ich möchte Ihnen vorschlagen, dass wir mal gemeinsam überlegen, was Ihnen Halt geben könnte in Ihrer aktuellen Situation.

A (*ist damit einverstanden*) Ich hab einen Freund, der redet mit mir.

B Was hilft Ihnen dabei, wenn Ihr Freund mit Ihnen redet?

A Der hört mir zu, und der sagt auch mal: „Denk doch mal da dran und da dran.“, der zeigt mir, wie man das auch noch anders sehen kann.

B Ihr Freund zeigt Ihnen also andere Sichtweisen auf, und das hilft Ihnen. Was gibt es denn vielleicht noch, was Ihnen zurzeit helfen könnte?

A Dass ich mit Ihnen reden kann, das hilft mir auch. Da werd' ich ruhiger.

B Wäre es an dieser Stelle auch in Ordnung für Sie, dass wir mal gemeinsam überlegen, wie Sie die nächsten Stunden und die Nacht rumkriegen können?

A *stimmt zu, es werden Ideen erörtert wie fernsehen, Musik hören, auch, ob A das Heimkommen seiner Frau abpassen werde oder nicht. A bleibt diesbezüglich ambivalent.*
Das Gespräch endet mit dem Angebot an A, wieder anrufen zu können.

Beratende Krisenintervention bei suizidalen Krisen

Das Gründungsmotiv für die Telefonseelsorge war, Menschen in einer suizidalen Krise eine jederzeit und leicht erreichbare Gesprächsmöglichkeit anzubieten. Diese Niedrigschwelligkeit, vor allem auch die in der Regel gegebene Anonymität der Anrufenden bei Telefonberatungsdiensten, ermöglicht vielen Anrufern, dabei suizidale Gedanken und Impulse anzusprechen, die sie in anderen Kontexten wie beim Arzt oder in der Psychotherapie häufig nicht äußern aus Angst vor als fremdbestimmt erlebten Eingriffen wie insbesondere einer Einweisung in die Psychiatrie. Das gibt Anrufern und Telefonberatern die Chance, die Ressourcen und Möglichkeiten der Anrufer zu erkunden und auszuloten.

Bevor Sie weiter lesen, laden wir Sie zu folgender Selbstreflexion ein:

Selbstreflexion zu Suizid

Welche Erfahrungen, Kenntnisse, Berührungen habe ich bezüglich Suizid?
Woher habe ich diese Erfahrungen und Kenntnisse?
Hatte/habe ich selbst suizidale Gedanken, Phantasien, Pläne?
War/bin ich selbst in einer suizidalen Situation?
    Wann? Wie war/ist die Situation?
    Was hat mir herausgeholfen bzw. was könnte mir heraushelfen?
Habe ich selbst schon einen Suizidversuch unternommen?
    Wie stehe ich heute dazu?
Welche Berührungen hatte bzw. habe ich mit Suizid in meiner Familie, Verwandtschaft, Freundes- und Bekanntenkreis, Nachbarschaft, am Arbeitsplatz, ... ?
Welche Informationen habe ich aus den Medien?
Welche Ängste löst das Thema in mir aus?
Wie ist meine eigene Einstellung zu Suizid?
Was ist meine Werthaltung und/oder Glaubenshaltung zu Suizid?
Wie ist meine Einstellung zu Leben und Sterben?

- für mich selbst:
  Was macht mein Leben für mich lebenswert?
  Wann wäre es für mich nicht mehr lebenswert?
  Wann/unter welchen Umständen würde ich selbst nicht mehr leben wollen?
- generell:
  Wann sollte jemand sterben dürfen? Wann nicht?

In welchen Situationen – unter welchen Umständen halte ich Suizid für eine akzeptable, verständliche, legitime Verhaltensmöglichkeit eines Menschen – in welchen nicht?

Suizidale Gedanken, Impulse und Verhalten sind in jedem Fall Ausdruck einer äußeren und/oder inneren Not. Vom Suizid erhofft man sich ein Ende oder eine Linderung der Not. Es geht also nicht primär darum zu sterben, sondern um eine Änderung der als unerträglich erlebten Lebensverhältnisse. Man möchte so nicht leben, sieht jedoch – noch – keine andere Möglichkeit als den Tod, um die lebenswichtigen Anliegen erfüllt zu bekommen. In den suizidalen Gedanken, Impulsen und Verhalten sind also wichtige Beweggründe enthalten.

Solche Beweggründe können sein:

- der Wunsch, sich beachtet zu fühlen
- die Hoffnung, Hilfe zu erfahren
- sich für etwas rächen zu wollen
- andere unter Druck setzen zu wollen
- anderen schaden zu wollen
- die Tendenz, sich selbst zu bestrafen (für tatsächliche oder vermeintliche Verfehlungen oder Schlechtigkeit)
- sich selbst die eigene Entscheidungsfreiheit zu beweisen, weil andere Entscheidungsmöglichkeiten als nicht mehr verfügbar erlebt werden
- die Vorstellung von eigener Würde zu retten
- einer als unerträglich erlebten oder vorgestellten Situation wie unheilbarer Krankheit und/oder starken Schmerzen entgehen oder vermeiden zu wollen
- anderen nicht zur Last fallen zu wollen
- die Sehnsucht nach Befreiung von Belastungen
- der Wunsch, Ruhe zu haben bei/nach lang andauernder Überforderung
- eine Lebenspause machen zu wollen
- sich von Schuld befreien zu wollen
- …

Meist ist nicht nur ein einziger Beweggrund bestimmend, sondern eine Kombination mehrerer Motive und Faktoren.

Da es bei Gesprächen mit Menschen in einer suizidalen Krise „um Leben und Tod“ geht, ist der Druck in beiden Gesprächspartnern meist besonders groß. Nichtsdestotrotz gelten in solchen Fällen grundsätzlich keine anderen Grundsätze und Regeln als die oben für die beratende Krisenintervention ausgeführten. Auch in diesen Gesprächen ist es das Ziel, durch eine unterschiedliche Sicht von „Wirklichkeit“ neue Perspektiven zu eröffnen, damit aus der suizidalen Krise und Einengung eine Chance der Integration und Entwicklung werden kann. Dieses Ziel kann am ehesten erreicht werden, wenn sich der Telefonberater nicht als Retter oder als Verhinderer eines beabsichtigten Suizids versteht, sondern als kritisch wohlwollender Begleiter der Hilfe suchenden Person, damit diese die ihr gemäße Lebensentscheidung trifft. Das wichtigste „Handwerkszeug“ des Beraters ist dabei seine Angstfreiheit.

Für Gespräche mit suizidalen Personen gelten ebenfalls die oben für die beratende Krisenintervention genannten Punkte. Zusätzlich sind bei den einzelnen Punkten folgende Aspekte zu beachten:

Beziehung schaffen und Vertrauen aufbauen

Bei vermuteter Suizidgefährdung sollten wir
- Suizidgedanken offen ansprechen
  z. B. *„Wann zuletzt haben Sie daran gedacht, sich das Leben zu nehmen?“* oder *„Was Sie mir da berichten, hört sich für mich so an, als ob Sie auch daran dächten, sich das Leben zu nehmen. Nehme ich das richtig wahr?“*
  Gerade dieser Punkt löst bei Beraterinnen und Beratern immer wieder Ängste aus, ob ein solches Verhalten nicht erst zum Suizid ermutige. Viele Menschen mit Suizidgedanken tun sich schwer, diese zu äußern, weil sie sich dafür schämen oder fürchten, den Anderen damit zu überfordern oder dass dieser unerwünschte Schritte unternehmen könnte wie z. B. eine Einweisung in eine psychiatrische Klinik. Wenn ich als Telefonberater Suizidgedanken offen und offensiv anspreche, so hat das in der Regel eine enttabuisierende und damit öffnende und entlastende Funktion: Es signalisiert dem Anrufenden, dass ich auch mit dieser Situation und diesen Gedanken und Impulsen umgehen kann, und es lädt ihn ein, über diesen möglicherweise scham- und angstbesetzten Bereich ins Gespräch zu kommen. Das schafft Vertrauen und stärkt Beziehung, und es erweitert die inneren und äußeren Erkundungs- und Handlungsspielräume im Anrufenden.
- das Recht des Anderen auf Suizid, sein Recht auf ein würdiges Leben und seine Entscheidungsfähigkeit anerkennen; denn eine Rettung um jeden Preis hieße, den Wert, den der Suizident im Suizid sieht, nicht ernst zu nehmen.
- die eigene Ohnmacht akzeptieren, jemanden vom Suizid abhalten zu können.
- besonders darauf achten, dass der Andere sich durch mich nicht als gekränkt erlebt, da Suizidenten in ihrer Ambivalenz und ihrer oft verminderten Selbstwertschätzung (s. u.) außerordentlich leicht kränkbar sind.

Einengung erweitern

Bei Menschen in suizidalen Krisen ist die Einengung besonders stark ausgeprägt (s. o.). Um diese wieder erweitern zu können, sind wir als Berater herausgefordert, den Anderen in seiner höchstwahrscheinlich vorhandenen Ambivalenz wahrzunehmen und anzunehmen: in seiner Suizidalität, seinem So-nicht-mehr-leben-wollen einerseits, und seinem Vielleicht-doch-noch-leben-wollen andererseits. Ambivalente und widersprüchliche Gefühle und Strebungen bestehen nebeneinander. Entscheidend ist es, die Unterschiede zwischen den Anteilen, die leben wollen, und denen, die so nicht mehr leben wollen, zu sehen. Das Suchen, Trennen, Ergründen und gleichwertige Ernstnehmen beider Seiten gemeinsam durchzustehen, ist für den Berater und den Anrufer anstrengend, aber gleichzeitig auch schon wieder ein Stück Einengungserweiterung. Wichtig ist, dass wir beide Seiten in den Blick nehmen und die Spannung des Noch-nicht-Entscheidens aushalten können. Dass wir also weder die suizidale Seite zudeckeln oder abtun noch mit dem Anderen in ihr versinken, sondern vielmehr Verzweiflung zulassen, Verlust nacherleben, Abschied nehmen von ... , Schmerz erleiden. Dass wir weder nur falschen Trost spenden noch das Leben und die Hoffnung vergessen, sondern vielmehr fragen: *„Was hält Sie (noch) am Leben?“ „Wer ist für Sie noch wichtig?“ „Für wen sind Sie noch wichtig oder könnten es sein?“ „Wem würden Sie fehlen, wenn Sie tot wären?“ „Für wen haben Sie Verantwortung?“ „Wer braucht Sie?“ „Wie würde die Person X reagieren, wenn sie von ihrem Suizid erfährt? Wie würde sie damit weiterleben?“* Oder bei Personen, die in ihrer Lebensgeschichte erfahren haben, dass ihnen kein Lebensrecht zuerkannt wurde: *„Für wen könnte Ihr Suizid ein ungewollter Liebesdienst sein?“*

Wir können auch gedanklich durchspielen, welche Auswirkungen eine Suizidhandlung hätte. In vielen Fällen werden Auswirkungen phantasiert, die der Betreffende dann gar nicht mehr erleben könnte, wie z. B. *„Dann werden meine Eltern sehen, was sie an mir gehabt haben!“* oder *„Dann habe ich Frieden.“* Das können wir wohlwollend, aber deutlich konfrontieren oder hinterfragen: *„Sie werden dann allem entflohen sein. Sie werden aber nicht mehr erleben können, wie Ihre Eltern reagieren werden.“* oder *„Ich höre sehr deutlich, dass Sie einfach und vor allem Ihre Ruhe haben wollen. Wie würde sich Ihr Suizid auf Ihre Umwelt auswirken? Gäbe es dann da auch Frieden nach Ihrem Tod?“*

Solche Phantasien geben außerdem einen Hinweis darauf, welche wichtigen Anliegen im Suizidwunsch enthalten sind, z. B. Wertschätzung durch die Verwandten zu erfahren, weniger Anforderungen ausgesetzt zu sein, Frieden mit sich und anderen zu finden.

Ressourcenorientierung und Einbeziehung von Hilfesystemen

Auf jeden Fall sollten wir danach schauen, welche positiven Anliegen für den Anrufenden in seinem Suizidwunsch stecken (s. o.). Wir können beispielsweise eine Umdeutung des Suizidwunsches als aktives Handeln anbieten, als Lösungsversuch in einer sehr schwierigen Situation und als Ausdruck von Selbstachtung: *„Sie wollen diese schwierige Situation lösen, auch wenn es Sie selbst einen hohen Preis kostet, nämlich Ihr Leben.“* oder *„Ich* *höre aus Ihrer Absicht, sich das Leben zu nehmen, auch heraus, dass das etwas ist, was Sie für sich selbst tun können und wollen, dass Sie das gerade mal nicht für die anderen tun wollen, wie Sie es sonst immer getan haben."* Da bei vielen Suizidenten eine verminderte Selbstwertschätzung festzustellen ist, kann eine behutsame Suche nach Anhaltspunkten für eine Selbstwertstärkung versucht werden, z. B. *„Sie haben diese schweren Umstände jetzt seit zehn Jahren ausgehalten. Ich glaube, das hätte nicht jeder geschafft. Wie sehen Sie das?"* Auch bei suizidalen Krisen sollten wir erfragen, welche Krisen der Anrufer schon erlebt und wie er sie bewältigt hat, um an den darin enthaltenen Ressourcen anknüpfen und sie dem Anderen bewusst machen zu können. Gerade bei dem hohen inneren Druck, den Suizidenten erleben, kann es sehr entlastend und unterstützend sein, wenn ein Beistand oder Unterstützung durch andere möglich ist. Das können Menschen im persönlichen Umfeld sein wie die Schwester oder Freundin, bei der man die Nacht verbringen kann. Das können auch professionelle Hilfen sein wie eine Krisenberatungsstelle, bei der eine persönliche Beratung und Begleitung möglich ist, oder die Notfallseelsorge, die ggf. auch einen Hausbesuch am Abend oder in der Nacht anbietet.

Zeit gewinnen und Entscheidungsmöglichkeiten offen halten

hat bei einem Anrufer in einer suizidalen Krise besonderes Gewicht. Dabei kann es sich um möglicherweise sehr kurze Zeiträume wie eine Stunde handeln. So kann man z. B. anbieten *„Rufen Sie mich in einer Stunde noch mal an!"* oder vielleicht besser noch einen Rückruf anbieten.

Eine Möglichkeit, Entscheidungsmöglichkeiten ganz dezidiert offen zu halten, ist die Vereinbarung eines sog. Non-Suizid-Vertrages. Dabei verpflichtet sich der Andere, für einen bestimmten Zeitraum (z. B. bis zum vereinbarten Anruf in einer Stunde oder bis zum Arztbesuch am nächsten Tag) nicht Suizid zu begehen: „Ich werde mir bis ..... weder absichtlich noch unabsichtlich das Leben nehmen, egal, was passiert, und egal, wie ich mich fühle." Um das Denken des Anderen auf Lösungen hin zu orientieren, kann dieser Vertrag z. B. folgendermaßen ergänzt werden: „In dieser Zeit werde ich alle Möglichkeiten nutzen, die mir helfen, bei einer Entscheidung für oder gegen mein Weiterleben weiterzukommen." (s. dazu Dorrmann 1991, 54ff)

Die Selbstverantwortung und Selbstkontrolle stärken

können wir, indem wir, wie oben beschrieben, eine Umdeutung des Suizidwunsches anbieten als aktives Handeln, als Lösungsversuch und als Ausdruck von Selbstachtung.

Wir können dies auch tun, indem wir die Entscheidungsmacht des Anderen über sein Leben in impliziter oder expliziter Weise anerkennen und würdigen und unsere eigene Begrenztheit anerkennen und ggf. auch formulieren.

Die Vereinbarung eines Non-Suizid-Vertrages basiert darauf, dass der Anrufer sein Verhalten kontrollieren kann trotz suizidaler Gedanken, Gefühle und Impulse. Gefühle und Impulse unterliegen als unwillkürliche Reaktion keinerlei unmittelbarer Kontrollmöglichkeit. Suizidenten fühlen sich ihnen häufig ausgeliefert. Beeinflussbar sind jedoch die Bewertungen der Gefühle, die Gedanken und Handlungen. Eine Umdeutung des Suizidwunsches verändert die Bewertung des Suizides als aktives Handeln. Der Non-Suizid-Vertrag betont die Möglichkeit, suizidalen Impulsen nicht automatisch suizidale Handlungen folgen zu lassen und die Gedanken und Wahrnehmungen zu erweitern. Damit wird die Entscheidungsmacht über das eigene Denken und Handeln gestärkt, was sich wiederum auch auf seine Gefühle auswirken wird.

Fallbeispiel

Gespräch einer Anruferin mit einer Beraterin in der Nacht

A *schweigt zunächst; es scheint so, als ob er bzw. sie (was zu diesem Zeitpunkt noch nicht erkennbar ist) versuche, Weinen zu unterdrücken; schweres Atmen, Schlucken, Naseputzen.*
Dann fast flüsternd: Ich hab‘ Angst.

B Es scheint Ihnen sehr schlecht zu gehen.

A Ja, ich mag nicht mehr.
Weint.

B Was mögen Sie nicht mehr?

A Nichts mehr, gar nichts mehr.

B Was mögen Sie momentan am wenigsten?

A Leben. Aber das versteht ja niemand.

B Wer ist denn ‚niemand'?

A Meine Eltern, die Ärzte, meine Freundin. Ich kann die Leier nicht mehr hören!

B Was ist das für eine Leier, die Sie nicht mehr hören möchten?

A Na wenn die sagen ‚Es wird schon wieder.'
Gar nichts wird wieder!!!

B Was ist gar nichts?

A Das mit meinem Mann, mit der Arbeit, meine Eltern, die immer rumhacken auf mir, dass ich nichts auf die Reihe krieg.

B Das ist wirklich 'ne Menge, was Sie da drückt.
Was meinen Sie, wie ich Ihnen helfen kann?

A *weint heftig.*
Nach einer Weile: Wissen Sie, ich hab' heut' nacht schon mal angerufen. Sie waren so nett zu mir – und ich hab aufgelegt.

B Und jetzt haben Sie noch mal angerufen. Was ist denn jetzt dran für Sie?

A Ich hab' vorhin meine Schlafmittel genommen. Aber bis jetzt bringt's mir gar nix.

B Was sollte es Ihnen denn bringen?

A Am liebsten würde ich ja schlafen.
Pause, Weinen.
Ich will endlich Ruhe haben. Ich halt' das alles einfach nicht mehr aus.
A weint wieder.

B Ich höre, dass Ihnen das alles zu viel ist.

A *berichtet über ihre Lebenssituation, insbesondere über die bisher nur angedeuteten Belastungen und Kränkungen, die sie erlebt hat.*

B Das kann ich gut verstehen, dass Ihnen dass alles zu viel ist, und dass Sie am liebsten nur noch Ihre Ruhe wollen und deswegen auch daran denken, sich das Leben zu nehmen. Ich möchte Sie aber auch fragen, ob Sie meinen, dass jemand Sie vermissen könnte.

A Wenn überhaupt, dann meine Kleine.

B Ihre Tochter?

A Ja.

B Wie alt ist Ihre Tochter?

A Fast drei.

B Und wo ist sie jetzt?

A Lena ist auf Besuchswochenende bei meinem Ex.

B Wann kommt Lena denn zurück?

A Heut' abend. Normalerweise.

B Was heißt denn 'normalerweise'?

A Es ist doch besser, wenn sie bei ihrem Vater bleibt. Und ich bin heute abend einfach weg.

B Wieso meinen Sie das?

A Was will sie denn bei so 'ner Scheißmutter?! Ich bin doch nichts als ein Versager.

B Ich denke, Lena mag und braucht ihre Mutti.

A Ich ertrag' es aber nicht mehr, wenn sie mich immer so abgewrackt sieht.

B Was sieht Lena denn dann?

A *erzählt vom Durcheinander und Müll in ihrer Wohnung. Sie sei oft müde auf dem Sofa, keine Lust mehr zu nichts, manchmal nur noch auf 'ne Flasche Bier.*

B Wie erlebt Lena Sie dann?

A Traurig, weil ich nicht mit ihr spiele. Und sie sagt dann oft: Mama hat Aua. Mama braucht 'Ei'. Das tut mir zu weh. Ich will nicht mehr, dass Lena mich so sieht. Nie mehr! *schreit A und weint heftig.*

B *wartet etwas, dann:* Ich verstehe Sie so, dass Sie nicht wollen, dass Lena Sie so erlebt.

A Ja, ich kann nicht mehr!

B Denken Sie daran, sich umzubringen?

A *berichtet, dass Sie sich 2 Sorten Medikamente auf dem Nachtschrank zurechtgelegt hat:* Für heut' nacht. Dann bin ich einfach nicht mehr da, wenn Lena heim kommt. Am liebsten würd' ich die Tabletten sofort nehmen. Dann ist endlich alles vorbei.

B Ich höre Ihre große Not, dass Sie momentan dran denken, sich das Leben zu nehmen. Was könnte Ihnen denn noch helfen?

A Am liebsten hätt' ich, wenn jemand da wäre.

B Gibt es denn jemand, der jetzt zu Ihnen kommen könnte?

A Können Sie nicht kommen?

B Das tut mir leid, das kann ich leider nicht. Gibt es denn jemand aus Ihrer Verwandtschaft oder Ihrem Bekanntenkreis oder sonst jemand, der zu Ihnen kommen könnte?

A Nee, da gibt's keinen, und schon gar nicht um diese Uhrzeit.

B Was könnte denn noch helfen im Moment?

A Diese Dinger müssten sofort hier aus der Bude raus.

B Welche Dinger denn?

A Die Tabletten auf dem Nachtschrank.
A hat dann selbst die Idee, die Tabletten in ihren Briefkasten zu legen. Die Briefkastenanlage sei außerhalb des Mietshauses, in dem sie wohne.

B *begleitet A bei diesem Weg, was möglich ist, da A ein tragbares Telefon benutzt. Als A wieder zurück in ihrer Wohnung ist:*
Wie können Sie denn den Rest dieser Nacht herumkriegen?

A Ich werd' jetzt versuchen zu schlafen. Ich bin jetzt echt kaputt.

B O. k. Sie haben es heute nacht schon zweimal geschafft, hier anzurufen. Können Sie mir versprechen, es wieder zu tun, wenn Sie die Tabletten holen wollen?

A *laut:* Warum? Wollen Sie mich jetzt kontrollieren?

B Nein, ich glaube, Sie sind sich noch nicht ganz sicher, ob Sie weiterleben wollen oder nicht. Und da wollt' ich Ihnen anbieten, dass Sie mich jederzeit wieder anrufen können.

A *langes Schweigen, Weinen, dann:* Ich ruf' an.
A legt auf.

11. Kapitel

Zwischen Not und Übermut

– Zum Umgang mit Kindern und Jugendlichen in der Telefonberatung

> *„Zotige Beschimpfungen, Rülpsen, Kichern, meist anschließendes Auflegen, massenhaft schwangere Dreizehnjährige, Aufklärungs- und Beziehungsfragen sind Alltag geworden in der Telefonseelsorge, besonders um die Nachmittagszeit (nach Schulschluss). ...... Diese jungen Anruferinnen und Anrufer sind für Erwachsene (Beraterinnen und Berater, aber auch Eltern) oft schwer zu verstehen. Wir messen sie an unseren ‚vernünftigen' Maßstäben und vergessen, hinter die Kulissen zu schauen, um zu verstehen, was sie meinen mit dem, was sie tun und was sie sagen."* (Knatz 2005, 26)

Was Knatz hier mit Blick die Telefonseelsorge schreibt, gilt auch für andere Telefonberatungsdienste. Kinder und Jugendliche haben – die Wandlungen des Mediums Telefon in den letzten Jahren nutzend – einen speziellen Umgang mit diesem Medium und auch mit den Telefonberatungsdiensten entwickelt. So nutzt diese Altersgruppe nicht nur die speziell für sie konzipierten Angebote wie die „Sorgentelefone für Kinder und Jugendliche", sondern auch andere Dienste. Und sie nutzt alle diese Dienste nicht unbedingt entsprechend deren Konzepten, sondern nach ihren eigenen Vorstellungen.

Zur Selbstreflexion:

Betrachten Sie Ihre eigene Praxis in der Telefonberatung: Inwiefern unterscheiden sich Ihre Haltungen und Verhaltensweisen gegenüber Anrufern im Kindes- und Jugendalter von denen gegenüber Anrufern im Erwachsenenalter?

Das Telefon, ursprünglich ein Notfallmedium, wurde als Mobiltelefon (Handy) zum multimedialen Dauerbegleiter, mit dem man nicht nur telefonieren und Kontakte herstellen und halten kann, sondern auch spielen, Musik hören, fotografieren, im Internet surfen und manches mehr; außerdem dienen Handys auch als Statussymbol – wer keins hat, ist „out".

Das Konzept vieler Telefonberatungsdienste basiert mehr oder minder auf der ursprünglichen Funktion des Telefons als Notfallmedium: Menschen in Krisen bzw. mit psychischen oder psychosozialen Nöten und Sorgen soll eine leicht zugängliche Gesprächs- und Beratungsmöglichkeit zur Verfügung gestellt werden (s. Kap. 1).

Kinder und Jugendliche gehören zu denen, die aufgeschlossen sind für Neues, es ausprobieren und sich aneignen. Das gilt für die Möglichkeiten technischer Geräte wie auch von Telefonberatungsdiensten.
Während Telefonberater Anrufern helfen und diesbezüglich sinnvolle Gespräche führen möchten, sind Kinder und Jugendliche beispielsweise auf der Suche nach dem „Kick" oder auch nur darauf aus, ihre Langeweile zu verkürzen. Dazu nutzen sie – unter anderem – auch das Telefon, und dies um so mehr, wenn sie dies aufgrund von sog. Freecall-Nummern sogar kostenlos tun und so ihren Geldbeutel schonen können.

Erkenntnisse der Entwicklungspsychologie

Zunächst möchten wir Sie einladen, mit uns einen kurzen Blick auf die Erkenntnisse der Entwicklungspsychologie über das Alter von ca. 10 – 14 Jahren zu werfen, denn aus dieser Altersgruppe kommen die meisten der Anrufe, die uns beschäftigen.
Im sog. **frühen Schulalter,** der Phase **zwischen 7 und ca. 12 Jahren**, ist es für die Kinder wichtig, etwas herzustellen, zu bauen, zu basteln. Die Kinder entwickeln Fleiß, setzen sich zielstrebig für die Vollendung von Zielen und Werken ein; E. Erikson nennt diese Phase „Werksinn gegen Minderwertigkeit" (Erikson 1973). Es geht in dieser Entwicklungsphase darum, den Tätigkeitsdrang auszuleben, Arbeitsfreude zu entwickeln, die eigene Kraft zu spüren, das eigene Können auszuprobieren, stolz sein zu können auf sich und seine Fähigkeiten. Es ist die Zeit von Jungen- und Mädchenfreundschaften, es werden Gruppen oder Banden gebildet. Kleine Abenteuer werden wichtig und Mutproben sind zu bestehen. Mädchen träumen von Pferden und vom Reiten, zum Ende dieser Phase schwärmen sie für Boygroups, was als Schritt zur Bewusstmachung der eigenen sexuellen Identität gedeutet werden kann; sie sind zunehmend stärker mit ihrem eigenen Körper und dessen Veränderung beschäftigt. Jungen sehen sich in diesem Alter als (Fußball-) Star, stecken ihre Energie in körperliche Auseinandersetzungen und Machtkämpfe, demonstrieren Coolness und Kontrolle. Die Kinder nehmen zum Ende dieser Phase Abschied von der Kindheit, sie beginnen flügge zu werden. Damit zeigt sich der **Beginn der Pubertät,** meist **zwischen dem 11. und 14. Lebensjahr.** Die Mädchen und Jungen lösen sich von den Eltern. Das geschieht meist nicht reibungslos, vielmehr durch Auseinandersetzungen, Rückzug, Provokationen und Grenzüberschreitungen. Gleichzeitig und oft unverbunden daneben besteht die Sehnsucht nach Liebe und Geborgenheit. Man könnte die Phase der Pubertät unter die Überschrift stellen: Alles wird anders, und das jeden Tag (oder z. T. sogar jede Stunde). Es ist eine Zeit enormer Veränderungen in allen Bereichen

des Lebens, körperlich, psychisch und sozial. Moderne Hirnforschungsmethoden haben in den letzten Jahren deutlich gemacht, welche umwälzenden Veränderungen sich auch im Gehirn der Pubertierenden abspielen. Knatz (a. a. O.) beschreibt diese Veränderungen mit folgender Metapher: „Stellen Sie sich einmal vor: Sie sind in einer Stadt aufgewachsen, in der Sie jeden Weg kennen, jede Einbahnstraße; in der Sie wissen, wo die Sackgassen sind und die Schleichwege. Plötzlich, über Nacht, wird Ihre Stadt verändert. Die Einbahnstraße ist zur Schnellstraße geworden, die Sackgasse ist aufgehoben und wird als neuer Schleichweg genutzt, die Schnellstraße ist verkehrsberuhigt ... Sie finden sich nicht mehr zurecht, brauchen Zeit, sich neu zu orientieren und sind fassungslos ob all dieser Veränderungen." Das führt zu Orientierungslosigkeit und Stimmungsschwankungen, die sich die Jugendlichen meist selbst nicht erklären können. Sie müssen in dieser veränderten Situation ihren Weg finden; die Orientierung an den Eltern oder anderen Erwachsenen lehnen sie ab und suchen oft gleichzeitig Halt und Sicherheit bei ihnen. Sie fühlen sich häufig unverstanden und allein, verschließen sich und ziehen sich zurück. Provokation und Protest einerseits und innere Emigration andererseits wechseln sich ab. Pubertierende fordern Toleranz von den Erwachsenen, sind aber selbst zu Toleranz oft nicht in der Lage, sondern verhalten sich rigide und intolerant. Im Zusammenhang mit der Ablösung von den Eltern erlangen Peer-Groups (Gruppen von Gleichaltrigen) besondere Bedeutung; der Wunsch nach Akzeptierung durch die Gleichaltrigen wird ein wichtiges Thema dieses Alters. Dies fordert die Beachtung von Gruppennormen, es ist oft das Wichtigste, wie der oder die Jugendliche von den anderen Gruppenmitgliedern gesehen und akzeptiert wird. Kurzum: Die Jugendlichen suchen ihre Persönlichkeit, ihre Identität. „Wer bin ich?" „Was will ich?" „Wer möchte ich sein?" sind die Leitfragen. Diese Wegsuche bedarf des Experimentierens. Möglichkeiten werden erkundet und ausprobiert, Sackgassen und Fehlschläge sind dabei unvermeidlich.

Zur Selbstreflexion:

Erinnern Sie sich an Ihre eigene Lebenszeit und Entwicklung im Alter von 10-14 Jahren. Wie verlief diese Zeit und Entwicklung bei Ihnen?
Vergegenwärtigen Sie sich ein Kind bzw. eine/n Jugendliche/n dieses Alters in Ihrer näheren Umgebung. Was nehmen Sie bei ihm bzw. ihr wahr?
Welche Unterschiede zwischen Ihrer eigenen Entwicklung und der beobachteten nehmen Sie wahr?

Hinzu kommen die Herausforderungen durch die Veränderungen der gesellschaftlichen Rahmenbedingungen in den letzten Jahren bzw. Jahrzehnten; Kinder und Jugendliche sind dabei insbesondere betroffen von den zahlreicher gewordenen Trennungen und Scheidungen und Patchworkfamilien, von Lehrstellenmangel und Arbeitslosigkeit, von der abnehmenden Bedeutung Werte vermittelnder und Orientierung gebender Institutionen. (s. z. B. Deutsche Shell 2002)

Dies alles bildet sich ab bei den Anrufen der 10-14-Jährigen, die wir in der Telefonberatung erleben: Die Mutproben der Jüngeren wie die Wegsuche der Älteren.
Ein Nachmittag am Beratungstelefon kann dann z. B. so aussehen:

15.30 Uhr:	*„Mir ist mein Mann davongelaufen."* (weiblich, ca. 13 Jahre)
15.38–15.53 Uhr:	*„Die anderen Kinder in der Schule hänseln mich, weil ich so dick bin."* (männlich, 12 Jahre)
16.10 Uhr:	*„Mein Busen ist zu klein."* (weiblich, ca. 14 Jahre)
16.11 Uhr:	*„Ich habe mir von meiner Freundin einen Vibrator ausgeliehen. Jetzt tut mir die Scheide weh."* (weiblich, ca. 14 Jahre)
16.15 Uhr:	*„Ich bin 14. Ich bekomme keinen Orgasmus."* (weiblich, ca. 14 Jahre)
16.18 Uhr:	*„Hier ist die Telesau."* (männlich, ca. 14 Jahre)
16.25 Uhr:	*„Du Fotze!"* (aufgelegt – männlich, ca. 11 Jahre)
16.28–16.46 Uhr:	*„Ich bin in meinen Lehrer verliebt."* (weiblich, ca. 16 Jahre)
16.49 Uhr:	*„Ich bin 15 und mein Nachhilfelehrer hat mich vergewaltigt."* (weiblich, ca. 15 Jahre)
16.55 Uhr:	*„Ich heiße Sabine und bin 10 Jahre alt. Ich bin so traurig, weil mein Papa gestorben ist."* (weiblich, ca. 10 Jahre)
16.58 Uhr:	*„Sabine will vom Balkon springen – was soll ich tun? Spring nicht!!!* [ein schriller Schrei]" (aufgelegt – weiblich, ca. 11 Jahre)
17.11 Uhr:	*„Ich bin so geil. Ich will mit Ihnen schlafen."* (männlich, ca. 13 Jahre)

Zur Selbstreflexion:

Welche Erfahrungen mit Anrufen von Kindern und Jugendlichen haben Sie gemacht?
Wie sind Sie mit diesen Anrufen umgegangen? Welche Veränderungen gab es im Lauf der Zeit in Ihrer Sichtweise, Ihrer Einstellung, Ihrem Verhalten?

Ein solcher Nachmittag mit überwiegend Scherz- und Testanrufen wird von vielen Telefonberatern als nervig oder als Zumutung erlebt, und sie müssen in ihren Einrichtungen auch die Gelegenheit bekommen, ihren Ärger, ihren Frust, ihre Empörung äußern zu können, z. B. im Rahmen der Supervision. Um einen sachgemäßen und kooperationsorientierten Umgang mit den jugendlichen Anrufern zu entwickeln, reicht das Luftablassen allein freilich nicht aus; dafür ist es hilfreich, die möglichen Motive der Anrufer besser verstehen zu lernen.

Funktionen bzw. Motive der Anrufe von Kindern und Jugendlichen bei Telefonberatungsdiensten

Wir unterscheiden folgende Funktionen bzw. Motive, die Anrufe von Kindern und Jugendlichen bei Telefonberatungsdiensten haben können. Diese können auch ineinander übergehen bzw. innerhalb eines Anrufes nacheinander eine Rolle spielen.

1. Mutproben
   In der Peer-Group gilt es, sich gegenüber den Gleichaltrigen zu beweisen und zu behaupten. Die Telefonberatungsdienste sind dafür nur ein – austauschbares – Objekt, das benutzt wird; viele andere Beziehungen und Institutionen sind ebenfalls davon betroffen. Die Spezifika des Mediums Telefon und der Telefonberatungsdienste machen diese Mutproben leicht und risikolos: Die Anrufe kosten wenig oder nichts, man kann nicht erkannt und damit auch nicht ertappt und zur Rechenschaft gezogen werden.

2. Spaß und Spannung statt Langeweile
   „Rumhängen“ ist eine häufige Freizeitbeschäftigung im Jugendalter. Doch die „Kids“ suchen auch die Abwechslung zur Langeweile. Gerade beim Zusammensein in der Peer-Group werden Spaß und Spannung gesucht – u. a. durch Scherzanrufe und häufig auch durch Testanrufe.

3. Probehandeln und Austesten
   Unter Probehandeln verstehen wir ein Entdecken und Erproben der eigenen Möglichkeiten und Fähigkeiten für andere Situationen, in denen ernsthaftes Handeln erforderlich ist. Es bezieht sich meist auf Themenbereiche, die für die jeweilige Entwicklungsstufe relevant sind, also z. B. erstes Verliebtsein, Freundschaft und Sexualität bei den 12- bis 14-Jährigen. Die Telefonberatungsdienste laden aufgrund ihrer Spezifika (nicht nur) die Kinder und Jugendlichen geradezu zum Probehandeln und Austesten ein: was das denn überhaupt für eine „Einrichtung“ ist, ob der Berater ihre Sprache versteht und auch Ungewohntes aushält, ob sie ernst- und angenommen werden, vielleicht auch gerade trotz der vorgeschobenen Anliegen.

Manche probieren sich auch in einer anderen Rolle als der gewohnten aus, geben sich sozusagen eine virtuelle Identität: Sie geben ein anderes Alter vor, ein anderes Geschlecht (z. B. ein Junge gibt sich als Mädchen aus), andere soziale Verhältnisse, verhalten sich in für sie ungewohnter Weise (z. B. draufgängerisch statt sonst schüchtern). Sie testen damit aus und sammeln Erfahrungen, wie andere darauf reagieren (vgl. Döring 2000 zu Identitätsarbeit durch das Internet).

4. Bearbeiten von Nöten und Anliegen
   Da kann es sich beispielsweise um das Alleinsein jüngerer Kinder während der Berufstätigkeit der Eltern handeln oder um Probleme in der Schule oder mit Gleichaltrigen bis hin zu Gewalterfahrungen und sexuellem Missbrauch.

Übung in der Gruppe:

Machen Sie zu jedem dieser möglichen Motive eines oder mehrere Rollenspiele.
Tauschen Sie sich dann in der Gruppe zu folgenden Fragen aus:
Welche Erfahrungen mache ich jeweils dabei?
Wofür kann ich eher Verständnis aufbringen, wofür eher nicht?
Wovon hängt das ab: Von den vermutlichen Motiven der Anrufer, von meinen Einstellungen zu diesen Motiven, von ...?
Welche Verhaltensweisen lösen Zweifel über die Ernsthaftigkeit der Anrufenden in mir aus? Wie gehe ich mit diesen Zweifeln um?
Wovon möchte ich mich abgrenzen? Gibt es Regeln meiner Institution in dieser Hinsicht?
Sie können auch das Bewusstheitsrad (Kap. 5) verwenden, um Ihre Gedanken, Impulse und Gefühle zu reflektieren.

Zur Selbstreflexion:

Erinnern Sie sich an die Zeit zurück, als Sie selbst Kind bzw. Jugendliche/r waren.
Welche Erinnerungen haben Sie für diese Zeit hinsichtlich der genannten Punkte, insb. hinsichtlich Mutproben, Spaß haben, Probehandeln und Austesten?
Was haben Sie selbst gemacht bzw. versucht?

Für die Gruppenarbeit:

Tauschen Sie sich mit Kolleginnen und Kollegen über Ihre Selbstreflexionen aus.

Wir wissen nicht, wie das Ergebnis Ihrer Selbstreflexion ausgefallen ist. Wir haben die Erfahrung gemacht, dass die meisten Mitarbeiterinnen und Mitarbeiter sich je länger je mehr an eigene Scherze und Streiche erinnern konnten – und dies mit zunehmendem Vergnügen, was auch ihr Verständnis für die kindlichen bzw. jugendlichen Anrufer deutlich steigen ließ.

Spezifische Hinweise für den Umgang mit Kindern und Jugendlichen in der Telefonberatung

Der letztgenannte Punkt macht deutlich, dass wir in einen besseren Kontakt mit dieser Gruppe von Anrufern kommen, wenn wir uns auf sie und ihre innere Welt einlassen und einstellen. Und weil sich diese innere Welt – wie oben ausgeführt – spezifisch von der der Erwachsenen unterscheidet, möchten wir einige spezifische Hinweise für den Umgang mit diesen Anrufern geben. Dabei gibt es natürlich nicht die Kinder, die Jugendlichen, die Anrufe von Kindern und Jugendlichen. Vielmehr gibt es eine große Bandbreite, wie uns Kinder und Jugendliche in der Telefonberatung begegnen. Insofern sind wir zunächst gefordert, sehr genau hinzuhören: Was nehme ich wahr? Ist da ein Kind oder mehrere? Welche Hintergrundgeräusche gibt es? Ich höre z. B. ein Mädchen sagen: *„Ich bin 14 und schwanger, mein Freund will nichts mehr von mir wissen. Was soll ich denn tun?"*, dabei Gekicher im Hintergrund. Die Stimme des Mädchens kommt mir eher wie die einer 10-12-jährigen vor denn wie die einer 14-jährigen.

Zur Selbstreflexion:

Welche Gedanken, Gefühle, Impulse würde dieser Anruf in Ihnen auslösen (s. Bewusstheitsrad in Kapitel 5)? Wie würden Sie reagieren?

Für die Gruppenarbeit:

Tauschen Sie sich darüber in der Gruppe aus. Welche Auswirkungen hat dieser Austausch auf Sie, auf die anderen Gruppenteilnehmer/innen?

So-tun-als-ob (vgl. Kap. 3, S. 54f)

In mir (D.T.) löst dieses Beispiel die Einschätzung aus, dass es sich hier um einen Testanruf aus einer Gruppe heraus handeln dürfte, vermutlich eine Mischung von Mutprobe und Probehandeln, möglicherweise auch mit dem Motiv, sich einen Spaß zu machen. Ich habe den Impuls zu einem verärgerten Aufknallen des Hörers, weil diesem Anruf bereits ein Dutzend ähnliche vorausgegangen sind, was mich „abgenervt" hat. Aber ich weiß auch aus Erfahrung, dass das Aufknallen häufig weitere solcher Anrufe provoziert. Und so entscheide ich mich meist, meinen ersten Impuls zurückzuhalten und stattdessen eine Als-ob-Haltung hinsichtlich der Wahrheit des Vorgebrachten einzunehmen: Ich tue so, als ob ich das Vorgebrachte für wahr hielte, und führe das Gespräch so, als ob das Mädchen wirklich 14 und schwanger wäre, begegne der Anruferin mit Empathie und versuche, den

Auftrag zu klären. Anrufer mit vorgeschobenen Problemen können sich auf eine solche Ernsthaftigkeit meist nicht lange einlassen und legen von selbst auf. Diese Vorgehensweise empfiehlt sich insbesondere dann, wenn nicht klar ist, ob es sich um einen ernsthaften oder um einen Scherz- oder Testanruf handelt. Damit ist nicht gemeint, dass man als Telefonberater jede noch so unglaubliche oder unwahrscheinliche Geschichte ernst nehmen sollte – da würde man sich eher lächerlich machen. Das Ernst nehmen sollte sich ja auch vorrangig auf die Person der Anrufenden beziehen, nicht auf den (vordergründigen) Inhalt. So könnte man alternativ auch in folgender Weise reagieren: *„Die Geschichte, die du mir da erzählst, kann ich gar nicht glauben. Jetzt sag mal, was du eigentlich willst: Ist dir langweilig, willst du vielleicht mal ausprobieren, was hier für Leute am Telefon sitzen, oder gibt es da noch etwas anderes, was du willst?"*

Humor

Man kann einen Scherz mitmachen oder gelassen und humorvoll reagieren: *„Du hast Deine Mutter gefickt? Ja, wie hast du denn* ***das*** *gemacht?"* Gerade wenn Kinder offensichtlich vorgeschobene Probleme vorbringen oder mit Obszönitäten und Kraftausdrücken zu schockieren versuchen, wollen sie damit auch austesten, ob die Telefonberater das aushalten und damit souverän umzugehen verstehen.

Abgrenzung

Man kann sich als Berater auch abgrenzen, sich gegen bestimmte Ausdrükke oder gehäufte Scherze verwahren. Wie im Umgang mit erwachsenen Anrufern auch empfiehlt sich bei einer Abgrenzung, diese zu begründen und ggf. um Verständnis zu werben: *„Du rufst jetzt zum dritten Mal mit einer erfundenen Geschichte an. Damit ist jedes Mal unsere Leitung blockiert für die Anrufe von Leuten, die echte Sorgen haben. Bitte lass solche Anrufe sein."* Ob das eher hilfreich ist oder eher das Gegenteil bewirkt, müssen Sie selbst ausprobieren; nicht selten rufen Abgrenzungen oder der erhobene Zeigefinger allergische Reaktionen nach dem Motto „Jetzt erst recht!" hervor. Bei Beschimpfungen oder wiederholten Scherzanrufen eines Anrufers oder einer Anrufergruppe kann es auch sinnvoll sein, einfach nur wortlos aufzulegen, weil jede Form von Reaktion eine Beachtung darstellt und weitere Anrufe provozieren könnte. Gerade bei Gruppen, die Scherze machen, könnte dies die Methode der Wahl sein, da Appelle und das Werben um Verständnis in der Regel gegen die Eigendynamik der Gruppe nicht ankommen.

Für die Gruppenarbeit:

Tauschen Sie sich über Ihre Einstellungen und Verhaltensweisen bei Scherz- und Testanrufen von Kindern und Jugendlichen aus.

Welche Unterschiede zwischen den Gruppenmitgliedern stellen Sie dabei fest?
Wie wirkten sich diese aus?
Welche weiteren Einstellungs- und Verhaltensmöglichkeiten könnten Sie entwickeln?

Altergemäßer Umgang mit dem Hilfeanliegen

Auch wenn beim Lesen der letzten Passagen der Eindruck entstanden sein sollte, Kinder und Jugendliche würden nur Test- und Scherzanrufe produzieren: Dies ist nicht der Fall, wenn auch einige Telefonberatungsdienste zeitweise sehr unter einer Flut solcher Anrufe leiden. Daneben gibt es zahlreiche ernsthafte Anrufe von Kindern und Jugendlichen – in der je altersgemäßen Art und Weise.

Selbstverständlich gelten gegenüber Kindern und Jugendlichen die in den vorangegangenen Kapiteln dargestellten Grundhaltungen der Beziehungsgestaltung und Prinzipien der Gesprächsführung gleichermaßen wie gegenüber Erwachsenen; nur müssen sie entsprechend dem Alter und Entwicklungsstand des Gegenübers ausgestaltet werden. Insbesondere sollten wir als erwachsene Berater darauf achten, die Fähigkeiten und Kompetenzen des Kindes bzw. Jugendlichen zu achten und ihnen zu vertrauen. Manches Mal sind wir als Erwachsene in der Gefahr, Kinder und Jugendliche in ihrer Not nicht genug ernst zu nehmen, weil wir das vorgebrachte Problem für eine vorübergehende Entwicklung und daher für eine Bagatelle halten, z. B. gegenüber einer dreizehnjährigen mit dem ersten Liebeskummer: *„Du bist ja noch so jung; das geht bald vorbei, du wirst schon sehen."* Auch wenn der erste Liebeskummer mehr oder weniger bald vorüber gehen mag – für die Betroffenen ist die Erfahrung ungemein schmerzlich und scheint oft unaushaltbar. Für einen angemessenen Umgang müssen sich da entwicklungspsychologische Kenntnisse (s. o.) mit Einfühlung und Respekt verbinden.

Gehen wir zunächst auf die Anrufer im Kindesalter ein – damit meinen wir hier die oben beschriebene Phase des sog. frühen Schulalters zwischen dem 7. und 12. Lebensjahr. Kinder in diesem Alter leben und denken lösungsorientiert. Sie reagieren auf die ihnen gestellten Herausforderungen mit Versuch und Irrtum. Tiefer gehende Problemanalysen betreiben sie in der Regel nicht. So machen Kinder oft einen schnellen Einstieg, d. h. sie sagen einen oder zwei Sätze über ihr Problem: *„Meine Freunde sind immer so blöd. Die lassen mich gar nicht mitspielen, wenn wir uns treffen."* und fragen dann: *„Und was soll ich jetzt tun?"* Da ist es notwendig, mehr Informationen zu bekommen: *„Um dir helfen zu können, würde ich gerne mehr von dir und deiner Situation erfahren. Erzähl mir mal mehr, wie das denn ist, wenn ihr euch trefft."* Man sollte dann darauf achten, die Erkundungsphase nicht zu ausführlich zu gestalten.

Fallbeispiel

Anruf eines Jungen, ca. 9 – 10 Jahre, bei einem Berater

A: Hallo, können Sie mir vielleicht weiterhelfen?

B: Das kommt darauf an, um was es geht. Erzähl' doch mal!

A: Da ist so ein Mädchen, die ärgert mich immer, die sagt, ich soll die Poster von meiner Lieblingsband abhängen. Wie waren früher mal befreundet, dann haben wir uns aber gestritten.

B: *stellt einige Erkundungsfragen zur Situation, fragt dann, welche Hilfe A erwartet.*

A: Die soll's mal lassen!

B: Du meinst, sie soll lassen, dir zu sagen „Häng' die Poster ab!"?

A: Ja, genau.

B: Wenn das Mädchen mal wieder zu dir sagt „Häng' die Poster ab!", könntest du ihr genau das sagen: „Lass' das! Ich hab' meine Lieblingsgruppe und du deine, und ich häng' meine Poster nicht ab."

A: Ja, das könnte ich machen. Dankeschön! Tschüs.

B: Tschüs.

Je jünger ein Kind ist, umso mehr ist man gefordert, bei der Gesprächsführung Verantwortung zu übernehmen und darauf zu achten, konkret zu sein, konkret zu fragen und zu reden. Auch Anregungen und Lösungsideen sollten konkret, einfach und klar kommuniziert werden.

Fallbeispiel

Anruf eines Mädchens gegen 20.45 Uhr bei einem Berater

A Hallo, meine Mama ist nicht da und ich kann nicht einschlafen.

B Wie alt bist du denn?

A Sieben.

B Und bist du jetzt ganz alleine?

A Ja.

B Wo sind denn deine Mama und dein Papa?

A Die sind beide arbeiten.

B Und wann werden die heim kommen?

A Erst ganz spät am Abend.

B Wie ist es denn sonst bei dir mit dem ins Bett gehen und dem Einschlafen?

A Die Mama bringt mich ins Bett, manchmal auch der Papa, aber der nur ganz selten, und die liest mir noch eine Geschichte vor.

B Wär's denn dann in Ordnung, wenn ich dir jetzt eine Geschichte erzähle?

A Ja, das wär' prima.

B erzählt eine Geschichte aus der Erinnerung und wünscht A eine gute Nacht.

Mit zunehmendem Alter steigen auch die Reflexions-, Ausdrucks- und Verstehensmöglichkeiten – oft eingefärbt durch altersgemäße Besonderheiten. So haben Jugendliche häufig ihre eigenen Lösungsideen im Kopf, auch wenn sie etwas anderes sagen, z. B. weil sie unsicher sind. Diese Ideen sind möglicherweise dramatisch oder übers Ziel hinausschießend. Vielleicht müssen die Jugendlichen zuerst nach ihren eigenen Ideen gefragt werden oder brauchen Ermutigung und Erlaubnis, um sie auszusprechen und zu entwickeln. Dabei schätzen sie Ehrlichkeit und Klarheit.

Fallbeispiel

Anruf eines 15-jährigen Mädchens bei einer Beraterin

Sie habe ein Problem mit ihren Eltern, die sich vor 4 Monaten getrennt hätten. Sie lebe beim Vater, die 12-jährige Schwester bei der Mutter. Sie würde Schwester und Mutter regelmäßig sehen, die Schwester ebenso den Vater. Sie fühle sich vom Vater oft missverstanden, dieser verbiete ihr vieles ohne Begründung, schreie viel und habe heute gesagt, sie sei wie ihre Mutter. Ihre Schulnoten seien in den letzten Monaten schlechter geworden, seit einiger Zeit habe sie auch Haarausfall, der laut Arzt seelischer Natur sei. Während des Telefonates kommt der Vater mehrfach ins Zimmer und versucht herauszufinden, ob die A mit der Mutter telefoniert.

B Was hättest du denn gerne, was ist deine Vorstellung in Bezug auf deinen Vater?

A Ich hätte gerne, dass der mal mit mir in eine Beratungsstelle geht.

B Und hast du ihn schon mal drauf angesprochen?

A Ja, hab' ich, aber der lehnt das total ab.

B Was hat er denn genau geantwortet?

A So 'was hätte er nicht nötig, und außerdem sei bei uns alles in Ordnung.

B Hm, das ist wohl nicht so einfach. Da sollten wir mal überlegen, was du denn sonst noch tun könntest.

A Ich hab' auch schon mal dran gedacht, ob ich mich ans Jugendamt wenden könnte, aber die Frau, die da für uns zuständig ist, die kann ich nicht leiden, die hört mehr auf die Eltern als auf mich.

B Käme noch was anderes in Frage? Wie ist denn dein Verhältnis zu deiner Mutter?

A Das ist ganz gut, obwohl ich mich entschieden hatte, bei meinem Vater zu bleiben.

B Könntest du dir vorstellen, mal mit ihr über die Situation zu reden?

Das Gespräch endet mit dem Vorsatz von A, an diesem Abend, wenn die Mutter sie abholt, über die Situation zu sprechen und gemeinsam mit ihr über Lösungsmöglichkeiten nachzudenken.

Altersgemäße Anrede und Redeweise

An dieser Stelle möchten wir gerne ein paar Sätze über die Verwendung von „Du“ und „Sie“ einfügen. Kinder empfehlen wir generell mit „Du“ anzureden – alles andere würden diese als unangemessen und merkwürdig auffassen. Ob man Jugendliche mit „Du“ oder „Sie“ anspricht, hängt auf jeden Fall auch vom Alter der Jugendlichen ab und sollte im Einzelfall das Gefühl entscheiden. Wenn man unsicher ist, kann man auch fragen: *„Darf ich du sagen?“* oder *„Soll ich lieber du oder Sie sagen?“* Damit macht man zugleich deutlich, dass man sich auf den Anderen einstellt und ihn ernst nimmt und respektiert.
Die Art und Weise, wie wir mit den kindlichen oder jugendlichen Anrufern sprechen, sollte deren Alter angepasst sein (s. o.). Das kann freilich nicht heißen, dass wir versuchen sollten, selbst wie ein Kind oder ein Jugendlicher zu sprechen. Ein solcher Versuch wäre unangemessen und unpassend. Wir sollten uns als erwachsene Berater aber bemühen, die Redeweise und Ausdrücke der „Kids“ kennen zu lernen, und in der Lage sein, den einen oder anderen Ausdruck an passender Stelle auch selbst zu benutzen (s. dazu beispielsweise PONS Wörterbuch der Jugendsprache 2006).

Ansprechen der Gesprächssituation

Klares Ansprechen empfiehlt sich auch bei Situationen, in denen beim Gespräch andere Stimmen im Hintergrund zu hören sind: *„Ich höre da noch andere Stimmen bei dir. Wer ist denn noch bei dir dabei?“* Wenn geantwortet wird „Meine beste Freundin.“, könnte man weiter fragen: *„Darf deine Freundin jetzt zuhören bei unserem Gespräch? Wie willst du das?“* Für nicht wenige Jugendliche ist es wichtig, die beste Freundin oder den besten Freund beim Gespräch dabei zu haben, manchmal ruft auch die eine für die andere an, weil diese sich nicht traue. Da kann es vorkommen, dass nach einer Weile des Gesprächs diese andere sich dann doch ans Telefon traut und ggf. der Hörer und das Gespräch hin- und hergereicht werden. Solche Situationen erfordern ein den jeweiligen Bedingungen entsprechendes Eingehen – da ist oft mehr Flexibilität gefragt als bei Gesprächen mit Erwachsenen.

Gespräche bei schwerwiegenden Situationen

Besondere Aufmerksamkeit verdienen Situationen, in denen Kinder und Jugendliche von schwerwiegenden Problemen wie Gewalt, Misshandlung, sexuellem Missbrauch berichten. Dabei stellt sich zunächst die Aufgabe, die Rahmenbedingungen des Telefongesprächs abzuklären, d. h. ob das Kind oder die Jugendliche unter sicheren Bedingungen sprechen kann, also ungestört und ohne Zeitdruck. So könnte man z. B. fragen: *„Kannst du jetzt*

sprechen, ohne dass dir jetzt jemand zuhören oder dich beim Telefonieren überraschen kann?" oder *„Gibt es eine andere Möglichkeit, damit wir ungestört miteinander sprechen können? Kannst du vielleicht von außerhalb mit dem Handy oder von der Telefonzelle anrufen?"*
Gerade bei geschilderter Gewalt, Misshandlung oder Missbrauch regen sich in Beratern Impulse, eingreifen zu wollen zum Wohl des betroffenen Kindes oder Jugendlichen. Solche Impulse gilt es zu reflektieren und sorgfältig zu prüfen, ob ihre Umsetzung wirklich dem Wohl des Betroffenen dienen würden. Das sollte nach Möglichkeit im direkten Dialog mit den Anrufern geschehen. Diese leiden unter einer solchen Situation sehr, doch wenn und weil die Täter und Täterinnen oft aus dem familiären oder näheren Umfeld kommen, erleben die Opfer sich diesen gegenüber meist loyal und fühlen sich dadurch gebunden. Da mögen für Außenstehende auf den ersten Blick schnelle und radikale Lösungen wie z. B. die Herausnahme aus der Familie notwendig erscheinen, doch passen sie oft nicht zu den Vorstellungen der Betroffenen, wie auch im folgenden Fallbeispiel deutlich wird.

Fallbeispiel

Gespräch eines 15-jähriges Mädchen spät am Abend mit einer Beraterin

A Hallo ... Ich rufe an, weil ich mit jemandem reden muss.
Sie berichtet, ihr Vater sei betrunken nach Hause gekommen und habe sie angeschrieen, geschlagen und geschüttelt. Sie habe eine dicke blaue Lippe und Hautabschürfungen. Er schlage sie fast jeden Tag. Die Mutter sei vor Jahren gestorben.

B Wie wäre es, wenn du zum Arzt oder ins Krankenhaus gehen würdest wegen deiner Verletzungen?

A Die würden dann ja sofort was unternehmen. Bei Ihnen weiß ich, dass Sie nichts unternehmen.

B Das klingt so, als ob du deinen Vater schützen möchtest.

A Ich weiß nicht, ich glaube, ich bin selber schuld.

B Wenn ich dir sagen würde „Du hast keine Schuld." – wie wäre das für dich?

A Ich denke darüber nach, aber ich komme da gefühlsmäßig nicht ran.

B Was würde denn passieren, wenn jemand was für dich unternehmen würde?

A Weiß ich nicht, da habe ich Angst vor. Die Ängste kann ich nicht erklären. Was jetzt läuft, das kenne ich. Das Neue danach kenne ich nicht. Ich käme mir seltsam vor.

Bald darauf beendet die Anruferin das Gespräch mit dem Hinweis, sie sei müde und wolle sich ausruhen.

Dieses Fallbeispiel, mit dem unser Buch endet, scheint uns in einem gewissen Sinne typisch für die Telefonberatungsarbeit zu sein: Da ruft jemand an mit einem bestimmten Anliegen. Der Kontakt ist eher kurz, die Situation der

Anruferin kommt nur sehr ausschnitthaft zur Sprache. Manches wäre bei der Gesprächsführung anders oder mehr möglich gewesen (z. B. wieso das Mädchen sich selbst für schuldig an der Situation hält). Die Beraterin bleibt zurück, ohne zu wissen, wie es mit diesem Mädchen weitergehen mag. Sie kann nur hoffen, dass ihr Zuhören, ihr Verständnis und ihre Anregungen bei der Anruferin auf fruchtbaren Boden gefallen sein mögen.

Literatur

Bamberger, Günter (2001). Lösungsorientierte Beratung (2. Auflage). Weinheim: Beltz

Bandura, A. (1977). Self Efficacy: Toward a unifying theory of behavioural change. In: Psychological Review, 2, 191-215

Biermann-Ratjen, Eva, Eckert, Jochen und Schwartz, Hans Joachim (2003). Gesprächspsychotherapie. Verändern durch Verstehen (9. Auflage). Stuttgart: Kohlhammer

Boxbücher, Marion und Egidi, Karin (1995). Von der Krisenintervention zur Krisenbegleitung – Eine systemisch-konstruktivistische Perspektive. In: Egidi, K. und Boxbücher, M. (Hrsg.). Systemische Krisenintervention. Tübingen: DGVT-Verlag

Bund deutscher Psychologinnen und Psychologen (BDP). Report Psychologie 21 (8/1996)

Caplan, George (1964). Principles of preventive Psychiatry. New York: Basic Books

Deutsche Shell (Hrsg.) (2002). Jugend 2002. Zwischen pragmatischem Idealismus und robustem Materialismus. 14. Shell Jugendbericht. Frankfurt am Main: Fischer Taschenbuch Verlag

Döring, Nicola (2000). Identität + Internet = Virtuelle Identität?, in forum medienethik Nr. 2/2000, München, 65-75

Dorrmann, Wolfram (1991). Suizid. Therapeutische Interventionen bei Selbsttötungen. München: J. Pfeiffer, Reihe leben lernen Nr. 74

Ende, Michael (1973). Momo. Stuttgart: K. Thienemanns Verlag

Erickson, M. H. und Rossi, E. L. (1981): Hypnoptherapie. Aufbau, Beispiele, Forschungen. München: Pfeiffer

Erikson, Erik H. (1973). Identität und Lebenszyklus. Frankfurt am Main: Suhrkamp

Evangelisch-Katholische Kommission für Telefonseelsorge und Offene Tür (Hrsg.). Auf Draht. Internes Forum zum Austausch von Erfahrungen und Informationen für Ehrenamtliche und Hauptamtliche der Telefonseelsorgestellen und Offenen Türen in Deutschland. Heft Nr. 60 / Dezember 2005

Flor, Herta (2003). Wie verlernt das Gehirn den Schmerz?, in Schiepeck G. (Hrsg.). Neurobiologie der Psychotherapie. Stuttgart: Schattauer

Grawe, Klaus (2004). Neuropsychotherapie. Göttingen: Hogrefe

Hamilton, Mina (2002). Relaxt durch den Tag. 40 Ruheinseln in der alltäglichen Hektik. Kreuzlingen/München: Hugendubel

Hüther, Gerald (2005). Die Macht der inneren Bilder. Wie Visionen das Gehirn, den Menschen und die Welt verändern. Göttingen: Vandenhoeck & Ruprecht

Janosch (1978). Oh, wie schön ist Panama, Weinheim: Beltz

de Jong, Peter und Kim Berg, Insoo (2003). Lösungen (er-)finden – Das Werkstattbuch der lösungsorientierten Kurztherapie (5. Auflage). Dortmund: verlag modernes lernen

Jünger Medien Verlag + Burckhardthaus-Laetare GmbH (Hrsg.) (2003).Train Tools: Stressbewältigung CD-ROM mit Trainerleitfaden u.a.m. Offenbach: Gabal

Klauser, Raimund (2004) Gesellschaftliche und kommunikationstechnische Entwicklungen als Herausforderung an die TelefonSeelsorge. Vortrag anlässlich des 25-jährigen Bestehens der TelefonSeelsorge Recklinghausen am 6.2.2004

Klein, Stefan (2003). ...ohne Risiken und Nebenwirkungen. In GEO 10/ Oktober 2003, S. 49-64

Knatz, Birgit (2005). Baustelle im Kopf. In: Evangelisch-Katholische Kommission für Telefonseelsorge und Offene Tür. Auf Draht. Internes Forum zum Austausch von Erfahrungen und Informationen für Ehrenamtliche und Hauptamtliche der Telefonseelsorgestellen und Offenen Türen in Deutschland. Heft Nr. 58 / April 2005, 26-29

Ludewig, Kurt (1992). Systemische Therapie. Grundlagen klinischer Theorie und Praxis. Stuttgart: Verlag Klett-Cotta

Michalak, Uwe: Dem Neuen eine Chance geben! In: Maaßen, Monika, Groll, Thomas, Timmerbrink, Herrmann (1999). Mensch versteht sich nicht von selbst. Telefonseelsorge zwischen Kommunikationstechnik und Therapie. Kommunikationsökologie 5. Münster: LIT-Verlag

National Park Service, Innenministerium der Vereinigten Staaten von Amerika. Sequoia National Park und Kings Canyon National Park Informationsbroschüre

National Park Service, Sequoia & Kings National Parks, June 14-July 11, 1996

PONS Wörterbuch der Jugendsprache 2006. Deutsch-Englisch/Französisch/Spanisch (2005). Stuttgart: Ernst Klett Sprachen GmbH

Prior, Manfred (2004). MiniMax-Interventionen (4. Auflage). Heidelberg: Carl-Auer-Systeme

Prior, Manfred (2006). Beratung und Therapie optimal vorbereiten. Heidelberg: Carl-Auer-Systeme

Retzer, Arnold und Schumacher, Bernd (2000). Arbeitsblatt Hilfe vs. Kontrolle. (Unveröffentlichtes Manuskript für Fortbildungsteilnehmer des Supervisionscurriculums der Internationalen Gesellschaft für systemische Therapie (IGST)) 2000/2001

Rogers, Carl R. (1987). Eine Theorie der Psychotherapie, der Persönlichkeit und der zwischenmenschlichen Beziehungen - Entwickelt im Rahmen des klientenzentrierten Ansatzes. Köln: Gesellschaft für wissenschaftliche Gesprächspsychotherapie. Engl. Original 1957

Saleebey, David (1992). The strengths perspective in social work practice. New York: Longman

Satir, Virginia (1999). Selbstwert und Kommunikation. Familientherapie für Berater und zur Selbsthilfe (6. Auflage). Paderborn: Junfermann

v. Schlippe, Arist und Schweitzer, Jochen (1998). Lehrbuch der systemischen Therapie und Beratung (5. Auflage). Göttingen: Vandenhoeck & Ruprecht

v. Schlippe, Arist (1995). „Tu, was du willst“. Eine integrative Perspektive auf die systemische Therapie. In: Kontext 26 (1),19-32

Schmidt, Gunther (2004): Liebesaffären zwischen Problem und Lösung. Hypnosystemisches Arbeiten in schwierigen Kontexten. Heidelberg: Carl-Auer-Systeme

Schmidt, Gunther (2005): Einführung in die hypnosystemische Therapie und Beratung. Heidelberg: Carl-Auer-Systeme

Schulz v. Thun, Friedemann (1999). Miteinander reden 3. Das „innere Team“ und situationsgerechte Kommunikation. Reinbek: Rowohlt

de Shazer, Steve (1989). Wege der erfolgreichen Kurztherapie. Stuttgart: Klett-Cotta

de Shazer, Steve (1990). Der Dreh. Überraschende Wendungen und Lösungen in der Kurzzeittherapie. Heidelberg: Carl-Auer-Systeme

de Shazer, Steve (1994). Das Spiel mit Unterschieden. Heidelberg: Carl-Auer-Systeme

Simon, Fritz B. (1999). Interview von Heinz Kersting. Online: http://www.simon-weber.de/simon/Kersting-Interview.html

Stressbewältigung. (2003) Fünf Schritte zu einem guten Umgang mit Stress. Arbeitsheft Selbstlernkurs. Offenbach: Gabal

Tomm, Karl (1994). Die Fragen des Beobachters. Schritte zu einer Kybernetik zweiter Ordnung in der systemischen Therapie. Heidelberg: Carl-Auer-Systeme 1994

Walter, John L. und Peller, Jane E. (1999). Lösungs-orientierte Kurztherapie. Ein Lehr- und Lernbuch (4. Auflage). Dortmund: verlag modernes lernen

Weber, Traugott (Hrsg.) (2006). Handbuch Telefonseelsorge. Göttingen: Vandenhoeck & Ruprecht

Weber, Wilfried (2005). Wege zum helfenden Gespräch. Gesprächspsychotherapie in der Praxis (13. Auflage). München: E. Reinhardt

Inhaltsübersicht (ausführlich)

Modell lösungsorientierter Gesprächsführung in der Beratung (zu Kap. 8)

(nach einer Vorlage von Gunther Schmidt)

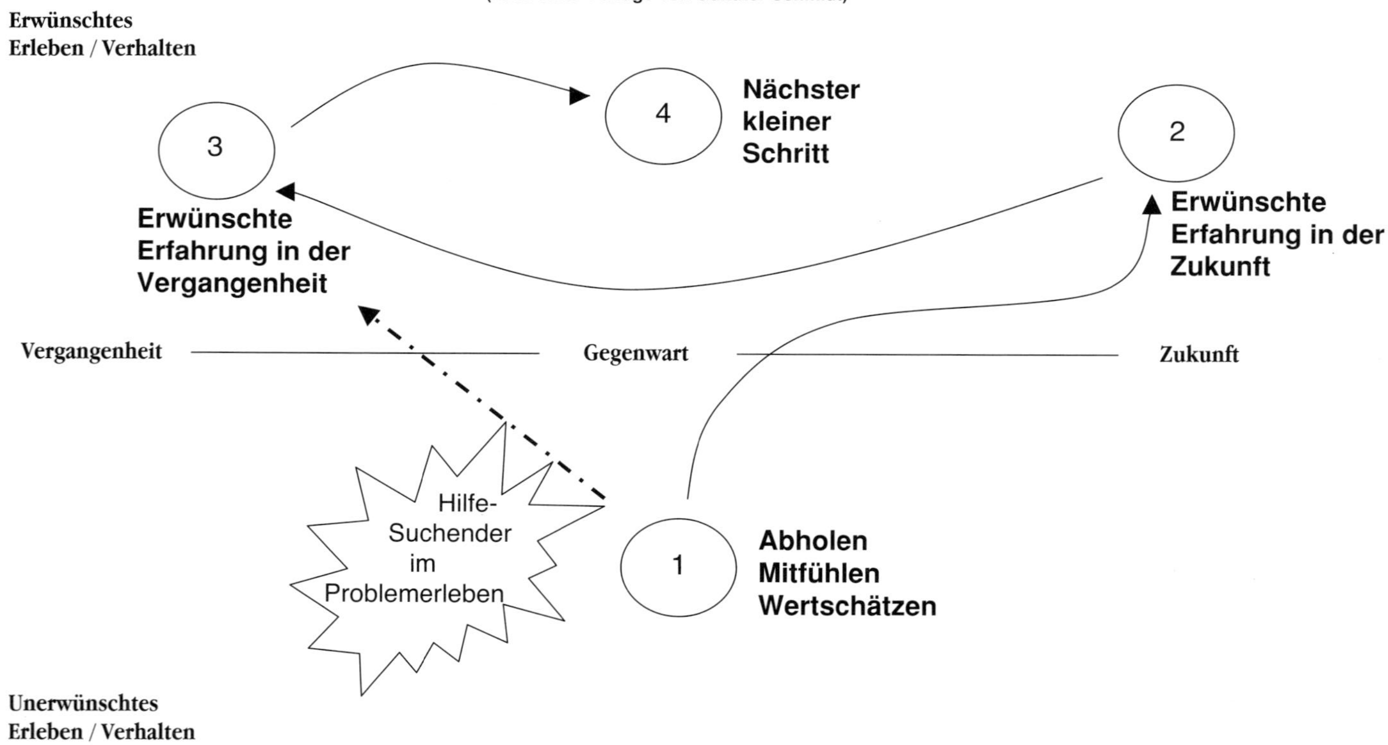

Erläuterungen zum Modell lösungsorientierter Gesprächsführung

Das nebenstehende Modell verdeutlicht die Möglichkeit lösungsorientierten Arbeitens nach Kap. 8 in vier Schritten durch gezieltes Ausrichten der Aufmerksamkeit auf unerwünschtes oder erwünschtes Erleben / Verhalten und mit Hilfe von Zeitreisen in Vergangenheit, Gegenwart oder Zukunft.

Zu Gesprächsbeginn holen wir den Hilfesuchenden in seinem **gegenwärtigen Problemerleben** (1) ab, indem wir mitfühlend und wertschätzend auf ihn eingehen und **Rapport herstellen**, wie es ausführlich in Kap. 5 dargestellt ist. Ist der Rapport hergestellt (1) und besteht der **Wunsch nach Veränderung und Problemlösung**, laden wir den Hilfesuchenden ein, seine **erwünschten Erfahrungen in der Zukunft** als **Lösungsvisionen** möglichst konkret und anschaulich zu entwickeln (2). Dann lenken wir die Aufmerksamkeit auf die **kürzliche Vergangenheit**, um **Ausnahmen des Problems** zu finden (3). Wenn es einem Hilfesuchenden nicht gelingt, anschauliche und konkrete Lösungsvisionen zu entwickeln, widmen wir uns besser gleich den Ausnahmen des Problems (3) und umgehen den Schritt in die Zukunft (2). Ebenso kann die Erkundung bereits vorhandener Lösungstendenzen und -kompetenzen durch Bewältigungsfragen (vgl. S. 126f) direkt von (1) zu (3) führen. Ist eine Problemausnahme anschaulich geworden und sind die Unterschiede zum Problemerleben deutlich geworden, können wir den Hilfesuchenden dazu ermutigen, die erwünschte Erfahrung in der Vergangenheit für das **erwünschte Erleben / Verhalten in der Gegenwart** zu nutzen. Dazu lenken wir die Aufmerksamkeit auf den **nächsten kleinen Schritt** (4), geben Verhaltens- oder Beobachtungsempfehlungen oder nehmen vorweg, wie der Hilfesuchende mit Hilfe der entdeckten Potentiale die auf ihn zukommenden Ereignisse der nächsten Tage oder Wochen bewältigen könnte (vgl. S. 140ff).